商盾大讲堂系列

企业
商业秘密保护

赵以文 著

企业管理出版社
ENTERPRISE MANAGEMENT PUBLISHING HOUSE

图书在版编目（CIP）数据

企业商业秘密保护 / 赵以文著. —— 北京：企业管理出版社，2020.6
ISBN 978-7-5164-2160-4

Ⅰ.①企… Ⅱ.①赵… Ⅲ.①商业秘密—法律保护—研究—中国 Ⅳ.①D923.404

中国版本图书馆CIP数据核字（2020）第100984号

书　　名：	企业商业秘密保护
作　　者：	赵以文
选题策划：	周灵均
责任编辑：	张　羿　周灵均
书　　号：	ISBN 978-7-5164-2160-4
出版发行：	企业管理出版社
地　　址：	北京市海淀区紫竹院南路17号　　邮编：100048
网　　址：	http://www.emph.cn
电　　话：	编辑部（010）68456991　　发行部（010）68701073
电子信箱：	emph003@sina.cn
印　　刷：	河北宝昌佳彩印刷有限公司
经　　销：	新华书店
规　　格：	170毫米×240毫米　16开本　19印张　270千字
版　　次：	2020年6月第1版　2020年6月第1次印刷
定　　价：	85.00元

版权所有　翻印必究·印装有误　负责调换

前 言

笔者长期从事企业商业秘密保护工作，积累了丰富的商业秘密保护实践经验。近年来，通过对商业秘密保护领域的进一步深入研究和实践，笔者发现，我国众多企业的商业秘密保护意识极其淡薄，甚至对此一无所知。随之而来的是，商业秘密泄密侵权事件频发，给企业的正常经营活动和市场竞争带来了严重的影响，受害企业经济损失惨重，苦不堪言，甚至走向停业、倒闭。也有一些企业在发生了泄密侵权事件后，通过司法途径进行维权，结果却不尽如人意。因此，一些企业悲观地认为，商业秘密保护似乎没有什么好的办法。确实，我国企业商业秘密保护在实践中存在着很多难题，甚至一些问题如"防范涉密员工泄密"等尚没有有效的解决方案。但是大量的保密工作实践经历使笔者坚信，企业的商业秘密，通过合理的、体系化的方法加以保护，亦能够像国家秘密那样做到有效管控。笔者非常希望找到一条科学的途径来帮助企业做好商业秘密的保护。经过数年的理论研究、方案推演及实践，笔者逐渐获得并积累了一些实用方法和心得。现通过归纳和整理，将这些成果分享给广大企业，希望企业在商业秘密保护上少走弯路，以更为高效、经济的方式，将自己的商业秘密牢牢地握在手中，维持住市场竞争优势。

本书以基础知识篇、案例评析篇和防范实务篇三个部分为主体内容，由浅入深地使企业逐步认知商业秘密，学会保护商业秘密的方法。其中，基础知识篇主要帮助企业了解商业秘密相关的基础知识，初步建立和提升其商业秘密保护意识。案例评析篇主要就近年来企业在商业秘密侵权事件后维权诉讼过程中的一些难点问题和注意事项进行重点讲解，使企业在维权追责过程中尽可能少走弯路，有效提高其维权效率。防范实务篇则是本书的核心内容，旨在教会企业如何通过对自身商业秘密的定密分级、泄密风险评估、商业秘密保护策略制定、保密措施部署等，建立科学、合理的商业秘密保护体系，提升企业商业秘密泄密风险防控能力，维护自身商业秘密安全；同时，就近年来国内企业商业秘密泄密侵权案件中出现频率较高的几类商业秘密信息的保护方法进行详细讲解，为企业的商业秘密保护实务提供帮助与参考。

  本书中有关商业秘密基础知识的解读、商业秘密侵权案例的评析以及商业秘密保护体系建设的方法等均为笔者个人观点，不当之处，敬请读者批评指正。路漫漫其修远兮，笔者亦将坚持在商业秘密保护这条道路上继续探索前行。希望终有一日商业秘密保护对国内广大企业而言，不再是难事！

赵以文

2020 年 5 月

目 录

基础知识篇 001

第一章　中国企业的商业秘密保护之殇 003

第二章　五分钟初步认知商业秘密 007

第三章　这才是真正的商业秘密 009
一、怎样的信息才是商业秘密信息　009
二、商业秘密的三要素　009

第四章　商业秘密的四大认识误区 027
一、"我们的企业没有任何商业秘密"　027
二、"我们的企业内部信息都是商业秘密"　029
三、"我不怕商业秘密被泄露，大不了去打官司好了"　031
四、"只要采取了保密防范措施，我们企业的商业秘密就彻底安全了"　034

第五章　商业秘密的合法获取方式 035
一、通过商业秘密权利人自主研发获取　035
二、通过商业秘密权利人许可或转让等方式获取　035
三、因商业秘密权利人保密措施不当造成泄露而获取　041

四、通过实施"反向工程"获取技术秘密　　041
　　　五、通过实施"逆向推理"获取　　046

第六章　商业秘密的公开　　047
　　　一、权利人主动公开商业秘密　　047
　　　二、权利人因保密措施不当或疏忽，导致商业秘密
　　　　　泄露而公开　　053
　　　三、侵权行为导致商业秘密公开　　053
　　　四、他人合法获取商业秘密后公开　　061

第七章　如何辨别商业秘密与公司秘密、国家秘密　　063
　　　一、商业秘密、公司秘密和国家秘密的区别　　063
　　　二、商业秘密、公司秘密和国家秘密的关系　　065

第八章　企业如何选择商业秘密保护与专利技术保护　　071
　　　一、商业秘密保护与专利技术保护的区别　　071
　　　二、商业秘密保护与专利技术保护的选择　　072

第九章　企业常见的商业秘密泄露途径　　081
　　　一、企业内部在职员工泄密　　081
　　　二、企业内部离职员工泄密　　086
　　　三、企业外部业务合作方泄密　　091
　　　四、企业外部人员窃密　　091

第十章　盘点企业遭遇商业秘密侵权的维权途径　　095
　　　一、当事人谈判和解　　095
　　　二、提请劳动仲裁　　095
　　　三、民事诉讼　　096

目 录

  四、刑事救济   096

  五、行政救济   099

案例评析篇   105

第十一章 了解商业秘密违约与侵权的举证责任   107

第十二章 分清商业秘密的载体与秘密点   119

第十三章 如何举证两种典型商业秘密的"秘密性"   131

第十四章 如何举证企业的保密措施   143

第十五章 如何举证商业秘密侵权方的侵权行为   157

防范实务篇   165

第十六章 一起来认知企业商业秘密保护体系   167
  一、什么是企业商业秘密保护体系   168
  二、企业需要建设商业秘密保护体系吗   169
  三、企业怎样构建商业秘密保护体系   169
  四、企业商业秘密保护体系的优势   171

第十七章 企业这样做商业秘密定密分级管理更有效   173
  一、企业商业秘密定密分级的必要性   173
  二、企业商业秘密定密分级的原则   174
  三、手把手教企业实施商业秘密定密分级   178
  四、企业商业秘密的变更与解除   192

第十八章　企业商业秘密泄密风险评估并不难　195
　　一、企业商业秘密泄密风险评估的原则　195
　　二、商业秘密泄密风险的常见类别　196
　　三、手把手教企业开展商业秘密泄密风险评估　198

第十九章　好的商业秘密保护策略是企业成功保守商业秘密的"命脉"　221
　　一、防范措施的类别　221
　　二、企业商业秘密保护策略制定的原则　222
　　三、手把手教企业制定商业秘密保护策略　223

第二十章　企业商业秘密泄密的两大"重灾区"应当如何管控　235
　　一、如何做好企业涉密员工管控　235
　　二、如何做好企业重要涉密场所管控　258

第二十一章　企业几种典型的商业秘密信息该如何保护　271
　　一、企业客户信息的保护　271
　　二、企业招投标信息的保护　276
　　三、企业技术研发信息的保护　284

特别篇　289

关于《中华人民共和国反不正当竞争法》的最新修订　291

后　记　295

基础知识篇

开篇导语：嗨！你从没接触过商业秘密保护吧？没关系，跟着我从零开始认识它吧！

第一章　中国企业的商业秘密保护之殇

20世纪80年代以来，随着国家改革开放，国内企业的经济活动逐渐与国际相接轨，至2000年中国加入世界贸易组织后，国内企业参与国际经济、技术交流活动日益增多。国际大型企业在我国的投资和交流活动也日益频繁，这在为国内企业带来丰富的市场机遇的同时，也使国内企业商业秘密的保护环境日趋复杂。外国企业，特别是跨国大型企业在商业情报领域，无论是重视程度还是敏锐性均远超国内企业，其搜集情报的手段更是成熟老辣；而此时，国内大多数企业在商业情报领域尚处于学步阶段，斗争经验明显不足，在与外国企业竞争博弈时，往往处于被动弱势地位。与此同时，国内企业对自身商业秘密的保护意识极其薄弱，甚至部分企业主对"商业秘密"这个概念闻所未闻，就是发生了侵权事件，亦是束手无策，自认倒霉。2010年，震惊全国的钢铁领域"力拓集团泄密案"的发生，使商业秘密成为社会大众关注的焦点，直到此时，国内一些企业才开始有意识地开展自身商业秘密的保护。近年来，国内商业秘密保护越来越受到相关部门的关注，商业秘密保护的司法体系日趋完善，特别是《中华人民共和国反不正当竞争法》于2017年与2019年的先后两次修订，充分体现了国家对商业秘密保护的重视，进一步加快了广大企业商业秘密保护的发展进程。

再来看国内企业商业秘密保护第三方机构组织的发展。这个领域的起步同样较晚，自20世纪90年代萌芽。但在初始阶段，并没有专门针对企业开展商业秘密防范保护的具体业务，而是由国内一些律师参与企业之间涉及知识产权侵权或违约的民事诉讼案件。2000年以后，以国内部分知名律师为代表，开始探索针对企业商业秘密的专门保护，并从司法角度研究这一问题。在这些人士的努力推动下，企业商业秘密保护逐渐受人关注。十几年间，陆续出现一些以开展知识产权保护为主的律师事务所、民间非政府组织、社会团体，企业和个人也参与到此领域的工作，商业秘密保护队伍日益壮大，并且正逐步朝着专业化、规范化、标准化、体系化的方向发展。

当前，国内企业在商业秘密保护方面的意识和能力虽然已有较大提升，但从整体情况看，仍普遍薄弱，绝大部分企业在商业秘密保护领域显现出以下几个特点。

（1）国内企业以"利于事后维权"为目标开展商业秘密保护的思维模式和工作措施，偏离了商业秘密保护的真正作用和意义。

笔者曾走访了不下百家企业，90%以上的企业管理者对企业开展商业秘密保护的需求集中地体现为，能够在其企业发生商业秘密侵权事件后，为其追责维权提供证据。特别是一些发生过侵权事件的企业，大多是在其维权的道路上经历过坎坷曲折，更是苛求保密措施对其维权追责的"贡献率"。固然，商业秘密保护相关工作措施的实施，确实在企业侵权事件发生后的法律维权过程中提供了很大帮助，但是我们仍然不能忽视大多数企业在商业秘密侵权维权过程中投入的人力、财力、精力与维权结果的成功率、获赔率的不对等性。据统计，2013—2018年，全国法院审结的案件中，涉及商业秘密的民事和刑事诉讼案件共计800余起。其中，被侵权方与检方胜诉的案件约占整体案件数量的40%左右。即使侥幸胜诉，其中又有大部分企业最终获得的经济赔偿与其泄密后造成的直接的、潜在的经济损失相比，往往是"杯水车薪"。因此，企业开展商业秘密保护的真正意义和作用，更应体现在发现和防范商业秘密的窃密行为，化解商业秘密的泄密风险，从而有效降低商业秘密侵权事件发生的概率。尽可能地将关口前移，防患于未然。如此，才是企业商业秘密保护最为有效、综合成本最低的方式，也是商业秘密保护工作的真正作用和意义所在。

（2）大多数国内企业尚不具备商业秘密范围的基本识别能力，导致在商业秘密保护过程中盲目无助，甚至南辕北辙。

企业对自身商业秘密范围的有效识别，是企业做好商业秘密保护的根本前提，但是从当前情况来看，国内的大多数企业仍不具备此项能力。很多企业无法识别和界定自身商业秘密的范围，甚至部分企业认为自身根本不存在商业秘密，后果就是有很多企业正在遭受或已经遭受了商业秘密侵权而不自知。商业秘密保护实务中，诸如此类的侵权案例亦不在少数，有的是客户名单泄露导致的大客户流失，有的是招投标设计方案和底价泄露而失去项目中标机会，还有的是技术设备关键部件被偷售而被竞争对手模仿出"山寨"产品，抢夺了市场份额。这些案例的背后，往往都伴随着巨大的经济利益和无形资产的损失。还有部分企业则奉行"宁可错杀一百，也不可放过一个"的原则，在识别商业秘密范围时，除了少量无可争议的非涉密信息外，几乎将本企业所有技术信息和经营信息都列为商业秘密加以保护，导致企业商业秘密保护成本大幅攀升，业务效率大幅降低，最终反而影响了自身经济利益，苦不堪言。

（3）企业制订商业秘密保护措施教条模板化，与企业商业秘密保护的实际需求不相适应。

有些属于高新技术领域的企业已经对自身商业秘密进行了识别，也采取了保护措施，但是由于不了解自身技术研发与经营活动中相关商业秘密信息产生、传输、存储、消除的流转规律，相关措施对商业秘密保护的实际作用大打折扣。部分企业将一些通用的保密措施、制度和协议模板照搬照抄地应用到自身的商业秘密保护上，却没有注意到这些保密措施、制度和协议究竟与自身商业秘密的实际是否相适应，结果收效甚微。还有一些企业，把能用得上的防泄密措施用了个遍，怎么严格怎么来，却不管这些制度是否具有实际可操作性。企业的涉密员工对那些严格且没有可操作性的保密制度大多感到无所适从，结果导致员工实际执行保密制度时阳奉阴违，应付了事，保密制度形同虚设，最终给企业带来的同样是保密成本的攀升和业务效率的降低，真是费尽了力气而得不偿失。

第二章　五分钟初步认知商业秘密

若给我五分钟的时间，让我向一个从没有接触过商业秘密知识的人去介绍"商业秘密"这个概念，我会这样告诉他：我们认识商业秘密，首先应当知道，商业秘密属于一种知识产权。准确地说，商业秘密是知识产权的一种表现形式。说到知识产权，大多数人可能在大脑中会立刻闪现"专利权""商标权"，又或者是"著作权"这些词语，但很少有人会想到"商业秘密"。没错，"专利权"也好，"商标权"也罢，确实都属于知识产权的大家庭，而且也广泛地被社会大众所知。那么，为什么"商业秘密"与"专利权""商标权""著作权"这几个"兄弟"相比，会那么地默默无闻呢？那是因为"专利""商标""著作"，它们的保护过程都是"先向社会大众进行公开，而后取得保护"。所以，我们经常可以在电视上、报纸上看到，昨天有某人的发明获得了一个专利，今天是某某人的著作被盗版，而明天又有某企业的商标被人侵权。商业秘密的保护形式与前几者可谓是截然相反，它是依靠将重要的、有价值的信息进行隐藏、保密，不让公众所知悉，从而得到保护。"出镜率"低了，自然而然地不为社会大众所熟知。

举一个商业秘密保护中比较知名的例子来说明。那就是可口可乐的配方，它是一个典型的商业秘密信息，而可口可乐公司已经把这个商业秘密成功地保护了一百多年。有人会问，为什么不把这个配方作为专利来保护呢？可口可乐的配方的确也可以选择以专利的方式去保护，但是这两种保护方式本身就保护手段和结果是有很大区别的（具体是什么区别，将在后文中详细回答）。至于可口可乐公司的最终选择，无外乎是基于追求可口可乐商业利益最大化的原则，深思熟虑后做出的抉择吧。当然，就目前来看，可口可乐公司做出的这个选择还是无比明智的。

第三章　这才是真正的商业秘密

一、怎样的信息才是商业秘密信息

《中华人民共和国反不正当竞争法》（以下简称《反不正当竞争法》）（2017年11月4日第十二届全国人民代表大会常务委员会第三十次会议修订，2018年1月1日施行）第九条规定：本法所称的商业秘密，是指不为公众所知悉、具有商业价值并经权利人采取相应保密措施的技术信息和经营信息。对于这个定义的理解，我们只要弄清楚上面这句话中的几个关键词就行了。

首先我们要知晓，商业秘密是一种"技术信息"或者"经营信息"。技术信息包括设计思路、技术方案、产品配方、计算机程序、加工工艺、制作方法、制造工艺、活动创意等。经营信息包括客户名单、战略规划、经营策略、管理诀窍、供应商名单、营销策略、招投标标底和标书内容等。

技术信息、经营信息与商业秘密之间的关系可以理解为：每一种商业秘密都一定是某一种技术信息或经营信息，但是技术信息或经营信息却并不一定是商业秘密。

二、商业秘密的三要素

怎样的技术信息或经营信息才能够被纳入商业秘密的范畴呢？答案在于商业秘密的三个法定构成要素，通常我们称之为商业秘密的"三性"：一是"不为公众所知悉"，即指商业秘密的"秘密性"或"非公知性"；

二是"具有商业价值",即指商业秘密的"价值性";三是"采取相应保密措施",即指商业秘密的"保密性"。

1. 秘密性

《最高人民法院关于审理不正当竞争民事案件应用法律若干问题的解释》(法释【2007】2号)中,对商业秘密的秘密性做出了解释,文中第九条指出:有关信息不为其所属领域的相关人员普遍知悉和容易获得,应当认定为《反不正当竞争法》第十条第三款规定的"不为公众所知悉"。根据这一表述,我们可以这样去理解"不为公众所知悉":首先,"公众"一词指的并非是普通的社会大众,而是针对具体的商业秘密信息所涉及的特定领域、地域或时域的,有可能接触到或掌握同类信息的相关人群。其次,"所知悉"是有程度的,而这个知悉的程度则是以"普遍知悉"和"容易获得"两个词语来衡量。所以,我们判断某一种技术信息或经营信息的秘密性,关键在于这种信息是否在其相关特定的领域、地域或时域之中,能够被特定的人群轻易从公开渠道直接获取。只有"创造人"通过对公开信息、知识、经验或技巧的不断收集累积、分析研究、探索创造,或者需要投入相应人力、财力或物力后形成的"深度"信息,才能明显区别于"公知信息",从而具备了"秘密性"。比如,作为技术秘密的药品配方,它是配方所有者通过不断推算、组合、试验、失败,花费长时间以及大量精力而最终获取的一种技术信息,或者是通过向这个配方的开发者支付一定报酬而获取的信息,这种信息是无法轻易地通过公开资料的收集组合而获得的。

《最高人民法院关于审理不正当竞争民事案件应用法律若干问题的解释》(法释【2007】2号)中也对不构成"不为公众所知悉"的情况做出了规定。

具有下列情形之一的,可以认定有关信息不构成不为公众所知悉:

(1) 该信息为其所属技术或者经济领域的人的一般常识或者行业惯例;

（2）该信息仅涉及产品的尺寸、结构、材料、部件的简单组合等内容，进入市场后相关公众通过观察产品即可直接获得；

（3）该信息已经在公开出版物或者其他媒体上公开披露；

（4）该信息已通过公开的报告会、展览等方式公开；

（5）该信息从其他公开渠道可以获得；

（6）该信息无须付出一定的代价而容易获得。

案例1　AK生物技术（杭州）有限公司与杭州WS生物技术有限公司、华某侵害商业秘密纠纷案

案例来源：

浙江省杭州市中级人民法院（2017）浙01民终7141号民事判决书

基本案情：

上诉人AK生物技术（杭州）有限公司（以下简称AK公司）因与被上诉人杭州WS生物技术有限公司（以下简称WS公司）、华某侵害商业秘密纠纷一案，不服杭州市余杭区人民法院（2016）浙0110民初17243号民事判决，向法院提起上诉。

AK公司上诉请求：1.撤销（2016）浙0110民初17243号民事判决，改判支持AK公司一审全部诉讼请求或撤销原判、发回重审。2.本案一、二审诉讼费用由WS公司和华某承担。事实和理由：原判认定事实及适用法律存在明显错误，且严重违反法定程序，依法应予撤销。具体理由如下：

一、原判认定"涉案的小滚刀切割机操作流程构成商业秘密的主张缺乏事实依据"属事实认定错误。涉案小滚刀切割机操作流程完全符合商业秘密的构成要件。原判之所以认定涉案操作流程不构成商业秘密的原因是"在相关市场上已经存在功能、用途与AK公司一致的小滚刀切割机的情形下，AK公司无法说明其所采用的小滚刀切割机操作流程与相关市场

上其他小滚刀切割机操作流程有何不同,其秘密点在何处,以及二者相比AK公司的操作流程具备何种优越性及竞争优势"。该等认定没有任何事实和法律依据,具体理由如下:(一)仅凭WS公司提供的证据不能证明相关市场上存在功能、用途与AK公司一致(即用于切割血糖试纸条)的小滚刀切割机。一审法院据以做出前述认定的依据是杭州LC自动化设备有限公司(以下简称LC公司)所谓"发布"于2013年5月22日的产品网页信息,该证据属网页证据,完全可以通过技术手段进行篡改,因此仅凭该组证据并不能得出相关市场上存在用于切割血糖试纸条的小滚刀切割机。况且除前述所谓的网页证据之外,WS公司并未提供任何证据证明LC公司在该网页上公布的小滚刀切割机客观存在,甚至WS公司提交的第三方公司与LC公司之间签订的销售合同等也仅是复印件,无法证明其向LC公司实际购买了在该公司网页上公布的小滚刀切割机;并且WS公司也没有提供其他证据证明除LC公司之外,仍有其他主体在实际生产销售用于切割血糖试纸条的小滚刀切割机。(二)AK公司所主张的小滚刀切割机操作流程明显具备优越性和竞争优势,能够带来经济利益且具有实用性。第一,采用小滚刀切割血糖试纸条相比传统的单刀切割效率更高,成本更低,显然可以带来经济效益,具备明显优越性和竞争优势。第二,如前所述,WS公司在本案中所提交的证据根本不足以证明除涉案小滚刀切割机外,另有其他可以用于切割血糖试纸条的小滚刀切割机。事实上并无其他第三方采用小滚刀切割机用于切割血糖试纸条,在此情况下,一审法院要求比较涉案小滚刀切割机操作流程与"相关市场上其他小滚刀切割机操作流程有不同",显然毫无必要也根本不可能,一审法院以此判决涉案小滚刀切割机操作流程不构成商业秘密,不能成立。

二、一审法院未准许AK公司的证据保全申请,属于程序严重错误,且正是由于该错误,导致本案一审并未查清WS公司是否获取、使用了涉案商业秘密。在此情况下,一审法院却认定AK公司无法举证证明WS公司实施了侵害其所主张的商业秘密,显然不能成立。AK公司提交的证据已经充分证明华某在 AK 公司任职期间可以接触到涉案商业秘密，WS 公司与 AK 公司经营范围类似，存在竞争关系，其所生产的血糖试纸与 AK 公司生产的血糖试纸结构相似等事实。基于以上证据，AK 公司的证据保全申请符合法律规定及一般常理，对于查明本案事实具有决定性的作用。但一审法院非但没有依法准许，反而认定 AK 公司"未提供充分证据证明 WS 公司、华某实施了侵害其所主张的商业秘密的行为"，在事实认定及法律适用上均存在明显错误。

WS 公司、华某答辩称：

一、原审法院对"小滚刀切割机操作流程"不构成商业秘密的事实认定清楚。AK 公司对其主张的商业秘密有着反复不一的陈述，在数次询问下才明确其主张的商业秘密为《滚刀切割工序操作流程》（或《切割工序操作规程》）第 4.3 条关于运用小滚刀切割机切割血糖试纸的操作流程，并且主张该小滚刀切割机操作流程的价值在于改变了相关行业中传统单刀切割技术生产效率低下的缺点，能够有效提升血糖试纸条切割的效率。经原审当庭核实，LC 公司已于 2013 年 5 月 22 日在其官网发布关于"LC-GQ111 小卡滚切机"的信息，从其对该产品的说明来看，该款小卡滚切机亦适用于批量生产中将血糖试剂小条卡等精密快速切割成多条试剂条产品，其与传统单刀切割机相比，同样具备生产效率较高的特点。WS 公司的股东 BK 公司业已于 2013 年向 LC 公司购买了该款产品。AK 公司在原审庭审中也明确承认除其自身使用的小滚刀切割机外，在相关市场上存在其他小滚刀切割机。在相关市场已经存在功能、用途与 AK 公司一致的小滚刀切割机的情形下，AK 公司并没有提供任何证据证明其所采用的小滚刀切割机操作流程与相关市场上其他小滚刀切割机操作流程有何不同，其秘密点在何处，以及二者相比，AK 公司的操作流程具备何种优越性及竞争优势。AK 公司主张 WS 公司侵犯其商业秘密的另一理由是，WS 公司生产的血糖试纸亦为直角四边形，但 AK 公司在原审庭审中明确承认，市场上存在其他直角四边形结构的血糖试纸，该结构为 AK 公司独创。WS 公司在原审中也提供有相关证据。因此，AK公司关于涉案的小滚刀切割机操作流程构成商业秘密的主张，缺乏事实依据，原审法院对此认定准确。

二、原审法院审判程序合法。根据《浙江省高级人民法院民三庭关于知识产权民事诉讼证据保全的实施意见》第四条规定：人民法院应谨慎行使"证据可能灭失或者以后难以取得"的自由裁量权，既要充分考量知识产权证据的不稳定性和易毁性等特点，及时有效地采取保全措施，又要防止当事人滥用证据保全程序，转移举证责任，耗费司法资源。作为一家在血糖行业经营多年的企业，AK公司明知市场上存在大量直角四边形结构的血糖试纸产品，却以WS公司生产的血糖试纸为直角四边形结构为由发起诉讼。直到原审庭审时，AK公司仍对其主张的商业秘密有着矛盾不一的陈述，并且没有提交任何证明使用涉案小滚刀切割机操作流程能够节省成本、极大提高生产效率的证据。在没有提供初步证据的情况下，难以排除AK公司故意通过证据保全，获取竞争对手的商业秘密，原审法院未准许AK公司证据保全请求合法、合理。

综上所述，原审法院认定事实清楚，程序合法，驳回AK公司上诉请求，维持原判。

经法院查明：

AK公司成立于1995年。华某于2012年10月31日与AK公司签订固定期限劳动合同，期限为2012年10月31日至2015年10月30日。华某从事血糖生产工艺改进技术员工作。华某同时签订《保密承诺书》，承诺对AK公司的商业秘密负有保密义务。2014年10月31日，华某从AK公司离职，并于2014年11月至2016年11月期间在WS公司任职。AK公司《滚刀切割工序操作规程》指明发放范围为"G-strip生产（4）"，规程4.3"小滚刀切割机操作"载明："4.3.1打开旋转机器右侧的紧急停机按钮。4.3.2按开始按钮到'On'位，调节速度到目标速度。4.3.3将装载在设备上的CCD定位系统电源打开。4.3.4放置卡片到进卡台和定位窗之间，使用CCD屏幕上的显示，对CCD的镜头进行微调，使定位窗上的刻度线和卡上的银线在屏幕上有效清晰显示，确认好后，再移动卡，使卡上中间银线和定位窗上的定位线完全重合。4.3.5 使用推进手柄把卡输送到滚刀机的刀口，试条从刀口出来后将自然滑落到接料板上。4.3.6 切割自检：切割出的试条在银电极两侧的留白均匀，银线完整，要求切割出的试条头端的碳电极完整，头端碳电极距离头端有留白。4.3.7 重复步骤4.3.4到4.3.5，直到所有的卡被切完。4.3.8 任务完成，按停机按钮，并按下紧急停机按钮。"该文件现因更新而作废，更新的文件《切割工序操作规程》指明发放范围为"G-strip 生产（6）"，保留了原《滚刀切割工序操作规程》上述4.3"小滚刀切割机操作"的全部内容，并在4.3.6后增加一条："切割人员还需根据切割出试剂条的留白效果，适当调整。"华某作为血糖试剂生产部人员能够接触到上述《滚刀切割工序操作规程》。

2016年9月26日，AK公司的委托代理人董世博向浙江省杭州市钱塘公证处申请保全证据公证。同日，公证员、公证处工作人员及董世博来到位于浙江省杭州市庆春路127号的"华东大药房"，董世博以消费者身份购买血糖仪三个、血糖试纸与一次性使用无菌末梢采血针各三盒，并取得单据三张。公证人员将所购实物带回公证处，由公证员及公证处工作人员进行封装后交董世博保存。同月27日，浙江省杭州市钱塘公证处出具（2016）浙杭钱证内字第16919号公证书。当庭拆封以上公证实物，内含"WS—诺"血糖试纸一盒及瑞成医疗一次性使用无菌末梢采血针一盒（50支）。其中，血糖试纸标明生产商为WS公司，试纸结构为直角四边形。AK公司确认其生产的血糖试纸结构亦为直角四边形，且该结构并非其独创，相关市场上存在其他直角四边形结构的血糖试纸。经当庭勘验，LC公司在其官网上发布"小卡滚切机"的产品信息，载明："LC-GQ111滚切机是本公司自主研发的一款高精度、高效率滚切设备，适用于批量生产中将血糖试剂小条卡、快速诊断试剂小条卡、生化产品小条卡等精密快速切割成多条试剂条产品，……能够避免单刀斩切机产生的累积误差。……""主要特点：……2.效率高，能将一张条卡一次性滚切成所需尺寸的多条试剂条产品，3. LC-GQ111 滚切机的产量为斩切机的 8 倍左右，且不用经常修刀片……"网页显示发布产品信息时间为 2013 年 5 月 22 日。杭州 BK 投资管理有限公司（以下简称 BK 公司）于 2013 年 7 月 26 日与 LC 公司签订《小卡滚切机销售合同》，向 LC 公司购买 LC-GQ111 小卡滚切机。BK 公司系 WS 公司的股东。

一审法院判决：

驳回 AK 公司的诉讼请求。

二审法院判决：

驳回上诉，维持原判。

案例思考：

本案中，原告主张其"滚刀切割工序操作流程"作为其技术秘密。但是，一审法院并不支持其主张。法院认为，AK 公司已承认除其自身使用的小滚刀切割机外，在相关市场上存在其他小滚刀切割机。在相关市场已经存在功能、用途与 AK 公司一致的小滚刀切割机的情形下，AK 公司无法说明其所采用的小滚刀切割机操作流程与相关市场上其他小滚刀切割机操作流程有何不同，其秘密点在何处，以及二者相比，AK 公司的操作流程具备何种优越性及竞争优势。故 AK 公司关于涉案的小滚刀切割机操作流程构成商业秘密的主张，缺乏事实依据，法院不予支持。二审法院则认为，本案中，AK 公司主张作为商业秘密保护的"小滚刀切割机切割血糖试纸的操作流程"系其小滚刀切割机器的操作步骤，对于机器的操作步骤而言，打开开关、调节设备按钮、关停机器均属一般操作人员的基本常识和常规流程，并不属于商业秘密所保护的对象。因此，AK 公司对涉案操作流程中除上述步骤以外的关于放置卡片、调整刻度、输送卡片、切割自检等步骤是不为所属技术领域的人的一般常识或者行业惯例的技术信息负有举证义务。另一方面，WS 公司提交的其与 LC 公司之间的购货合同、发票可以和 LC 公司于 2013 年 5 月 22 日在其官方网站发布的关于"小卡滚切机"信息的事实相互印证，从而证明在华某离职前市场上已存在与

AK 公司所使用的小滚刀切割机功能、用途相同的切割机。因此，AK 公司还需对其主张的操作流程与市场上其他功能、用途相同的切割机的使用步骤相比其秘密点何在进行举证，也即 AK 公司对涉案小滚刀切割机操作流程是否系不为公众所知悉的技术信息负有举证义务。根据现有证据，AK 公司并不能证明涉案的操作流程系不为公众所知悉的技术信息，故 AK 公司关于涉案操作流程构成商业秘密的上诉主张，缺乏事实与法律依据，法院不予支持。

由此可见，本案中，原告并不能有效证明其主张的技术信息构成商业秘密的"秘密性"，即原告所主张的技术信息，在其同技术领域内，可能已经是一般常识或行业惯例，是被相关人员普遍知悉的信息。如果存在这种可能，就符合了《最高人民法院关于审理不正当竞争民事案件应用法律若干问题的解释》（法释【2007】2 号）中规定，不构成"不为公众所知悉"的第一种情形。也正是由于原告的举证无法有效证明这一点，因此，其主张技术秘密的秘密性无法得到一、二审法院认可。

2. 价值性

商业秘密须"具有商业价值"，即指商业秘密的"价值性"。商业秘密权利人保护商业秘密的根本目的，是为了利用商业秘密来产生现实或潜在的经济利益，又或者是维持市场的竞争优势，这个目的归根结底体现了商业秘密所能带来的商业价值。这一点很好理解，也就是说，一个企业具有的商业秘密，如果被其竞争对手所获取，那么竞争对手立即可以通过掌握和使用这项商业秘密获得相应的经济利益或竞争优势。

案例 2　上海 TL 网络服务外包有限公司与上海 SF 酒业有限公司、徐某某等侵害商业秘密纠纷案

案例来源：

上海知识产权法院（2016）沪 73 民终 114 号民事判决书

基本案情：

原告上海TL网络服务外包有限公司（以下简称TL公司）诉称：TL公司是一家为企业提供招商外包服务的公司。2013年9月9日，TL公司与上海YD商贸有限公司（以下简称YD公司）签订合同，约定TL公司为其杏花村和系列酒项目提供招商服务。自2014年7月开始，TL公司员工徐某某、史某勾结YD公司股东武某某及武某某设立的SF公司，利用TL公司客户信息（包括在TL公司生意街商机汇平台上所留的客户名称、地址、联系方式、交易意向及含有众多客户的名册）的商业秘密，进行与TL公司相同的招商业务。徐某某、史某、武某某和SF公司的违法行为造成TL公司巨大损失。

徐某某、史某在原审中共同辩称，TL公司诉称的客户信息不构成商业秘密，且徐某某、史某从未接触过这些信息，也未曾披露许可他人使用，故不同意TL公司的诉讼请求。武某某、SF公司在原审中共同辩称，同意徐某某、史某的辩称意见，且TL公司主张的损失没有任何依据。

经法院查明：

TL公司成立于2009年，经营范围：以服务外包的方式从事数据处理服务，网页设计并提供相关的技术服务，营销策划，企业管理咨询（咨询类项目除经纪），电子商务（不得从事增值电信、金融业务），软件开发，设计制作各类广告，利用自有媒体发布广告，等等。

2011年6月13日，TL公司与徐某某签订《劳动合同书》，合同期限三年，自2011年6月13日至2014年6月12日，徐某某担任招商经理。

2014年6月12日，TL公司与徐某某续签《劳动合同书》，期限自2014年6月13日至2020年6月12日，徐某某担任项目群总监。

2012年6月21日，TL公司与史某签订《劳动合同书》，期限自2012年6月21日至2015年6月20日，史某担任招商部招商经理。

2011年12月19日，TL公司为甲方与徐某某为乙方签订《保密协议》一份。

2012年6月21日，TL公司与史某签订了《保密协议》，内容与上述徐某某的《保密协议》基本相同。同时，TL公司向徐某某、史某发放的《员工手册》中也规定了相关的保密条款。

2013年10月，YD公司（委托代理人武某某）与济南世世兴商贸有限公司签订《汾酒集团杏花村和酒合作协议书》，YD公司获得济南世世兴商贸有限公司杏花村和酒红如意、金牧童、龙凤铁盒、十年陈酿、十五年陈酿系列酒的总经销权，总经销区域为上海市及区域外空白市场，经公司同意后方可招商运营。2013年9月，TL公司为甲方与YD公司为乙方（授权代表武某某）签订《杏花村和系列项目招商外包服务合同》一份，合同约定：甲方是一家专业从事企业渠道招商（拓展）投资和服务的综合性运营商，可运用自身的优势资源为项目方提供营销策划、项目包装、创意设计、项目推广、媒体推广、招商培训、招商渠道等服务，乙方委托甲方为其杏花村和系列项目提供全面、专业的招商服务。合同同时约定了合作模式、合作期限、招商目标、招商服务费及双方的权利义务等内容。TL公司通过生意街商机汇网络平台为杏花村和系列项目进行推广招商。TL公司工作人员会根据生意街商机汇网络平台所留的客户信息与客户联系沟通代理杏花村和系列酒业务事宜，等有意向的客户累积一定数量后，TL公司将举办杏花村和系列酒品鉴会，邀请有意向的客户参加品鉴会，其中某些客户将与YD公司签约作为杏花村和系列的代理商并缴纳货款，等等，YD公司按约定比例向TL公司支付招商服务费。YD公司为乙方与山西省晋城市万鑫贸易有限公司为甲方签订销售协议，甲方授权乙方为汾酒集团杏花村老酒系列全国空白市场网上招商唯一合作商，合作期限从2014年5月5日至2015年12月31日。2014年7月，武某某（以YD公司名义）与徐某某（以翔道公司名义）签订外包服务合同，委托翔道公司为"杏花村老酒"项目提供全面、专业的招商服务。

2014年6月至2015年1月，徐某某以翔道公司名义与天下商机（北京）网络技术有限公司每月各签订《网络广告发布协议》一份，约定翔道公司使用天下商机（北京）网络技术有限公司天下商机平台推广招商汾酒杏花村老酒系列项目。徐某某、史某根据天下商机平台所留的客户信息与客户联系沟通代理杏花村老酒系列业务事宜，举办品鉴会、签约招商、YD公司按约定比例向徐某某支付招商服务费等流程与TL公司相同。2015年3月2日，史某向TL公司出具有事情经过一份："本人因杏花村老酒项目，武某某企方邀请帮助他们自己的招商会、谈判、讲课，但是他们的客户绝不是由我从公司产生的留言泄露出去，在这点上我不会去做的。一般去帮助他们的时候，都是利用周末或者自己调休后的个人时间参与帮忙的。本人在7月到10月去帮忙谈判讲课有三四次，每次去的时间都非常紧，由于效果不好，后期企方就不让我参与。" 2015年年初，徐某某、史某因TL公司认为其泄露使用TL公司杏花村和系列客户信息被解除劳动合同离职。

TL公司在原审庭审中明确：TL公司诉称的客户信息指TL公司通过生意街商机汇网站平台，为YD公司的杏花村和系列项目进行推广招商，有意向的网络用户所留下的相关信息，秘点在于：客户姓名、联系方式、投资意向、投资金额。

一审法院判决：

驳回TL公司的诉讼请求。

二审法院判决：

驳回上诉，维持原判。

案例思考：

本案中原告主张的商业秘密是含有客户姓名、联系方式、投资意向、投资金额的客户名单。一审法院在界定原告客户名单是否构成法律意义上的经营秘密时认为，原告TL公司主张的客户名单中，用户所留许多姓名不全或未留有姓名。联系方式的手机号码，其中一栏均打有四个星号，另一半客户未载有手机号码。因此，TL公司所称的客户信息不明确、不具体、不完整。二审法院认为，上诉人TL公司主张其客户名单包括客户姓名、联系方式、投资意向、投资金额,并提供了用以证明上述客户名单具体内容的"汾酒杏花村系列酒项目客户信息",但该客户信息中并未载明客户的投资意向、投资金额,且其中所记载的客户姓名、联系方式等亦残缺、不完整,故现有证据不足以认定上诉人主张的客户名单符合商业秘密的法定条件,上诉人对此应承担举证不能的法律后果。通过一审、二审法院的评述不难看出,原告主张的客户名单由于记载信息的不完整,并且信息无深度,导致其失去了价值性。换句话说,即使他人拿到了此份客户名单,也无法用此获取经济利益或者竞争优势。

我们理解商业秘密的价值性,还需要搞清两个问题:

第一,商业秘密的价值可以是现实的,也可以是潜在的。现实的价值如药品配方、制造工艺、加工方法、投标价格、经营诀窍、进货渠道、谈判底价等,一旦被竞争对手获取,立即可以通过使用这种商业秘密产生现实的商业价值。潜在的价值如经营策略、营销方案、设计思路、实验数据、试验数据等,一旦被竞争对手获取后,竞争对手可能通过对相关商业秘密的使用,取得市场竞争的一些无形优势、辅助性优势或减少研发投入等,从而促进自身长期、潜在商业价值的增长。

第二,商业秘密的价值可以是"正价值",也可以是"负价值"。"正价值"不难理解,"负价值"是指什么呢?比如,一些医药公司,在研制新药的过程中,一定会做各种各样的试验,比如药理试验、毒性试验、稳定性试验、活性试验等,这些试验中,往往包含着大量的失败试验,那么失败的试验中所获得的试验数据就没有价值可言吗?未必如此,失败的试验是每一种药物研制的必经之路,而通过一次又一次失败的试验所积累起来的经验和技术,才是成功的关键。那么,这些失败试验产生的数据,自然也是具有价值的,这种试验数据一旦被竞争对手获取,将大大减少其研发过程中的成本投入,加快研发速度,产生优势,所以,这个价值就是所谓的"负价值"。法律保护商业秘密的根本目的,是保护商业秘密权利人在市场竞争中的竞争优势。负价值相对于可实现利益的正价值而言，其本身在商业秘密保护中也具有放缓竞争对手的研发速度、增加竞争对手研发成本的可利用价值，所以也属于一种竞争优势。

值得注意的是，1993年版的《中华人民共和国反不正当竞争法》中，商业秘密构成要件中还有一项"实用性"的构成要件，即作为商业秘密的技术信息和经营信息应当具有确定的可应用性。2017年《中华人民共和国反不正当竞争法》（以下简称《反不正当竞争法》）重新修订后，已将原价值性和实用性表述为：商业价值。做出这一修改主要是因为旧法中商业秘密须具有"实用性"的规定，在司法实践中产生了很大争议，对于商业秘密实用性的界定，给商业秘密权利人在法律维权过程中增加了不必要的负担。特别是对于一些如经营策略、试验数据、设计思路等，具有潜在商业价值的信息是否具有实用性的判断，容易引发歧义和争议。因此，在2017年修订的《反不正当竞争法》中，统一表述为"具有商业价值"，更能体现保护商业秘密的根本目的，语义明确，在司法实践中更容易理解和使用。

3. 保密性

商业秘密"采取相应保密措施"，即指商业秘密的"保密性"。商业秘密权利人对商业秘密采取保密措施，既是该权利人保护商业秘密意愿的行为体现，也是一种确立和明示权利人商业秘密占有权的过程。

对于这一点，我们在商业秘密保护实务中须注意对相应保密措施合理程度的把握。也就是说，我们采取的保密措施，应当是与商业秘密信息本身情况相适应的、合理的保密措施。说得形象一点，就是将我们要保护的商业秘密信息比喻成一个钻石戒指，我们为了安全地保管存放这个戒指，得为它买个保险箱，这就是采取了一种保护措施。如果说这个戒指本身的价值是10万元，而我们去买了一个100万元的保险箱来，这种保护措施是过度的。也就是说，我们采取的保护措施，其成本要与商业秘密本身的价值和特点相适应，这样才是"合理的"保护。

案例3 南宁市WF企业管理有限公司与贺某某侵害技术秘密纠纷案

案例来源：

广西壮族自治区南宁市中级人民法院（2015）南市民三初字第375号民事判决书

基本案情：

原告南宁市WF企业管理有限公司（以下简称WF公司）诉称：原告于2012年5月14日与被告签订《榴梿一品品牌加盟合作协议》，授权被告使用其"榴梿一品"注册商标，同时将原告自主研发的榴梿、芒果等类型甜品及饮料配方和制作技术教授给被告，另外，双方约定被告交给原告的资料处于保密状态。2015年5月16日，《榴梿一品品牌加盟合作协议》履行期限届满，被告未经原告同意，私自利用已掌握的甜品配方及制作方法生产与原告相同或高度类似的甜品进行销售，此行为已经严重侵犯原告的商业秘密权。原告多次要求被告停止使用原告的商业秘密，但都无果，为保障原告的合法权益，特提起诉讼，请求依法判决支持原告的诉讼请求。

被告贺某某辩称：原告所称的配方和制作技术并没有采取合理有效保密措施。原告提交的产品制作方法这份材料上没有保密标识，也没有为所采取的保密措施设定一个程度上的要求，根本达不到合理程度的保密措施，甚至忽视保密对方商业价值的具体情况，他人就无法知晓保密措施的可识别程度，因而他人可以通过正当方式即轻易可获得这份产品制作方法信息。被告与原告于2012年5月14日签订《榴梿一品品牌加盟合作协议》，在该协议的第4.7条写明"乙方应将甲方提供的资料列为机密，并使其处于保密状态"，但是该条款过于笼统，不够具体明确，比如原告提供的销售价格表、悬挂店内的榴梿一品商标许可证、商品宣传单等资料都处于保密状态的话，被告根本就没有必要经营加盟该品牌，同时被告也无法辨别哪些资料是保密的，哪些资料是公开的，并且原告提供的资料在互联网上都能找到，因此该保密条款对双方无约束力。

经法院查明：

2012年5月14日，原告作为甲方与被告作为乙方签订《榴梿一品品牌加盟合作协议》，约定：原告通过有偿授权被告使用"榴梿一品"标志在被告开办的店铺内部及店铺招牌使用；原告有偿向被告授权使用原告开发的、完善的各种经营技术资产，为被告开店提供有关咨询服务；由原告或原告指定的供应商有偿供应被告的各种必需的核心技术设备和原材料；原告应对被告店铺的服务标准和环境标准、调味品标准、原材料标准、成品出品标准及保障制度的执行进行有偿的培训和督导，并帮助解决经营中的管理和技术问题；被告应将原告提供的资料列为机密，并使其处于保密状态；加盟合作协议期限3年。协议签订后，被告即按协议开设"榴梿一品"甜品店，按照原告教授的技术经营原告特许经营的榴梿、芒果类甜品及饮料，同时接受原告的各项监督管理。2015年5月合作期限届满，双方未有续约。随后，被告在同一地址经营招牌为"榴恋小芒"甜品店，主要经营榴梿、芒果类甜品。

法院判决：

驳回原告南宁市WF企业管理有限公司的诉讼请求。

案例思考：

本案中，原告主张其食品饮料的配方与制作技术为其技术秘密。法院对此不予认可。法院认为，原告涉案的"榴梿、芒果等类型甜品及饮料配方和制作技术"具备不为公众所知悉、能为权利人带来经济利益、具有实用性三个条件。但原告是否采取了保密措施，除了考察原告是否采取了上述司法解释所列的保密措施外，还应当着重考察其是否有保密的主观愿望，并明确作为商业秘密保护的信息范围，使被告能够知悉其保密愿望及保密客体，并在正常情况下足以防止涉密信息泄漏。原告教授被告"榴梿、芒果等类型甜品及饮料配方和制作技术"是《榴梿一品品牌加盟合作协议》的合同义务，同时被告是有偿学习及使用涉案技术。《榴梿一品品牌加盟合作协议》中仅有"被告应将原告提供的资料列为机密，并使其处于保密状态"的约定，该约定未明确列出作为商业秘密保护的信息范围，同时被告亦否认收到产品制作教材及保密制度。在《榴梿一品品牌加盟合作协议》期间内，协议双方又未就原告教授给被告的技术需要保密做出补充约定。故原告对于涉案技术作为商业秘密予以保护，使被告能够知悉其保密愿望及保密客体的举证不足。因此，法院认定原告所称的涉案技术不属于《中华人民共和国反不正当竞争法》规定的技术秘密。从法院对原告主张的技术秘密相关评述中可以看出，法院对该技术信息的"秘密性"和"价值性"是认同的，但由于原告未能有效证明其主张技术秘密的"保密性"，最终导致法院认为原告未对其技术信息采取"合理保密措施"，而认定其不构成商业秘密。

《最高人民法院关于审理不正当竞争民事案件应用法律若干问题的解释》第十一条中，对商业秘密权利人采取的合理保密措施进行了列举，具体表述为：

具有下列情形之一，在正常情况下足以防止涉密信息泄露的，应当认定权利人采取了保密措施。

一是限定涉密信息的知悉范围，只对必须知悉的相关人员告知其内容；

二是对于涉密信息载体采取加锁等防范措施；

三是在涉密信息的载体上标有保密标志；

四是对于涉密信息采用密码或者代码等；

五是签订保密协议；

六是对于涉密的机器、厂房、车间等场所限制来访者或者提出保密要求；

七是确保信息秘密的其他合理措施。

当然，以上规定只是作为企业开展自身商业秘密保护工作的一种参考，在商业秘密保护的实践中，对具体商业秘密的保密措施应用，应当根据这项商业秘密的商业价值、载体特性、产生和传递规律等实际情况加以区别对待。不能教条和模板化，否则，即使在法律层面视为"合理"，在实际操作层面也是无法达到有效保护的目的。

第四章　商业秘密的四大认识误区

在从事企业商业秘密保护的实务中，我们会与各行各业的企业进行交流，在对待企业自身商业秘密保护问题上，也会遇到各种各样的观点。这里介绍几类比较常见的错误观点，以作纠正。

一、"我们的企业没有任何商业秘密"

有些企业负责人认为自己的企业规模较小，又或是初创阶段，根本就没有什么商业秘密可言。持有这种观点是由于企业缺乏对商业秘密基本概念的认识所致。其实，企业再小，只要是正常经营的公司，就一定存在着商业秘密。有这样一个例子：一条路的边上，紧挨着有两个小摊位，都是卖煎饼的。这两家卖的是同样的煎饼，用的是同样的原材料，卖的是同样的价格。由于摊位相邻，互相之间也经常切磋一下技艺，所以摊煎饼的手法也十分相似。按理说，这两个小摊的收入也应该差不了多少才是，但是，结果却是不同，东边的摊位每个月都要比西边的摊位多挣1000多元。这是为什么呢？是因为东边的摊位有两个商业秘密信息：第一个是技术秘密：关于煎饼里添加的甜面酱的技术秘密。西边摊位的老板使用的甜面酱是超市里买的，口味比较大众化；而东边摊位的老板使用的甜面酱是自己熬的，并且在熬制甜面酱的时候，加入了两种特殊的香料，使他做出来的煎饼就是要比西边摊位的口味好，喜欢吃的客人就多。第二个是经营秘密，东边摊位是从这个城市的A菜场进的货，西边摊位是从B菜场进的货，东边摊位的进货成本比西边摊位低很多，这个进货渠道上的优势，节省了进货成本，也使东边摊位要比西边摊位赚得多。所以，哪怕是个小小的煎饼摊、个体户，都有自己的商业秘密，何况是企业呢？

下面，我们来看一张表，这张表上列出了当前国内各行业所存在的主要商业秘密。如表4-1所示。

表4-1 各行业典型商业秘密信息

序号	经营范围	技术秘密	经营秘密
1	计算机、互联网科技、大数据、软件	数据信息、源代码程序、设计方案、软件样品、研发思路、测试报告	客户信息、招投标资料、管理诀窍、定价策略
2	医疗器械、健康	研发成果、药品配方、试验记录、试验结果、制作工艺、产品样机	客户信息、进货渠道、原料清单、产销策略、招投标资料
3	生活服务	源代码程序、数据信息	客户信息、管理诀窍、招投标资料、经营策略
4	广告、文化、艺术	设计思路、创意、文学构思、文化艺术创作资料	客户信息、产品报价、活动策略、招投标资料
5	游戏	设计思路、源代码程序、软件样品、测试报告	客户信息、推广策略、管理诀窍
6	餐饮、食品	菜谱、制作配方、制作工艺、制作方法	进货渠道、管理诀窍、产销策略
7	金融服务	源代码程序、分析方法、计算方法	客户信息、成本资料、管理诀窍、经营策略
8	商贸、零售	源代码程序、数据信息	客户信息、进货渠道、进货成本、定价策略、管理诀窍、招投标资料
9	休闲、娱乐	设计创意、活动方案	客户信息、定价策略、招投标资料、经营策略
10	职业人才中介	源代码程序、数据信息	客户信息、管理诀窍、经营策略
11	建筑、装饰	设计思路、设计方案、设计创意、施工技术、施工工艺、制作诀窍	客户信息、经营策略、招投标资料
12	旅游	活动方案、产品设计	客户信息、产品渠道、招投标资料、经营策略
13	教育培训	培训资料	客户信息、管理诀窍、定价策略、经营策略

续表

序号	经营范围	技术秘密	经营秘密
14	咨询服务	评估方案、测评方法	客户信息、定价策略、工作关系信息、经营策略
15	工程安装集成、调试	设计方案、设计思路	客户信息、产品报价、进货渠道、招投标资料
16	制造、制作业	制造工艺、制作方法、制造设备、技术参数	客户信息、招投标资料、经营策略、定价策略

表 4-1 为当前社会主要行业领域常见的商业秘密信息列举。当然，以上仅列举了企业中比较典型的、常见的部分商业秘密信息种类，尚有很多商业秘密种类无法穷举。但是这也足以说明了，每个企业不管其规模的大小，不管处于何种发展阶段，都存在自己的商业秘密信息。

二、"我们的企业内部信息都是商业秘密"

有些企业畏惧商业秘密侵权如猛虎，还有些企业可能由于在以往经营过程中发生过商业秘密侵权事件而杯弓蛇影。这些企业普遍认为自身的行政、业务、财务、技术等方面信息全部属于不可告人的商业秘密。

前文中已做详细说明，任何一项信息要构成商业秘密是有三个法定构成要件的，这三个要件必须齐全才能称之为商业秘密信息。在企业商业秘密保护的实务中，从理论上讲，固然可以由企业自己来确定信息保护的范围，但是，如果把过多的、本不该列入商业秘密保护的技术和经营信息都看作是商业秘密信息加以保护，将会大大增加企业后续商业秘密保密管理的成本投入，造成不必要的负担。

案例 1　深圳 WW 电子科技有限公司与何某某侵害商业秘密纠纷案

案例来源：

深圳市宝安区人民法院（2016）粤 0306 民初 19738 号民事判决书

基本案情：

原告WW电子科技（深圳）有限公司诉称，原被告于2016年3月1日签订《劳动合同》，确立劳动关系，被告在原告处任高级经理职务，劳动合同期限自2016年3月1日至2019年2月28日止。2016年3月2日，被告签订了《WW集团保密协议》，承诺保守公司秘密。2016年8月12日，原告发现被告在未经许可的情况下大量下载了约50G的公司资料，原告马上报警，被告被带到公安机关调查处理。后因公安机关认为构成刑事案件的证据不充分，未予立案。被告在公安机关向原告出具了一份《保证书》，对未经许可下载原告产品资料的事实予以确认，但却狡辩下载的是公共资料。特诉至法院。

被告何某某答辩称，被告的行为不属于侵犯商业秘密，因为被告所下载的文件是其正常工作时所使用的档案、资料，是工作性、公共性文件，并未涉及原告的技术性、商业性保密材料，未侵犯原告的商业秘密。同时，被告所下载的文件在当场已经销毁，甚至连下载所使用的硬盘也无偿赠予了原告，所有的资料都未流出公司，未给原告造成任何损失。

经法院查明：

2016年3月1日，原告WW电子科技（深圳）有限公司与被告何某某签订《劳动合同》，合同期限自2016年3月1日至2019年2月28日；被告任高级经理。

2016年3月2日，被告签署《WW集团保密协议》，约定故意或过失泄露公司秘密，造成严重后果或重大经济损失的，予以解雇并赔偿经济损失。

2016年8月12日，被告出具《保证书》，载明其在原告处下载了大约50G的公共资料作学习用，现已经删除，为安全起见，已将硬盘留在公司。

法院判决：

驳回原告WW电子科技（深圳）有限公司的诉讼请求。

案例思考：

法院认为，商业秘密是指不为公众所知悉、能为权利人带来经济利益、具有实用性并经权利人采取保密措施的技术信息和经营信息，原告所提供的证据未能证明被告所下载的资料系其公司的商业秘密，也无证据证明其对原告的名誉造成损害，财产损失也不存在。相关诉请与法相悖，法院不予支持。本案中，原告主张其商业秘密为被告下载的公司资料（约50G的电子文档）。这些资料虽属原告公司内部工作资料，但是，由于其内容为被告在原告公司工作期间接触到的各类日常工作资料，故涉及范围较广。根据法院评述亦可得出，公司内部工作资料并不等同于公司商业秘密，只有符合商业秘密"三性"要素的信息，才能构成法律意义上的商业秘密。

三、"我不怕商业秘密被泄露，大不了去打官司好了"

有些企业习惯于通过法律途径处理各类侵权纠纷事务。这种习惯本身并没有错，商业秘密的确属于知识产权的一种，企业遇到涉及商业秘密侵权事件时，也确实可以通过法律途径进行维权追责。但是，从国内商业秘密民事诉讼维权案件的现状来看，商业秘密维权案件调查难、取证难、胜诉难、赔偿难是一种普遍现象。前文中已有提及，2013—2018年，全国法院审结的侵害商业秘密民事和刑事类案件的胜诉率为40%左右，而民事类案件中维权方胜诉的占比甚至低于40%。退一步讲，即使胜诉，被侵权方的诉讼请求获得法院全部支持的案件比例亦不足10%。更值得我们警醒的是，很多商业秘密侵权案件的发生，在给被侵权方带来经济损失的同时，往往还有潜在的市场份额损失和无形的竞争优势损失，这些都是难估值的。下面，我们来看一起诉讼维权历时9年的案例。

案例2 上海GJ金属探测设备股份有限公司与上海DD电子科技有限公司、洪某侵害商业秘密纠纷案

案例来源：

上海市第二中级人民法院（2013）沪二中民五（知）再重字第1号民

事判决书

基本案情：

原告上海 GJ 金属探测设备股份有限公司（以下简称 GJ 公司）诉称：原告系专门研发、生产金属探测设备的公司，其设计、生产的 GJ-Ⅱ型金属探测器中，包括双路检测、双路显示电路，可分路调节两路线路灵敏度的调整电路，独立的相位调整电路，电子线路图及元器件清单，三圈接发射线圈绕制工艺及平衡技术与结构，填充材料的配比配方，输入输出技术，防干扰涂层，探头的整体制作技术，输入输出匹配技术及电子线路图十项技术秘密。被告洪某原系原告的科研人员，与原告签有《劳动合同》及《技术保密合同》。被告洪某在原告处工作期间，主持了 GJ-Ⅱ探测器的研发工作，掌握了 GJ-Ⅱ探测器的上述技术秘密。2005 年 5 月，被告洪某从原告处离职。2005 年 7 月，被告洪某与案外人周福生共同投资设立了被告上海 DD 电子科技有限公司（以下简称 DD 公司）。2006 年 3 月，原告发现被告 DD 公司生产的 AMD-01 型金属探测器（以下简称 AMD 探测器），使用了 GJ-Ⅱ探测器的上述技术秘密。原告认为，被告洪某违反保密约定，擅自将原告所有的技术秘密提供给被告 DD 公司。被告 DD 公司明知被告洪某提供的技术系原告享有的技术秘密，仍然使用上述技术秘密，生产、销售 AMD 探测器。两被告的行为已经构成对原告的不正当竞争。原告诉诸法院请求判令停止侵害并赔偿损失，得到法院支持。但原告胜诉之后，被告自行委托鉴定引发再审，致使原告额外支出相应费用，故请求判令：1.被告 DD 公司立即停止对原告的不正当竞争行为，不得使用其掌握的原告技术秘密生产、经营与 GJ-Ⅱ探测器同类的产品，并在该技术秘密成为公知技术前负有保密义务，不得对外披露；2.被告洪某立即停止披露、使用其掌握的原告技术秘密，在该技术秘密成为公知技术前负有保密义务；3.两被告连带赔偿原告经济损失人民币 100 万元。

重审法院最终判决：

一、被告上海 DD 电子科技有限公司（以下简称 DD 公司）、被告洪某停止对原告上海GJ金属探测设备股份有限公司享有的GJ-Ⅱ型金属探测器商业秘密的侵害，并对上述商业秘密承担保密责任，至上述商业秘密成为公知技术为止；二、被告上海DD电子科技有限公司、被告洪某连带赔偿原告上海GJ金属探测设备股份有限公司包括合理费用在内的经济损失人民币30万元。

我们来看一下本案诉讼历程和最终判决结果。原告上海GJ金属探测设备股份有限公司诉被告上海DD电子科技有限公司、被告洪某侵犯技术秘密纠纷一案，上海市第二中级人民法院审理后于2008年9月24日做出（2007）沪二中民五（知）初字第26号民事判决。被告DD公司和洪某不服，向上海市高级人民法院（以下简称上海高院）提起上诉。上海高院审理后于2009年5月15日做出（2008）沪高民三（知）终字第168号民事判决，判决维持原判。DD公司、洪某不服（2008）沪高民三（知）终字第168号民事判决，向最高人民法院（以下简称最高法院）申请再审。最高法院于2011年12月15日做出（2010）民申字第1471号民事裁定，指令上海高院再审。上海高院再审后，于2012年12月4日做出（2012）沪高民三（知）再终字第1号民事裁定书，裁定撤销上海市第二中级人民法院（2007）沪二中民五（知）初字第26号民事判决和上海高院（2008）沪高民三（知）终字第168号民事判决，将本案发回上海市第二中级人民法院重审。上海市第二中级人民法院依法另行组成合议庭，于2013年12月26日、2015年9月2日两次不公开开庭审理了本案。最终于2016年3月31日做出（2013）沪二中民五（知）再重字第1号民事判决。

维权方从第一次上诉到此案最终尘埃落定，历时近9年。从法院最终判决结果看，被侵权方获得的实质性经济赔偿与其原诉讼请求中的数额有较大落差。同时，历经9年时间，此"30万元"也早已不是"彼30万元"的经济价值了。

所以，企业对自身商业秘密的保护，不应该只是片面地关注如何在侵权事件发生后怎样去维权、去追责，而更应将视线聚焦于未发生窃泄密事件之时。应当提前采取主动、有效的防范措施，来尽可能地控制窃泄密风险，降低窃泄密事件的发生概率，同时也为"事后"的维权和取证打下基础。

四、"只要采取了保密防范措施，我们企业的商业秘密就彻底安全了"

这样的观点属于典型的唯心主义论了。我们采取的任何保密防范措施，从客观上讲，只可能控制和降低商业秘密信息窃密、泄密的发生风险，但不可能杜绝窃泄密事件的发生。因此，企业开展商业秘密的保护工作，绝无一劳永逸的做法，而是需要根据企业自身商业秘密信息的动态变化，不断地调整和完善保护措施，坚持不懈地做好商业秘密信息保护。

第五章　商业秘密的合法获取方式

商业秘密的合法获取方式多种多样，但只要是通过现行法律规定的构成"商业秘密侵权行为"以外的手段取得，都可以认为是商业秘密合法的获取方式。常见的商业秘密合法获取方式包括以下几种。

一、通过商业秘密权利人自主研发获取

这种获取方式一般体现为商业秘密的原始权利人。作为商业秘密的创造人，其合法性无须再做解释。当然，有一种情况需要说明，即商业秘密的"非排他性"。如果有一项商业秘密被不同的两个权利人分别先后独立研发或分析取得，那么这两个权利人，都应视作此项商业秘密的合法权利人。这也是商业秘密"非排他性"与专利技术"绝对排他性"的不同之处。

二、通过商业秘密权利人许可或转让等方式获取

这种获取方式一般体现为商业秘密的原始权利人将商业秘密信息许可或转让给他人使用的情形。此处需要注意的是，商业秘密权利人在许可或转让商业秘密信息时，被许可人或是受让人可以是一人，也可以是多人，且后者的情况下，被许可人或受让人均视为合法获取此商业秘密。

案例1　江苏 PQ 信息技术有限公司与被告徐某某、上海 PLT 实业有限公司等侵害商业秘密纠纷案

案例来源：

江苏省南京市中级人民法院（2015）宁知民初字第 92 号民事判决书

基本案情：

原告江苏 PQ 信息技术有限公司（以下简称 PQ 公司）诉称，2005 年起，原告即与被告 BTL 公司开始合作，作为 BTL 公司的经销商，专门销售 BTL 公司的产品。原告在近十年的时间里，投入大量人力、物力、财力，通过协商沟通、交易实践等多种方式，掌握了具体客户对于产品的需求类型及习惯、经营规律、价格的承受能力、结算供货方式等综合信息，通过收集、积累、加工和整理形成了原告独有的客户名单（附 255 家客户名单）。原告与客户名单中的客户均进行过交易，且与其中大部分客户保持有长期稳定的交易关系，该客户名单具有实际的和潜在的商业价值。原告通过采用加密的"客户管理系统"，限定了员工对客户名单的知悉范围，同时在公司规章制度中、在员工培训时均强调过对公司商业秘密的保护。因此，原告对于该客户名单已采取了保密措施。被告徐某某原系原告的副总经理，在"客户管理系统"中的权限为最高级别，直接接触所有客户信息，并实际主管所有销售业务。被告徐某某在职期间即成立新公司，即被告二上海 PLT 实业有限公司、被告三南京 PLT 投资管理有限公司、被告四北京 PLT 信息技术有限公司，其中被告三、被告四为被告二的全资子公司。被告二、被告三、被告四于 2014 年 7 月后成立，随即从被告徐某某处获取原告的客户名单，并与其中的客户发生交易。被告 BTL 公司通过向原告客户名单中的客户发送电子邮件、传真等形式，帮助、协助、促成被告二、被告三、被告四与原告客户名单中的客户达成交易。原告因被告的行为造成客户流失，损失巨大。现原告为维护自身的合法权益，依法诉至法院。

被告 BTL 公司辩称：我方向法庭递交的证据证明其中的 188 个客户，我们有具体的联系方式、联系人，同时也递交证据证明这个产品的价格是由 BTL 公司来决定的，原告的客户名单不构成商业秘密。2011 年 11 月 8 日，答辩人与原告签署的《国际经销协议》授权原告销售答辩人产品的是非独家代理协议。答辩人公司是于 2007 年在苏州工业园区投资设立的一家外商投资企业,在中国销售 BTL 公司的产品,销售方式为渠道销售,即答辩人虽然有自己的销售团队,自己开拓市场客户,但除了特殊情况外,一般不直接向客户销售自己的产品,而是通过代理商销售产品,在已有国外客户在中国设立的投资企业及新客户有意向答辩人购买缤特力产品时,答辩人将这些客户介绍给在中国的经销商。除了原告以外,答辩人在中国还有其他数家一级经销商。缤特力产品的定价权属于答辩人,经销商不得随意决定涨价或降价销售。原告认为答辩人帮助其他被告共同侵犯原告经营秘密的观点不能成立。答辩人自公司设立后,通过投入大量的人力、物力,宣传自己的产品,举办或参加类似活动的展销会,获得了大量的客户名单(包括客户的联系人和联系方式等)。答辩人建立自己的客户数据库,原告客户名单中几乎所有重要的客户都是在答辩人与原告签订《国际经销协议》之前或原告与这些客户发生交易往来前建立的。答辩人终止原告的经销代理一方面是由于双方合同中有规定,答辩人可以无任何理由提前 90 天终止双方的《国际经销协议》,终止与原告的合作;更深层次的原因是由于原告违反了合同中规定的不竞争的义务,其关联公司江苏南大电子股份有限公司和广州爱德声电子有限公司,利用答辩人给予的客户名单,销售自己的产品,与答辩人公司发生同业竞争,违反了合同规定的义务,严重损害了答辩人公司的合法权益。为保护自己的合法权益,答辩人决定不再与原告及其关联公司合作。

经法院查明:

PQ 公司成立于 2009 年 4 月 29 日。2005 年始,原告的法定代表人狄峰及其关联企业与被告 BTL 公司开始合作,成为 BTL 公司的经销商。2011 年 11 月 8 日,BTL 公司与 PQ 公司签订了《国际经销商协议》,在此协议下,BTL 公司授权 PQ 公司为其经销商。

2013 年 BTL 公司发函 PQ 公司,正式通知 PQ 公司为缤特力授权经销商,之前协议延续 12 个月,新协议有效期到 2014 年 3 月 31 日。

上述协议到期后,BTL 公司与原告的关联公司康克科技(马鞍山)有限公司签订了《全球经销商协议修正案》，该协议修正内容为：同意续签协议至 2017 年 3 月 31 日。

2015 年 BTL 公司发函正式通知 PQ 公司，终止与其代理商协议，并将于 2015 年 5 月 23 日生效。

原告自代理 BTL 公司产品以来，投入大量的时间、人力、物力，与众多客户建立了联系。原告认为其与上海泛欧通信科技有限公司、上海圆通速递有限公司、上海南讯贸易有限公司、沃尔沃（中国）投资有限公司、上海迈创电子有限公司、广州电盈综合客户服务技术有限公司、中国建设银行等 255 家客户建立了长期稳定的交易关系。这些客户信息包含客户名称、联系人、产品价格、账期、客户特殊需求等内容。同时原告使用用友优普信息技术有限公司 U8CRM 软件建立客户管理系统，对客户实行分级专属密码管理。

徐某某于 2007 年进入原告关联公司（上海 PQ 公司）从事缤特力产品的销售工作。2010 年 9 月至 2013 年 6 月，徐某某成为原告公司股东，此后，徐某某的劳动关系转入南大电子公司，但仍负责缤特力产品的销售工作。2014 年 9 月 29 日，徐某某提出辞职申请，离开原告。徐某某曾任原告公司副总经理。

上海 PLT 实业有限公司于 2014 年 7 月 14 日成立，南京 PLT 投资管理有限公司于 2014 年 10 月 8 日成立，北京 PLT 信息技术有限公司于 2014 年 10 月 23 日成立，以上三公司的法定代表人陈某某与被告徐某某系夫妻关系。

上海 PLT 实业有限公司（以下简称上海 PLT 公司）于 2014 年 9 月 15 日获 BTL 公司授权，成为 BTL 公司产品的中国区代理商。代理产品包括呼叫中心和办公室专用话务耳机系列，以及航空空管类系列产品。

2014 年 9 月 15 日至 2015 年 6 月间，被告上海 PLT 公司与 BTL 公司（厂家）分别在上海、北京联合举办或参加了 7 场客户会议，参会客户达 200 余家。上海 PLT 公司还通过参与招投标、报价等方式建立起潜在的客户信息，同时亦通过 BTL 公司介绍方式联系客户。此间上海 PLT 公司分别与上海泛欧通信科技有限公司、上海圆通速递有限公司、上海南讯贸易有限公司、沃尔沃（中国）投资有限公司、上海迈创电子有限公司、广州电盈综合客户服务技术发展有限公司、中外运—敦豪国际航空快件有限公司等建立了交易关系。

BTL贸易（苏州）有限公司于2007年3月28日成立。BTL公司网站显示其销售模式为渠道销售，即通过代理商销售产品给客户。缤特力产品进入中国市场以来，BTL公司投入了大量财力、人力，通过举办展会等多种形式宣传其产品，拓展市场，发展客户，并建立起自己的客户数据库。BTL公司开发或搜集到客户信息后，会介绍给代理商，并提供终端客户的后期维护。

目前，BTL公司中国区代理有（呼叫中心和企业类产品）：上海PLT实业有限公司、上海奔力通讯设备有限公司、深圳泛信电讯有限公司、深圳东裕信科技有限公司等。

2015年6月24日，经BTL公司申请，江苏省南京市钟山公证处对BTL公司自行开发客户情况进行证据保全，并出具（2015）宁钟证经内字第2935、2936、2938、2939、2941、4809、4810号公证书，以上公证书显示，BTL公司Sales Force（销售系统）的客户（含客户名称、联系人等相关内容）创建时间如上海泛欧通信科技有限公司、联合包裹物流有限公司、上海南讯贸易有限公司分别是2005年、2008年、2010年，早于原告与客户交易时间。BTL公司认为，原告所称BTL公司对PLT提供所谓的"帮助"的客户约188家（含上海泛欧通信科技有限公司、上海圆通速递有限公司、联合包裹物流有限公司、沃尔沃〈中国〉投资有限公司、上海迈创电子有限公司、中国建设银行〈信用卡中心〉、上海南讯贸易有限公司、中外运—敦豪国际航空快件有限公司、广州电盈综合客户服务技术发展有限公司）为其自主开发并维护。

法院判决：

驳回原告江苏PQ信息技术有限公司的诉讼请求。

案例思考：

法院认为，BTL公司作为缤特力产品的生产商，其不仅提供产品，还提供终端客户的后期维护。虽然BTL公司通过代理商与客户进行交易，但BTL公司也面向市场拓展客户并与之建立联系。现有证据显示，BTL公司建立的销售系统，亦证明原告主张255家客户名单中的大部分客户，如上海泛欧通信科技有限公司、上海圆通速递有限公司、联合包裹物流有限公司、沃尔沃（中国）投资有限公司、上海迈创电子有限公司、中国建设银行（信用卡中心）、上海南讯贸易有限公司、中外运—敦豪国际航空快件有限公司、广州电盈综合客户服务技术发展有限公司等为其早期开发并与之建立联系的客户。此外，依据PQ公司与BTL公司所签《国际经销商协议》其中第6项代理产品价格、第10项付款、第20项月度报告、第24项保密信息等内容可以看出：原告PQ公司按月向BTL公司递交上个月的销售报告，且产品价格、付款期限等事项明确约定受BTL公司指导与限制，同时代理商承认其在执行协议过程中有可能获悉属于缤特力的文件及资料（包括商业活动、公司计划、客户信息、技术信息及产品信息），此类信息属于缤特力重大机密信息……由此可见，BTL公司在双方合作关系中处主导地位，并依据双方所签协议，对原告所述名册的内容完全知悉。原告所称客户名册于被告BTL公司而言并非秘密，而是共同知悉，且BTL公司可以使用或授权他人使用。故原告指控被告BTL公司帮助PLT公司侵犯其商业秘密缺乏事实和法律依据，法院不予支持。

上海PLT公司于2014年9月获得BTL公司授权成为缤特力产品中国区代理商，此后其采取与厂家共同举办客户会议等多种形式积极开拓市场，建立客户关系。经BTL公司许可与支持，上海PLT公司与上海泛欧通信科技有限公司、上海圆通速递有限公司、沃尔沃（中国）投资有限公司、上海迈创电子有限公司、中外运—敦豪国际航空快件有限公司、广州电盈综合客户服务技术发展有限公司等建立了正常的交易关系。上海PLT公司并非通过盗取、利诱等其他不正当手段获取上述客户名单。故被告上海PLT公司获取上述客户名单并与之交易的行为不构成侵害原告的商业秘密。

本案中原告主张的商业秘密为其客户信息，法院通过审理，亦认定其客户信息构成商业秘密。但是法院认为，原告主张被侵权的客户名册对被告BTL公司而言，属于"共同知悉"，即被告BTL公司同样是该客户名册所含客户信息的合法权利人。因此，BTL公司同样拥有对该客户信息的处分权力，可以授权给被告PLT公司使用。那么也就意味着虽然原告主张的客户信息构成商业秘密，但是PLT公司因经过该商业秘密的权利人BTL公司授权而合法获取了该项商业秘密，不能构成对原告的侵权行为。

三、因商业秘密权利人保密措施不当造成泄露而获取

对于这种获取方式，我们应从两个层面去理解。首先，从商业秘密的构成要件来看，商业秘密应具备"保密性"，即商业秘密权利人应对商业秘密采取合理的、适当的保密措施。但是，如果权利人因保密措施不当而造成泄密，则商业秘密本身就已失去其"保密性"这一构成要件，甚至于一些情况下，由于泄密范围较大，而直接导致商业秘密的公开。其次，从商业秘密法定的构成侵权行为条件来看，2017年修订的《中华人民共和国反不当竞争法》第九条第1款中已对界定经营者侵犯商业秘密的行为做出明确规定，其中有关于非法获取商业秘密行为的具体表述："以盗窃、贿赂、欺诈、胁迫或者其他不正当手段获取权利人的商业秘密。"也就是说，只要不属于上述表述中所列举的违法手段，以及其他违法或违反公序良俗、诚实信用、道德规范等不正当手段的，都应视作合法获取。那么，由于商业秘密权利人保护不当而造成泄密的情况下，获取商业秘密者，自然也应当承认其合法性。

四、通过实施"反向工程"获取技术秘密

根据《最高人民法院关于审理不正当竞争民事案件应用法律若干问

题的解释》（法释【2007】2号）第十二条规定：通过自行开发研制或者反向工程等方式获得的商业秘密，不认定为反不正当竞争法第十条第（一）、（二）项规定的侵犯商业秘密行为。前款所称"反向工程"，是指通过技术手段对从公开渠道取得的产品进行拆卸、测绘、分析等而获得该产品的有关技术信息。

由此可见，国家对"反向工程"的保护，主旨仍在鼓励科技创新和技术进步。当然，实施反向工程是有条件限制的，这也是很多技术类商业秘密侵权案件中，控辩双方常见的争议焦点。实施反向工程的限制条件主要体现在两个方面：一是反向工程实施的客体，应当是"从公开渠道取得的产品"，也就是实施客体的合法性，如果反向工程实施的产品本身来源不合法，那么在此基础上开展反向工程获取的技术信息就属于不合法。此外，如当事人以不正当手段知悉了他人的商业秘密之后，又以反向工程为由主张获取行为合法的，同样得不到法律的保护和支持。二是针对计算机软件程序、集成电路等受特殊保护的技术秘密，能否实施反向工程，应遵守我国知识产权相关法律规定。三是与商业秘密权利人达成保密协议，约定不得实施反向工程的，应当遵守约定。

案例2　上海LQ机械有限公司、曹某等与YBX（上海）机械有限公司侵害技术秘密纠纷案

案例来源：

上海市高级人民法院（2016）沪民终470号民事判决书

基本案情：

二审上诉人曹某、李某某、周某和上海LQ机械有限公司（以下简称LQ公司）共同诉称：一审判决认定的"YBX公司边测量边锯切的设计"技术信息不构成技术秘密，只有通过特殊的程序和设备，工艺才能构成技术秘密；而且一审中四上诉人已经提交相关证据证明"边测量边锯切的设

计"技术信息已经公开，YBX（上海）机械有限公司（以下简称YBX公司）无证据证明"边测量边锯切的设计"是技术秘密，其仅是对案外专利"木材优选截断方法及其优选截断锯"和对德国优选锯产品进行反向工程的结合，不构成技术秘密。

二审被上诉人YBX公司辩称：YBX公司的优选锯技术是在借鉴德国优选锯的基础上独立研发，采用不同电控系统、不同的电控柜排布、电路图设计和"边测量边锯切的设计"技术方案，具有自主知识产权。两家鉴定机构均确认YBX公司的"边测量边锯切的设计"、控制软件和机械图纸具有非公知性。此外，"木材优选截断方法及其优选截断锯"的专利是"先测量再锯切"的技术方案，与YBX公司的"边测量边锯切的设计"不同，且该专利并未披露优选锯的具体技术细节，因此不能作为LQ公司的合法技术来源。

YBX公司向一审法院诉称：YBX公司系国内第一家生产优选横截锯的木工机械生产商，凭借自身专业技术，在中国同类产品市场取得超过40%的份额，占有率第一。YBX公司主张的商业秘密为：技术秘密。秘点为："MAXCUT系列电脑优选横截锯"的多功能横截锯木的整体技术信息。曹某原系YBX公司的销售人员，周某原系技术人员，李某某原系售后服务人员。李某某、周某、曹某在YBX公司工作期间，接触并掌握了上述商业秘密，李某某、周某、曹某并在与YBX公司签订的劳动合同和保密合同中承诺对其商业秘密承担保密义务。2011年12月12日，李某某、周某、曹某共同注册设立LQ公司。2011年8月、2012年2月15日、2012年2月28日，李某某、周某、曹某分别从YBX公司处离职。嗣后，YBX公司发现李某某、周某、曹某向LQ公司泄漏了其上述商业秘密，LQ公司在明知其获得的技术信息和经营信息属于YBX公司商业秘密的前提下，仍未经许可使用其技术秘密生产了优选横截锯Bestcut200等产品，并使用其经营秘密对外销售上述优选横截锯Bestcut200。YBX公司认为，四被告的上述行为侵害了其依法享有的商业秘密。

经法院查明：

YBX 公司成立于 2007 年 11 月 1 日，其经营范围包括生产、组装机械设备及其零配件，销售公司自产产品，并提供产品的技术及维修服务（涉及行政许可证的，凭许可证经营）。

2007 年 5 月 11 日，案外人上海威迈木工机械有限公司（以下简称威迈公司）与中国石油大学签订《电脑优选横截锯研发》合同，约定中国石油大学根据威迈公司提供的样机为原型进行仿制，完成测绘、设计、试制、安装调试，并形成技术文件，达到批量生产的水平，包括机械（气动）设计、电控机软件设计、外型设计。威迈公司并与中国石油大学约定，因履行上述合同所产生的专利申请权由双方共同所有；非专利技术成果的使用权、转让权中，技术成果双方共有，威迈公司无条件免费长期使用，中国石油大学可以发表论文、申请技术成果。但无威迈公司确认同意，不得将技术泄露或转让给第三方。上海复兴明方会计师事务所出具的复会业（2014）第 850 号《审计报告》载明：1.YBX 公司、威迈公司、深圳威宁木业物资有限公司（以下简称威宁公司）共同出具《事实说明》称：YBX 公司设立登记前，为便于电脑优选横截锯的研发工作的开展，以威迈公司名义与中国石油大学订立《技术开发合同》，并进行一系列研发工作，其中研发费用、试制费用由威迈公司、威宁公司代为垫付。YBX 公司成立后，该《技术开发合同》权利、义务均由 YBX 公司概括承受，包括但不限于合同费用的承受和合同主体的承受。YBX 公司、威迈公司、威宁公司三方共同确认 YBX 公司系电脑优选横截锯相关知识产权的权利人。

2007 年 11 月 1 日，YBX 公司发布《员工管理手册》。2007 年 12 月 19 日、2008 年 1 月 28 日、2008 年 5 月 1 日，曹某、李某某、周某分别签署《确认函》，确认收到上述 YBX 公司的《员工管理手册》。

2007 年 12 月 15 日、2009 年 11 月 6 日，曹某与 YBX 公司签订《劳动合同书》，约定曹某在 2007 年 12 月 15 日至 2012 年 12 月 14 日期间，在 YBX 公司处担任销售经理。2008 年 1 月 28 日，李某某与 YBX 公司签订《劳动合同书》，约定李某某在 2008 年 1 月 18 日至 2011 年 1 月 17 日期间，在 YBX 公司处担任售后服务。2008 年 4 月 17 日，周某与 YBX 公司签订《劳动合同书》，约定周某自 2008 年 4 月 18 日起，在 YBX 公司处担任电气工程师。上述 YBX 公司（甲方）与曹某、李某某、周某（乙方）的《劳动合同书》中第十条特别约定条款第一款约定，乙方必须遵守甲方的《保密合同》，乙方任职期间所获得或获悉有关甲方及甲方关系企业的技术、贸易、业务等各项资料，乙方有保密义务，不得供自己使用或提供、透露给第三者使用。

2007 年 12 月 15 日、2008 年 4 月 21 日、2008 年 5 月 1 日，曹某、李某某、周某分别作为乙方与 YBX 公司（甲方）签订内容基本一致的《保密合同》。

2011 年 12 月 12 日，曹某、李某某、周某作为股东出资成立 LQ 公司，其中曹某持股 50%，李某某、周某各持股 25%。

2012 年 4 月 5 日，YBX 公司以曹某、李某某、周某涉嫌侵犯商业秘密罪为由向奉贤分局报案。

2012 年 4 月 24 日，奉贤分局做出沪公（奉）立字 [2012] 第 3001 号立案决定书，对曹某、李某某、周某侵犯商业秘密案立案侦查，并先后聘请上海科协、浙江科协对涉案产品、技术等进行非公知性和同一性鉴定。

一审法院判决：

一、曹某、李某某、周某、LQ 公司应立即停止对 YBX 公司商业秘密的侵害，不得披露、使用、允许他人使用 YBX 公司的商业秘密，直至 YBX 公司的商业秘密已为公众知悉时为止；

二、曹某、李某某、周某、LQ 公司应共同赔偿 YBX 公司包括合理费用在内的经济损失 1,450,000 元。

三、驳回优必选公司的其余诉讼请求。

二审法院判决：

驳回上诉，维持原判。

案例思考：

本案中YBX公司主张的商业秘密为其产品的整体技术信息。在本案二审过程中，上诉人认为YBX公司的产品技术信息仅是对案外专利"木材优选截断方法及其优选截断锯"和对德国优选锯产品进行反向工程的结合，不构成技术秘密。二审法院认为，即使YBX公司对德国优选锯样机进行反向工程，并仿制出具有与该样机完全相同技术信息的"MAXCUT系列电脑优选横截锯"，根据《反不正当竞争法》司法解释第十二条的规定，YBX公司通过反向工程获得商业秘密亦不属于侵犯商业秘密行为。只要该技术信息被YBX公司和德国优选锯公司采取保密措施而处于保密状态，仍具有相对秘密性，仍然符合不为所属领域的相关人员普遍知悉和容易获得的商业秘密之要件，不会因此丧失其秘密性。

五、通过实施"逆向推理"获取

所谓"逆向推理"，是指他人根据某项商业秘密关联的公开信息和资料，结合相关专业知识和经验，通过分析、研究、排列组合，还原出作为商业秘密部分或全部信息的手段。这种手段，与技术秘密的"逆向工程"类似，其本质可视作是一种公开商业情报收集、分析和研判的手段，通过实施这种手段，获取特定目标的相关商业秘密信息。这种方式在实践中大多表现为对经营类商业秘密的获取。当然，实施"逆向推理"也有条件限制，就是对相关商业秘密关联的公开信息和资料的收集手段必须是合法的。

除上述几种合法获取商业秘密的方式之外，还有"善意第三人获取商业秘密"的情况，由于此类情况并不常见于企业商业秘密保护实践，此处不做赘述。

第六章 商业秘密的公开

实务中，商业秘密一旦被公开，即失去了"秘密性"这一商业秘密的法定构成要件，无法再构成法律上定义的"商业秘密"信息，成为公开信息。这种情况一旦发生，其直接后果是，自其公开之时起即失去了法律的保护，权利人签订过的所有涉及该商业秘密保护的法律文书（保密协议、竞业限制协议等）自公开之日起均失效；同时，自某项商业秘密公开之后第三人如未经权利人许可而使用，将不构成侵权行为。那么，哪些情况可视为商业秘密的公开呢？

商业秘密的公开主要有下列几种方式。

一、权利人主动公开商业秘密

权利人主动披露商业秘密的原因无法穷举，大致可分为以下几种情况：一是商业秘密的相关技术或经营信息更新换代，权利人主观认为被替代的商业秘密失去保护价值而公开。二是权利人将商业秘密的保护形式转变为专利技术保护而公开。三是权利人将包含有商业秘密信息的产品进行销售，且该信息仅涉及产品的尺寸、结构、材料、部件的简单组合等内容，进入市场后相关公众通过观察产品即可直接获得。

案例1　苏州HY精密数控设备有限公司与王某某、陆某某等侵害商业秘密纠纷案

案例来源：

苏州工业园区人民法院（2016）苏0591民初9769号民事判决书

基本案情：

原告苏州HY精密数控设备有限公司（以下简称HY公司）诉称：原告系高新技术企业，经营范围为高精密数控设备及配件、计算机硬件的研发、设计、销售，雕铣机，并提供相应技术咨询、技术服务等。被告王某某系原告技术主管，被告杭州KW自动化科技有限公司（以下简称KW公司）系与原告经营范围相同的企业，存在竞争关系。被告王某某、陆某某、张某某分别是原告公司的员工，在职期间与原告签订劳动合同及员工保密协议等。在职期间，被告王某某、陆某某、张某某违反员工忠诚勤勉义务，串通被告KW公司侵夺原告客户资源并造成原告巨大经济损失，故诉讼来院。诉讼过程中，原告明确其主张的商业秘密内容为：技术秘密，AT自动化上下料设备包含的两项专利技术（专利号为：ZL 20142078×××.0及ZL 20142081×××.3）。

被告王某某、陆某某、张某某、KW公司辩称：原告主张的内容不足以构成法律意义上的商业秘密，且被告四生产和销售的设备是其自有专利和品牌的生产成果，跟原告没有关系，故不构成侵权。

经法院查明：

2013年1月14日，王某某入职HY公司，双方签订劳动合同，约定王某某岗位为工艺工程师；同日，原告HY公司（甲方）与被告王某某（乙方）签订《员工保密协议》。2015年4月13日，王某某自HY公司辞职，办理退工手续，退工手续备案表显示工作岗位为经理助理。2015年5月1日，王某某入职KW公司，签订劳动合同，约定从事管理工作。

2012年7月6日，陆某某入职HY公司，双方签订劳动合同，约定陆某某岗位为业务助理。同日，双方签订员工保密协议，约定陆某某任职期间及离职后应当保守商业秘密及技术秘密，协议相关内容同上述《员工保密协议》。2015年5月29日，陆某某自HY公司辞职，办理退工手续，退工手续备案表显示工作岗位为经理助理。2015年6月1日，陆某某入职KW公司，签订劳动合同，约定从事行政工作。

2012年10月22日,张某某入职HY公司,双方签订劳动合同,约定张某某担任销售经理。同日,双方签订员工保密协议,约定张某某任职期间及离职后应当保守商业秘密及技术秘密,协议相关内容同上述《员工保密协议》。2015年5月19日,张某某自HY公司离职。

HY公司的经营范围为高精密数控设备及配件、计算机软硬件的研发、设计、销售,研发、设计、生产、销售雕铣机,并提供相关技术咨询、技术服务;数控领域内的技术开发、技术转让、技术咨询、技术服务;工业自动化设备、机电一体化、工业机器人、流水线的研发、设计、销售,并提供相关的技术服务(依法须经批准的项目,经相关部门批准后方可开展经营活动)。KW公司于2015年2月13日成立。

HY公司曾于2015年10月21日向本院提起过针对王某某、陆某某、张某某、KW公司竞业限制诉讼,且经法院判决后法律文书已生效,在该系列案件中,HY公司以上述被告违反竞业限制协议,要求被告方承担违约金。

专利号为ＺＬ20142078××××.0的实用新型专利权人为肖衍盛、陈昌永、陈国勇,名称为定位装置,申请日为2014年12月12日,授权日为2015年5月6日;专利号为ＺＬ20142081××××.3的实用新型专利权人为HY公司,名称为面板自动取换料加工数控设备,申请日为2014年12月22日,授权日为2015年7月1日。

另查明,名称为一种新型数控机床机械手总成的实用新型专利(专利号为ＺＬ20142029××××.9)的专利权人为杭州金桥玻璃有限公司,申请日为2014年6月4日,授权日为2014年11月5日,2015年10月13日经国家知识产权局核准变更专利权人为KW公司;名称为一种CNC双头精雕全自动机的实用新型专利(专利号为ＺＬ20142045××××.9)的专利权人为杭州金桥玻璃有限公司,申请日为2014年8月12日,授权日为2014年12月31日;申请号为201410394273.9的发明专利(一种CNC双头精雕全自动机)的申请人自2015年9月30日被核准变更为KW公司。

法院判决：

驳回原告苏州 HY 精密数控设备有限公司的全部诉讼请求。

案例思考：

法院认为，有关原告主张王某某、KW 公司侵犯其技术秘密的问题中，原告主张的技术秘密内容为其提供的两个实用新型专利，其中专利号为 ＺＬ 20142078×××.0 的专利的权利人为案外人，原告未能举证证明该专利与本案的关联性，退一步讲，即便原告对该专利也享有权利，由于该两项专利所涉技术方案已经因为专利申请和授予而被公开，其不具备"不为公众所知悉"这一商业秘密的构成要件，故原告无权就上述公开后的技术向被告主张商业秘密的侵权责任。当然，在上述专利公开前原告可以主张相关技术信息构成商业秘密，但前提是其主张的技术信息内容明确且符合商业秘密的构成要件，现原告仅提供了专利登记簿，该登记簿上并未记载具体的技术信息，原告也未就该相关技术内容提供其他证据，故其主张的商业秘密内容并不明确，致使无法判定其主张的技术是否符合商业秘密的构成要件；在权利内容不明确的情况下，无须再行判定被告王某某、KW 公司是否存在侵权行为等后续问题，故本院对原告提出的被告王某某、KW 公司侵犯其技术秘密的主张不予支持。根据前文内容所述，法院已查明专利号为 ＺＬ 20142081×××.3 的实用新型专利权人为 HY 公司，名称为面板自动取换料加工数控设备。但是，由于原告已经将此项技术申请了相关专利，故此技术不再作为技术秘密，亦得不到相应的商业秘密保护。

案例 2　上海 LY 服饰有限公司与常熟市虞山镇 MFL 制衣厂侵害商业秘密纠纷案

案例来源：

常熟市人民法院（2017）苏 0581 民初 6505 号民事判决书

基本案情：

原告上海LY服饰有限公司（以下简称LY公司）诉称，原告在常熟地区生产销售服装多年，销售的服装为女装。2017年3月起，原告开始销售自己设计并生产的女装，型号为YLV-L85157、YLV-L8029、YLV-L8025的女装，批发价分别为175元、160元与125元。自3月20日至4月20日期间，上述三款女装的销量分别为1619件、7005件与2985件。至5月，原告发现上述三款女装的销量同比严重下降。原告经调查发现，被告在常熟地区销售与上述三款女装款式相同、颜色相近、配饰相同的女装，款号分别为17A22（批发价60元）、17A31（批发价70元）、117A30（批发价60元）。涉案的三款女装均由原告的版师设计，原告对服装版型设计也采取了保密措施。被告并非原告的客户，也非原告授权的经销商，却采用非法手段获取原告的商业秘密，利用该商业秘密生产与原告相同的女装，并以低于原告批发价一半的价格在常熟地区销售。原告认为，被告的行为侵犯了原告的商业秘密，进而构成不正当竞争，致使原告遭受严重的经济损失。

经法院查明：

经国家商标核准，原告LY公司依法持有第3290532号"伊俪佳人"注册商标。原告公司聘有专门服装设计版师，并通过签订合同，要求版师必须保守原告的商业秘密。通过版师设计，原告向全国市场公开推出了涉案的YLV-L85157、YLV-L8029、YLV-L8025三款女装。庭审中，原告确认，三款女装的上市时间均为2017年3月，三款女装的批发价分别为175元、160元与125元。在上述三款女装的吊牌上，均标注有"伊俪佳人"注册商标图文，并标注了LY公司的企业名称与生产地址。

另查明，2017年4月至5月期间，即在原告生产销售的上述三款女装上市后，被告常熟市虞山镇MFL制衣厂（以下简称MFL厂）经打版设计，分别推出了17A22、17A31、117A30三款女装，销售价分别为60元、70元、60元，并将上述三款女装放置在被告自营的、位于常熟招商城四区二楼 425 号的店铺中销售。在女装的吊牌上，均标注了"美弗莱"文字。

2017 年 4 月 27 日左右，原告 LY 公司指派员工，在被告自营的上述店铺中购买了上述三款女装。经比对，原被告各自生产的涉案女装，在颜色、面料及款式上近似。

法院判决：

驳回原告上海 LY 服饰有限公司的诉讼请求。

案例思考：

本案中，原告主张的商业秘密为服装的款式设计信息。法院认为，首先，原告虽然声称涉案的三款服装系由其设计师设计后，由原告推向市场。但是，原告在本案庭审中也确认，涉案的三款服装已经于 2017 年 3 月左右推向市场，公开销售。因此，虽然原告与其聘用的版师签订了保密合同，但是在 2017 年 3 月以后，即在原告生产的涉案三款女装向市场公开销售后，即便原告所声称的服装款式构成商业秘密，相关服装的款式设计等信息已经通过服装的上市销售所公开，向社会公众所披露，为公众所知悉，已经不具有我国法律上对于商业秘密保护所要求的秘密性；而社会同行业人员对于公开服装款式的学习、模仿以及相互借鉴，属于对社会共同资源的合理利用，并不属于侵犯商业秘密的范围。其次，被告生产销售涉案服装的时间，系在原告主张权利的三款女装上市之后。庭审中，原告也自认，其向法院提交的购买被告销售的涉案服装时间为 2017 年 4 月 27 日左右；被告也向法院提交了其设计涉案三款服装的打版图纸。并且在本案审理中，原告也未能提交证据证明被告 MFL 厂在原告 LY 公司生产销售的涉案服装上市之前通过不正当手段获取了相应的款式设计与参数等设计资料。综上，即便涉案三款服装系原告公司设计师独立设计，即便原告与其设计版师签订了保密合同并采取保密措施，但在原告的服装公开上市销售后，相应的款式设计等信息均已经不可避免地向社会公开，已经不再具备商业秘密保护所必需的前提。

二、权利人因保密措施不当或疏忽，导致商业秘密泄露而公开

"保密性"是商业秘密的构成要件之一，一项商业秘密如因权利人采取的保密措施不当或疏忽导致泄密，应认为权利人未采取适当、合理的保密措施，商业秘密也就失去了"保密性"的支撑。常见的泄密情况有：商业秘密权利人在相关新闻媒体、展览、广告等场合进行产品宣传推广时不慎泄密，商业秘密权利人在发表论文、学术报告会、公开授课等学术交流活动中不慎泄密，商业秘密权利人携带涉密资料外出时不慎丢失而泄密，等等。

三、侵权行为导致商业秘密公开

2017年修订的《中华人民共和国反不当竞争法》第九条指出了商业秘密侵权的两种行为：一是以盗窃、贿赂、欺诈、胁迫或者其他不正当手段获取权利人的商业秘密，这一类侵权行为常见的为外部人员窃密；二是违反约定或者违反权利人有关保守商业秘密的要求，披露、使用或者允许他人使用其所掌握的商业秘密，这一类侵权行为常见为企业内部人员泄密或与合作单位泄密。

> **案例3　上海ZG有限公司与河北HT传媒有限公司侵害商业秘密纠纷案**

案例来源：
河北省高级人民法院（2016）冀民终467号民事判决书
基本案情：
上诉人上海ZG有限公司（以下简称上海ZG公司）于1994年10月7日在上海市工商局登记成立。公司经营范围包括生产二片式铝易拉罐及

盖、商标印制（限于二片铝易拉罐）等，其业务往来企业包括可口可乐、百事可乐、健力宝、青岛啤酒等知名企业。因与被上诉人河北HT传媒有限公司（以下简称河北HT公司）侵害商业秘密纠纷一案，不服河北省石家庄市中级人民法院（2016）冀01民初169号民事判决，向河北省高级人民法院提起上诉。

上海ZG公司上诉称：（一）加多宝（中国）饮料有限公司（以下简称加多宝公司）更换金罐、加多宝公司金罐的外包装及装潢等涉案信息，能够为权利人带来经济利益，具有实用性，权利人采取了保密措施。上诉人受委托生产加多宝公司金罐的各类信息，上诉人及权利人也采取了应有的保密手段和防范措施，在被上诉人2015年3月16日微信平台报道前，上述这些信息均属于不为公众所知悉的商业秘密。（二）河北HT公司对于加多宝公司更换金罐及上诉人生产加多宝公司金罐的信息属于商业秘密是明知和故意（应知）的。1. 河北HT公司是一家专业从事食品行业的媒体机构，下辖有《糖烟酒周刊》杂志社、HT内参，全国公开出版发行。对于加多宝公司与王老吉公司之间包装装潢纠纷案，以及加多宝公司更换新装一直处于未公开状态，特别是金罐包装装潢信息应有清楚的认知。2. 河北HT公司的《糖烟酒周刊》借助下属微信平台的运营，是以通过资讯提高关注，从而获取更多的营销及推广合作，以实现盈利为目的。该平台一直以来都是以有偿稿件的方式对外征集相关的报道线索和信息。3. 2015年3月16日在其微信平台上进行"独家爆料"就是为了吸引受众，是以侵犯他人合法权利而获利的严重侵权行为。其自称为全国首家爆料人，不与上诉人核实，更未经加多宝公司许可，足显其明知的恶意。（三）河北HT公司拒绝披露其声称的提供信息线索人，进一步表明了河北HT公司本身就是实施不正当手段获取权利人商业秘密的幕后嫌疑人。（四）根据法律规定，第三人明知或者应知采用违法行为获取、使用或者披露他人的商业秘密，即为侵犯商业秘密。河北HT公司2015年3

月16日在其微信平台上将其获取的信息进行"独家爆料",刻意将上诉人公司名称注明,并针对上诉人配上了多张图片进行编辑发布,从而将涉案信息进行宣传报道却并未与上诉人及加多宝公司进行核实和申请授权,其行为属于侵权。

河北HT公司辩称:1.一审判决已进行了基本说理。本案所涉文章中的信息、图片源于微信粉丝在公众号后台的留言、留图,被答辩人应举证证明图片拍摄者采取了"以盗窃、利诱、胁迫或其他不正当手段获取的权利人的商业秘密"的行为或其他违法行为,还应证明答辩人是"明知或者应知前款所列违法行为"获取的商业秘密,而进行披露。依据《最高人民法院关于审理不正当竞争民事案件应用法律若干问题的解释》,举证责任在被答辩人,而被答辩人举证不足,则一审判决驳回被答辩人诉讼请求是正确的。2.答辩人主观上没有过错。在本案所涉文章刊登之前,加多宝公司与王老吉公司关于包装的官司已广为公众知悉,就连被答辩人一审提供的《法制日报》等报道也说明2014年广东省高级人民法院已判决加多宝公司停止使用红罐包装,而在2015年加多宝换包装已在食品圈内成了公开的秘密,甚至对所换包装进行了相关讨论,所以当微信粉丝在答辩人的微信平台留言、留图,答辩人的编辑对此确信无疑,甚至认为这是加多宝公司换装之前的公关爆料,实际上答辩人的报道也给加多宝公司起到了良好的宣传预热作用,且消息属实。答辩人主观上是作为行业媒体,关心、扶持行业的发展,主观上没有过错。3.被答辩人主张的经营信息不属于商业秘密。作为商业秘密的经营信息,应该是权利人在长期经营活动中付出不懈努力、不断积累所获得的信息,是较系统的、有相关数据支持或者形成一定模式的信息组,即使是经营数据,亦应有这些数据所产生的渠道、途径、基础。本案中被答辩人这种简单重复的生产线作业不符合商业秘密范围经营信息的特征,不属于商业秘密范围的经营信息。从文章中所登载的图片来看,有将金罐摆拍的图片,有在车间内不同角度、不同距离拍摄的生产图片。可以看出拍摄者可以携带拍摄工具进入车间,而后可随意、轻松拍摄而并无人制止。足以说明被答辩人主张的采取的保密措施不能"在正常情况下足以防止涉密信息泄漏",不符合商业秘密的保密要求。如果说金罐本身"具有现实的或者潜在的商业价值,能够为权利人带来竞争优势",也只能是对于加多宝公司而言,而不是对于作为生产罐体的被答辩人而言,被答辩人生产金罐和生产红罐所获得的效益应该是一致的,谈不上给其带来竞争优势。被答辩人以自身作为商业秘密的权利人主张权利,应证明生产金罐本身具有现实的或者潜在的商业价值,能够为其带来竞争优势,而不是将加多宝公司的权利与自身的权利混为一谈。从这个角度讲,被答辩人作为本案的诉讼主体也是不适合的。

一审法院查明:

2015年3月16日,在河北HT公司开办的"糖烟酒周刊食品版"微信平台,发布了《独家爆料|加多宝确定换色,土豪金新罐现已大规模量产(有图有真相)》的微信报道,内容包括"加多宝已确定换色,土豪金新罐已于上周末开始大规模量产,新版凉茶上市时间或比本平台的预期大大提前,不排除端午节前部分上架的可能","跟小编一起来看看从上海ZG厂(常年为可口可乐、百事可乐、加多宝、健力宝、青岛啤酒等知名饮料企业提供易拉罐)流出的'谍照'吧",等等以及相应的图片。

上海ZG公司认为河北HT公司的微信平台上发布的上述内容系商业秘密,所举证据有:2015年3月3日,上海ZG公司与加多宝公司签订的保密协议。该协议约定,上海ZG公司应保守加多宝公司的经营信息,包括但不限于该公司2015年品牌规划、策略、主题活动等品牌相关信息以及未上市的产品包装设计、包装半成品、打样等。上海ZG公司还提交了其单位的会客单、产品销毁记录表、现场当班人员表、关于"加多宝新版产品保密协议"会议纪要等,用以证明上海ZG公司针对相关信息建立了保密制度。

另查明,2015年3月3日,加多宝公司(甲方)与上海ZG公司(乙方)签订《保密协议》。第一条第1项"保密内容"约定:甲方的经营信息包括但不限于甲方2015年品牌规划、策略、未公开发布的广告内容、画面……未上市的产品包装设计、包装半成品、打样、签样包装设计文件等市场运作相关信息。第二条第6项约定：乙方在服务期间接触、知悉的属于甲方……的商业秘密，承担如同在涉密服务期间一样的保密义务……承担该等义务直至甲方宣布解密或者秘密信息实际上已经公开为止。第三条"违约责任"第1项约定：服务期间，乙方违反本保密协议，无论是否造成甲方经济损失，甲方立即取消、终止或者解除甲方与乙方间之合作关系，无须对乙方负任何赔偿或者补偿责任，甲方并得向乙方请求本协议书规定之违约金及其他损害赔偿。该条第2项约定：乙方如违反本协议书之保密义务时，需支付甲方违约金人民币200万元。上海ZG公司发生泄密事件之后，该公司经与加多宝公司协商谈判，加多宝公司最终同意上海ZG公司赔付其违约金50万元。

一审法院判决：

驳回原告上海ZG有限公司的诉讼请求。

二审法院认为：

一、关于涉案金罐包装信息是否属于上海ZG公司的商业秘密问题。从上海ZG公司的诉讼理由来看，该问题应当包含金罐外包装的色彩、图案等形态信息及谁是生产厂家两部分内容。

第一，加多宝公司与上海ZG公司签了《保密协议》，明确约定上海ZG公司承担所生产金罐产品未上市前（涉密服务期间）的保密义务。该约定自然牵涉到上海ZG公司作为生产厂家信息，也被纳入两家企业共同的商业秘密范围。金罐外包装信息与生产厂家上海ZG公司，在金罐出厂上市之前具有不为公众所知悉的秘密性。

第二，加工生产该产品能够给上海ZG公司带来经济利益，且该批次产品加工成功的结果，将会使加多宝公司继续与上海ZG公司合作并为之带来更多的利润，可以给上海ZG公司带来经济利益。

第三，上海ZG公司为保密事宜形成了会议纪要、与员工签订了保密合同、生产过程中采取了登记制度等措施，符合《最高人民法院关于审理不正当竞争民事案件应用法律若干问题的解释》第十一条关于签订保密协议的规定。对于涉密的机器、厂房、车间等场所限制来访者或者采取登记措施，可谓采取了保密措施。上述各要件符合《中华人民共和国反不正当竞争法》第十条第三款"所谓商业秘密是指不为公众所知悉、能为权利人带来经济利益、具有实用性并经权利人采取保密措施的技术信息和经营信息"的规定，金罐外包装的色彩、图案等形态信息构成上海 ZG 公司商业秘密中的经营信息秘密。

二、关于河北 HT 公司应否为《糖烟酒周刊》微信平台的行为承担侵权责任的问题。

首先，从《糖烟酒周刊》微信平台上刊登的《独家爆料｜加多宝确定换色，土豪金新罐现已大规模量产（有图有真相）》报道的内容看，"小编接到爆料后第一时间就与几位圈内专业人士取得联系，他们分析认为……""另有知情人士向小编爆料……""大家还是跟小编一起来看看从上海 ZG 厂（即上海 ZG 公司）流出的谍照吧"等内容，通篇均是以"小编"的身份在透露上海 ZG 公司生产金罐的信息，还附有生产线及金罐的照片。该事实足以说明，金罐信息并非如河北 HT 公司所称的那样由网友直接上传到平台，而是经《糖烟酒周刊》微信平台的编辑之手配文后，才予以刊载。因此，《糖烟酒周刊》微信平台是上海 ZG 公司商业秘密的泄露者。一审判决认定河北 HT 公司不是涉案金罐信息发布者的认定，属于认定事实错误，应予纠正。

其次，正如河北 HT 公司所称，加多宝公司将要换罐是行业内公开的秘密，但其具体换成何种外观的罐体及由谁生产却并不为公众所知悉，且该信息无论是对加多宝公司还是上海 ZG 公司的经营，均具有重大的经济利益。河北华唐公司创办的《糖烟酒周刊》作为饮料行业的专业媒体，其在二审开庭时又称与加多宝公司有过多次合作，就更应当知道该公司换罐信息的重大意义，亦应当知道其微信平台中所谓粉丝上传的金罐"谍照"，以及指称上海 ZG 公司为加多宝公司加工生产金罐的信息，属于加多宝公司和上海ZG公司的核心机密。在加多宝公司通过正规渠道公布该信息之前，所谓粉丝获得的"谍照"金罐信息等应是通过非法途径获得的。河北HT公司在权利人正式公布涉案金罐信息之前，未尽审慎的审查核实义务，撰写文章公布了上海ZG公司生产金罐信息的消息，侵害了上海ZG公司的商业秘密。《糖烟酒周刊》由河北HT公司主办，其微信平台侵害了上海ZG公司的合法权利，依据《中华人民共和国侵权责任法》第六条"行为人因过错侵害他人民事权益，应当承担侵权责任"的规定，理应由河北HT公司承担法律责任。

最后，上海ZG公司已证明金罐信息在《糖烟酒周刊》刊登前，是不为公众所知悉的商业秘密，在采取了保密措施的条件下，他人无法通过正常的公开渠道获取该秘密信息。依据《最高人民法院关于审理不正当竞争民事案件应用法律若干问题的解释》第十四条"当事人指称他人侵犯其商业秘密的，应当对其拥有的商业秘密符合法定条件、对方当事人的信息与其商业秘密相同或者实质相同以及对方当事人采取不正当手段的事实负举证责任……"的规定，上海ZG公司已经完成了初步的举证义务，河北HT公司负有反证其主动刊载的金罐照片来源合法的义务，或者证明上海ZG公司主张的商业秘密，缺少《中华人民共和国反不正当竞争法》第十条第三款所规定的任何一项商业秘密的构成要件，该商业秘密自然不复存在。河北HT公司在抗辩中仅罗列一些商业秘密的一般组成要素，以否定上海ZG公司的商业秘密，缺乏法律依据。因河北HT公司未提交法定有效的证据证明其抗辩成立，依据最高人民法院《关于适用〈中华人民共和国民事诉讼法〉的解释》第九十条"当事人对自己提出的诉讼请求所依据的事实或者反驳对方诉讼请求所依据的事实，应当提供证据加以证明，但法律另有规定的除外。在做出判决前，当事人未能提供证据或者证据不足以证明其事实主张的，由负有举证证明责任的当事人承担不利的后果"的规定，应当承担举证不能的法律后果，即河北HT公司独家报道金罐信息的行为，属于《中华人民共和国反不正当竞争法》第十条第一款（一）

"经营者不得采取下列手段侵犯商业秘密：一、以盗窃、利诱、胁迫或者其他不正当手段获取权利人的商业秘密"中规定的"其他不正当手段"获取他人商业秘密的行为。

三、关于河北HT公司应当如何承担法律责任的问题。

依据《中华人民共和国侵权责任法》第十五条"承担侵权责任的方式主要有：六、赔偿损失"的规定，河北HT公司应当赔偿上海ZG公司因受到侵害而遭受到的损失。

上海ZG公司关于此项的诉讼请求主要包括两部分：一是已付给加多宝公司的50万元赔偿款。在两家公司签订的保密协议中，约定的违约赔偿数额本是200万元，经过上海ZG公司与加多宝公司的协商谈判，最终赔偿了50万元。因赔偿款50万元的数额远低于合同约定的200万元数额，属于合理范围之内，应予全额支持。二是各类维权费用共计1 154 123元。上海ZG公司主张的各类维权费用中，一些票据无法认定专为谈判赔偿款事宜而产生的费用，本院酌定合理维权费用5万元比较为宜。故本案河北HT公司应当赔偿上海ZG公司55万元。

二审法院判决：

一、撤销河北省石家庄市中级人民法院（2016）冀01民初169号民事判决；二、河北HT传媒有限公司于本判决生效后十日内赔偿上海ZG有限公司55万元；三、驳回上海ZG有限公司其他诉讼请求。

案例思考：

本案中，上海ZG公司主张的商业秘密为加多宝金罐外包装的色彩、图案等形态信息。该信息原为加多宝公司的商业秘密，因加多宝公司与上海ZG公司进行业务合作，而使上海ZG公司获取了加多宝公司的商业秘密。当然，加多宝公司在与上海ZG公司合作过程中，也采用了签订保密协议的方式来约束合作方保守自己的商业秘密。后因合作方上海ZG公司的商业秘密被窃取和披露，导致其公开。

四、他人合法获取商业秘密后公开

"他人"是指对某项商业秘密不承担保密义务或与商业秘密权利人无保密约定的人。他人通过合法手段获取商业秘密后,同样具备了对商业秘密的使用、收益和处分的权利,自然也包括了有权对商业秘密公开。这类情况包括:他人通过独立研发掌握了相同商业秘密后公开,他人通过商业秘密权利人许可或转让等方式获取后公开,他人因商业秘密权利人保密措施不当导致泄密而获取后公开,他人通过实施"反向工程"获取后公开,他人通过"逆向推理"获取后公开,等等。

第七章　如何辨别商业秘密与公司秘密、国家秘密

实务中,尤其是在一些大型国有企业中既存在商业秘密,又存在公司秘密,同时还存在国家秘密。这种"三密并存"的现象,使一些企业在开展保密工作实务时,常常容易将三者混淆,不利于对三种秘密的分级保护和管理。下面,将通过详细介绍和比较,使读者们深入理解和区分这三种秘密。

一、商业秘密、公司秘密和国家秘密的区别

从商业秘密、公司秘密和国家秘密三者的定义不难看出,虽然三者都属秘密,却是保护依据、保护要求等完全不同的三个概念。三者主要有以下几个方面的区别。

1. 基本定义不同

商业秘密是指不为公众所知悉、具有商业价值并经权利人采取相应保密措施的技术信息和经营信息。

公司秘密是指与企业技术与经营活动相关,依照企业内部设立的公司制度,采取相应保密措施的信息。

国家秘密是指关系国家安全和利益,依照法定程序确定,在一定时间内只限一定范围的人员知悉的事项信息。

2. 保护依据不同

商业秘密的保护依据是国家相关法律、法规，包括《中华人民共和国反不正当竞争法》《中华人民共和国刑法》等。国家秘密的保护依据也是国家法律、法规，包括《中华人民共和国保守国家秘密法》《中华人民共和国保守国家秘密法实施条例》等。公司秘密的保护依据则是由两个层面来支撑：一是针对企业全体员工设立的用以规范内部员工行为的公司制度；二是针对公司董事、高级管理人员泄露公司秘密的行为，以《中华人民共和国公司法》作为法律保护依据。

3. 保护要求不同

国家秘密的相关原则性保护要求均为法定，包括秘密范围、密级划分、保密期限、保密制度等，《中华人民共和国保守国家秘密法》和《中华人民共和国保守国家秘密法实施条例》中均有相关规定。商业秘密除了秘密范围的界定须根据法律规定的构成要件之外，其余要求均由商业秘密权利人根据其主观保密意愿和对相关秘密信息重要性的判断，自行确定。公司秘密的保护要求则由企业根据内部业务流程、行政管理等要求自行确定。

4. 承担后果不同

国家秘密一旦被泄露或窃取，相关责任人可能承担行政、刑事责任。商业秘密侵权事件发生后，相关责任人首先可能承担民事和行政责任；情节严重的，可能承担刑事责任。公司秘密一旦被泄露，相关责任人承担的是企业规章制度的处罚；同时，董事、高级管理人员还可能承担相应民事责任。

5. 处置条件不同

国家秘密的处置须依据国家相关法律规定执行，由相关主管职能部门实施审查程序并通过后，才能进行转让或限制性转让。商业秘密的处置权完全由商业秘密权利人享有，其许可和转让条件由权利人自行决定。公司秘密由于其保护是针对公司内部员工，更多是规范和约束企业内部人员的保密责任与义务，其维度仅限定于企业内部管理。

二、商业秘密、公司秘密和国家秘密的关系

商业秘密、公司秘密和国家秘密虽然概念不同，但三者之间存在着相互交叉、相互转化的关系。在一些企业，特别是国有企业之中，可能一项秘密信息既是商业秘密，又是国家秘密，甚至还可能被企业列为公司秘密存在，此三者皆不矛盾，能够并存。企业的公司秘密涵盖范围大于企业的商业秘密，因为企业的公司秘密除了其需要保护的商业秘密外，可能还包括公司内部的人事、薪资、行政等秘密信息。商业秘密在一定条件下，也可以向国家秘密转化。《中华人民共和国保守国家秘密法》第二章第九条中明确规定了国家秘密的范围："下列涉及国家安全和利益的事项，泄露后可能损害国家在政治、经济、国防、外交等领域的安全和利益的，应当确定为国家秘密：（一）国家事务重大决策中的秘密事项；（二）国防建设和武装力量活动中的秘密事项；（三）外交和外事活动中的秘密事项以及对外承担保密义务的秘密事项；（四）国民经济和社会发展中的秘密事项；（五）科学技术中的秘密事项；（六）维护国家安全活动和追查刑事犯罪中的秘密事项；（七）经国家保密行政管理部门确定的其他秘密事项。政党的秘密事项中符合前款规定的，属于国家秘密。"也就是说，只要是符合上述规定内容的商业秘密，也同时具备成为国家秘密的条件。这一现象在我国的国防科工企业中较为常见。

案例 刘某某、徐某某、张某某境外刺探、非法提供国家情报案

案例来源：

杭州市中级人民法院（2004）杭刑初字第 39 号刑事判决书

基本案情：

被告人刘某某，男，1959 年 12 月 23 日出生，汉族，北京市人，大专

文化程度，无业，住北京市海淀区市运七厂宿舍。因涉嫌犯为境外刺探、非法提供国家情报罪，于2003年10月13日被杭州市公安局萧山区分局监视居住，同年11月14日被刑事拘留，同年12月4日经杭州市萧山区人民检察院批准逮捕。2004年5月14日由杭州市中级人民法院决定被监视居住。

被告人徐某某，男，1960年11月26日出生，汉族，北京市人，大学文化程度，北京市福绥境（平安）医院医生，住北京市西城区锦什坊街。因涉嫌犯为境外刺探、非法提供国家情报罪，于2003年11月9日被杭州市公安局萧山区分局刑事拘留，同年12月4日经杭州市萧山区人民检察院批准逮捕。2004年5月14日由杭州市中级人民法院决定被监视居住。

被告人张某某，男，1974年5月12日出生，汉族，山东省曹县人，初中文化程度，农民，住山东省曹县王集乡。因涉嫌犯为境外刺探、非法提供国家情报罪，于2003年11月17日被杭州市公安局萧山区分局刑事拘留，同年12月4日经杭州市萧山区人民检察院批准逮捕。2004年5月14日由杭州市中级人民法院决定被监视居住。

浙江省杭州市人民检察院以杭检刑诉（2004）46号起诉书指控被告人刘某某、徐某某、张某某犯为境外刺探、非法提供国家情报罪，于2004年3月5日向杭州市中级人民法院提起公诉。杭州市中级人民法院依法组成合议庭，因涉及国家秘密，不公开开庭审理了本案。

浙江省杭州市人民检察院指控：2001年10月中旬，被告人徐某某出资人民币1000元给被告人刘某某作差旅费，由刘某某前往辽宁省鞍山市了解李宝芝被劳动教养的情况。事后，刘某某写了《我所了解的辽宁鞍山市李宝芝××一案的事实与经过》一文，由徐某某提供给境外杂志《生命季刊》的发行机构。该刊物在第20期上全文刊登。

2003年7月25日，刘某某受境外人员指使，窜至浙江省温州市洞头县和杭州市萧山区、西湖区等地，收集当地有关人员所谓受逼迫的情况，回京后写成《来自祖国的报道》一文。同年8月5日，刘某某指使被告人张某某通过电子邮件提供给境外人员。

2003年8月18日，刘某某将自己在8月17日至北京市密云县大城子镇参加非法活动被警察盘查的情况写成《在北京远郊的山区××被警察盘查的经过》一文，由张某某打印成文，并通过电子邮件提供给境外人员。

为证实上述指控，公诉机关当庭宣读和出示了被告人刘某某、徐某某、张某某的供述与辩解；证人李宝芝等人的证言；国家保密局出具的鉴定结论、浙江省国家安全厅出具的证明等；《生命季刊》杂志等书证；MP3播放器、数码相机等物证。认为被告人刘某某、徐某某、张某某的行为已构成为境外刺探、非法提供国家情报罪，应依法惩处。

被告人刘某某、徐某某、张某某对公诉机关指控的事实均无异议，但均提出不构成犯罪。

三被告人的辩护人分别提出国家保密局没有鉴定资格，且本案涉及的三篇文章，不属情报，被告人的行为不构成犯罪。

经审理查明：

2001年10月中旬，被告人徐某某得知辽宁省鞍山市妇女李宝芝因对被决定劳动教养不服而提起行政诉讼，及鞍山市中级人民法院即将二审公开开庭审理此案的消息后，指使被告人刘某某前往辽宁省鞍山市收集该案情况，并出资人民币1000元作差旅费。事后，刘某某将前往当地收集的情况写成《我所了解的辽宁鞍山市李宝芝××一案的事实与经过》一文，由徐某某提供给境外杂志《生命季刊》的发行机构。该刊物在第20期上全文刊登。

2003年7月25日，刘某某受境外人员指使，窜至浙江省温州市洞头县和杭州市萧山区、西湖区等地，收集当地有关人员所谓受逼迫的情况，回京后写成《来自祖国的报道》一文。同年8月5日，刘某某指使被告人张某某通过电子邮件提供给境外人员。

2003年8月17日，刘某某在北京市密云县大城子镇因参加非法活动受到警察盘查。次日，刘某某写了《在北京远郊的山区××被警察盘查的经过》一文，由张某某通过电子邮件提供给境外人员。

案发后，公安机关从刘某某处扣押作案时使用的数码相机一架、MP3播放机一只、电脑二台、打印机一台、扫描仪一台。

认定上述事实的证据有：（1）证人李宝芝、戴小强、孔国宪、高崇益、张福才证言及辩论笔录，证明刘某某到辽宁省鞍山市、浙江省温州市洞头县和杭州市萧山区、西湖区等地收集有关情况的事实。证人史书才、马淑兰、单翠香、刘玉琴、韩春芝、崔文福、齐淑花的证言，证明2003年8月17日，刘某某在北京市密云县大城子镇参加非法活动，受到公安人员盘查的事实。（2）公安机关从刘某某处查扣的数码相机一架、MP3播放机一只，所记载的内容证明刘某某在浙江省温州市洞头县和杭州市萧山区、西湖区等地收集有关情况的事实。（3）公安机关从刘某某处查扣两台电脑、扫描仪一台、打印机一台，从徐某某处查获东芝牌220CDS型笔记本电脑一台，经鉴定，刘某某拥有的计算机内存有《我所了解的辽宁鞍山市李宝芝××一案的事实与经过》《来自祖国的报道》《在北京远郊的山区××被警察盘查的经过》三篇文章。徐某某拥有的东芝牌220CDS型笔记本电脑内存有《我所了解的辽宁鞍山市李宝芝××一案的事实与经过》一文。从刘某某处查扣其所写的《来自祖国的报道》的部分底稿在案佐证。（4）搜集在案的境外出版社出版的《生命季刊》第20期一本，该杂志刊登了《我所了解的辽宁鞍山市李宝芝××一案的事实与经过》一文及公安机关从境外网站下载的《来自祖国的报道》《密云盘查》（即为《在北京远郊的山区××被警察盘查的经过》）的文章，经三被告人当庭辨认，确系其提供无疑。（5）国家保密局出具的鉴定意见，证明《我所了解的辽宁鞍山市李宝芝××一案的事实与经过》《来自祖国的报道》《在北京远郊的山区××被警察盘查的经过》三篇文章系情报。（6）公安机关出具的户籍证明证实三被告人的身份情况。（7）被告人刘某某、张某某、徐某某分别供述在案，所供能相印证，且与上述证据反映的情节一致。

上述证据经庭审质证无异，杭州市中级人民法院予以确认。

杭州市中级人民法院认为，被告人刘某某、徐某某、张某某为境外组织、人员刺探、非法提供国家情报的行为，已构成为境外刺探、非法提供国家情报罪。公诉机关所控罪名成立。三被告人及辩护人提出不构成犯罪的辩解于法不符。根据法律规定，为了解决案件中某些专门性问题，可以委托有关部门和人员进行鉴定。本案三被告人为境外刺探、非法提供的有关情况是否为情报，属于专门性问题，而国家保密局是"国家秘密"的法定鉴定机关，鉴于"秘密"与"情报"有相同的性质，故司法机关委托保密部门进行鉴定并无不当，且国家保密局做出的鉴定合法有效，可以作为定案依据。辩护人提出国家保密局没有鉴定资格及三篇文章不属情报的辩护意见不能成立，杭州市中级人民法院不予采纳。

据此，依照《中华人民共和国刑法》第一百一十一条、第二十五条第一款、第五十六条第一款、第五十五条第一款、第六十四条的规定，判决如下：

一、被告人刘某某犯为境外刺探、非法提供国家情报罪，判处有期徒刑三年，剥夺政治权利三年。

二、被告人徐某某犯为境外刺探、非法提供国家情报罪，判处有期徒刑二年，剥夺政治权利二年。

三、被告人张某某犯为境外刺探、非法提供国家情报罪，判处有期徒刑一年，剥夺政治权利一年。

四、随案移送杭州市中级人民法院的作案工具数码相机一架、MP3播放机一只、电脑二台、打印机一台、扫描仪一台，予以没收，上缴国库。

案例思考：

本案为涉及泄露国家秘密的刑事诉讼案例，由法院审理过程所涉法律条款、被告人实施泄密的行为及判决结果等内容可见，国家秘密与商业秘密之间存在着本质上的区别。

　　正因为商业秘密与国家秘密两者之间本质的不同，企业对商业秘密信息的保护需求、保护重点以及保护方式方法等，也都与保护国家秘密有着较大的区别。有的企业，甚至是商业秘密保护工作的从业人员，片面地以保护国家秘密的手法来做企业商业秘密保护，耗费人力、物力、财力不说，其保护效果也必将大打折扣，最终沦为浮于表面的一种形式。

第八章　企业如何选择商业秘密保护与专利技术保护

商业秘密保护与专利技术保护同属知识产权保护的范畴，是知识产权权利人对知识产权保护所选择的不同方式。实务中，一些研发型企业常常在选择商业秘密与专利技术保护时犯难，或由于选择不当而无法达到最为理想的保护效果。下面，我们将一同来认识和深入了解这两种知识产权保护方式。

一、商业秘密保护与专利技术保护的区别

1. 保护对象不同

专利技术保护，顾名思义，其保护的对象一定是技术信息；商业秘密保护，根据商业秘密的定义，能够保护的对象除了技术信息外，还有经营信息。

2. 法律依据不同

专利技术保护，依据的是《中华人民共和国专利法》等法律、法规；商业秘密保护，依据的是《中华人民共和国反不正当竞争法》《中华人民共和国刑法》等法律、法规。

3. 保护条件不同

根据《中华人民共和国专利法》第二十二条和第二十三条的规定内容，技术信息要取得专利保护，需要满足相应的申请条件，且这些条件较

为严苛；而商业秘密的保护，只要符合"非公知性""价值性"和"保密性"三个法定构成要件，即可以获取法律保护。

4. 保护方式不同

专利技术的保护，是将技术信息依照法定程序先公开，后获得保护；而商业秘密的保护，则是通过各种保密措施手段，使相关技术信息或经营信息一直处于秘密状态，维持其"非公知"性，从而获得保护。

5. 保护代价不同

专利技术的保护需要依照法律规定缴纳相应年费；商业秘密的保护则由权利人根据其主观意愿，采取相应保密措施，这些保密措施的施行，往往需要产生费用成本。

6. 时域地域不同

一是保护时限不同。专利技术的保护时限依据法律规定，一旦超出法定时限或是未依照法定要求缴纳年费，则终止保护；商业秘密的保护，只要此项秘密一直处于未公开状态，就可以一直得到法律保护，就如可口可乐配方，作为一项商业秘密，至今已有100多年，由于保密措施得当，仍处于受保护状态。二是保护地域不同。专利技术的保护地域是申请专利时由相关行政部门核准的，具有明确的地域界线；商业秘密的保护，只要采用的保密措施得当，没有明确的地域限制。

7. 排他性不同

专利技术在其受保护的地域范围内，具有绝对的排他性，即不可能存在两项相同专利技术在同一地域共存。商业秘密的排他性是相对的，即不排除同一地域内，同一商业秘密被两个或多个独立权利人合法获取并占有。

二、商业秘密保护与专利技术保护的选择

在实践中，权利人在选择知识产权保护方式时，如何去考量商业秘密与专利技术两种保护方式的取舍呢？甚至曾经有些人提出了"究竟是商业

秘密保护好还是专利技术保护更好"的问题。其实，两种保护方式并没有"谁好谁差"的分别，而是"哪种方式更适合对具体知识产权保护"的问题。一般情况下，我们在选择技术信息的保护方式时，可以遵循以下几点判别标准。

（1）技术信息在市场竞争中具有明显的先进性、新颖性等优势的，建议考虑采取商业秘密方式保护；反之，建议采取申请专利方式保护。技术信息在市场竞争中所具有的先进性、新颖性等特点，往往能够决定该技术信息是否容易被他人通过自主研发所获取。先进性或新颖性较强的技术信息，在明显可预见的较长一段时期内，他人很难通过自主研发取得，那么，采取商业秘密的保护方式来保护，其所花费的成本更少，保护期限更长，技术领先的优势能够更好地发挥。

（2）他人通过反向工程或反向推理等手段较容易获取的技术信息，建议考虑采取申请专利方式保护；反之，建议采取商业秘密方式保护。技术信息权利人对技术信息采取保护，其主要目的在于追求商业价值和经济利益的最大化，为了实现这个目的，权利人必定会将技术信息转化为产品，并围绕产品进行相关经营活动。在此过程中，也无法避免第三人通过合法渠道获得产品而实施反向工程手段，又或通过技术信息权利人在经营活动中流入公共领域的信息进行收集和反向推理手段，从而获取到技术信息的部分或全部内容。因此，如果第三人实施反向工程或反向推理手段较为容易，那么以商业秘密保护的方式将出现"攻防不对位"的现象，难以发挥其作用。这种情况下，建议采取专利方式加以保护。

（3）技术信息的商业价值预期与专利技术保护费用相比较，如其商业价值预期明显不足以支付专利技术保护费用支出的，建议采取商业秘密方式保护。对于这一点，我们仍然是从技术信息权利人采取保护手段的主要目的，即"追求技术信息商业价值和经济利益最大化"去思考。既然权利人的主要目的在于此，那么技术信息本身所能发挥的商业价值预期与通过专利保护方式的成本支出相比较，一旦出现明显的"入不敷出"现象，就违背了技术信息权利人采取保护手段的初衷，失去了保护的意义。此时，选择保护投入自由度更大的商业秘密保护方式，将更为适合。

（4）将技术信息采用商业秘密保护和专利技术保护所能产生的商业价值预期相比较后进行选择。

（5）根据技术信息的特点，将其拆分为商业秘密保护部分与专利技术保护部分进行组合保护。除前述选择方式外，我们在实务中还可以根据具体技术信息的实际情况，对技术信息进行拆分，以商业秘密与专利技术组合的方式来进行保护，往往会取得更好的效果。

案例　深圳市LB精密仪器股份有限公司、深圳市MR生物医疗电子股份有限公司侵害技术秘密纠纷案

案例来源：

广东省高级人民法院（2014）粤高法民三终字第831号民事判决书

基本案情：

深圳市MR生物医疗电子股份有限公司（以下简称MR公司）一审诉称：多参数监护仪是MR公司的主导诊断仪产品之一，其中所采用的软件和PCB图、电路图均是MR公司自主研发的，该软件所包含的技术信息、PCB图和电路图属于MR公司的核心技术秘密之一，为MR公司带来巨大收益。深圳市LB精密仪器股份有限公司（以下简称LB公司）与MR公司属于同行业企业，也从事多参数监护仪产品的生产和销售。MR公司认为，多参数监护仪软件中所包含的技术信息和PCB图、电路图均属于MR公司的商业秘密，未经允许，LB公司核心技术人员披露MR公司商业秘密，LB公司明知系MR公司的技术秘密而使用，严重侵犯了MR公司合法权益。

LB公司答辩称，LB公司的相关产品均是LB公司自己研发，不存在侵犯MR公司商业秘密的情形。在同一行业领域内，人员流动是正常现

象，MR公司在诉状中所称的所谓接触其商业秘密的人员在LB公司处工作，如以此来认定LB公司获知了MR公司的商业秘密，没有任何事实依据和理由。根据相关司法解释的规定，MR公司应当对其享有本案商业秘密及LB公司采用不正当手段侵犯其商业秘密的行为进行举证，但MR公司未能履行其法定的举证责任，应承担举证不能的法律后果。LB公司无须承担任何赔偿责任，且MR公司主张的赔偿金额没有任何事实和法律依据。

经法院查明：

一、MR公司在本案中请求保护的技术秘密。

MR公司在本案中请求保护的商业秘密为心电算法，并称该技术秘密是通过计算机软件为载体来体现的，MR公司提交了拷贝该计算机软件源程序的光盘来说明该技术秘密的内容与载体，并将该光盘以密封加密码的方式提交给原审法院。

二、MR公司举证LB公司接触其技术秘密的事实。

MR公司称，MR公司的技术人员刘某某、徐某某、桑某、王某等先后入职MR公司，他们参与研发或接触过MR公司的上述商业秘密，后这些员工入职LB公司，并将MR公司的涉案商业秘密非法披露给LB公司。为证明上述事实，MR公司提交了其与刘某某、徐某某、桑某、王某等人签订的《劳动合同》和《保密协议》，涉案商业秘密的研发资料，以及被诉侵权产品等证据，该等证据显示：

MR公司与刘某某之间签订的《劳动合同书》《员工保密与行为责任合同书》约定如下内容：刘某某与MR公司签订固定期限劳动合同，一年一签，共签了三次，约定从2004年7月1日至2007年7月31日，MR公司聘用刘某某在研发系统从事研发工程师工作。

MR公司与徐某某之间签订的《劳动合同书》《员工保密与行为责任合同书》约定如下内容：徐某某与MR公司签订固定期限劳动合同，约定从2004年5月1日至2005年4月30日，MR公司聘用徐某某从事制造系统产品工程师工作。

MR 公司与桑某之间签订的《劳动合同书》《员工保密与行为责任合同书》约定如下内容：桑某与 MR 公司签订固定期限劳动合同，一年一签，共签了二次，约定从 2004 年 7 月 1 日至 2006 年 6 月 30 日，MR 公司聘用桑某从事研发系统硬件开发工程师工作。桑某在履行劳动合同期间（包括离职后两年内），有义务保守 MR 公司的商业秘密。

MR 公司与王某之间签订的《应届毕业生分配协议》《员工保密与行为责任合同书》约定如下内容：2004 年 7 月，MR 公司聘用王某从事研发系统开发工程师工作，劳动合同期限至少三年，自王某报到之日起算。王某在履行劳动合同期间及离职后，有义务保守 MR 公司的商业秘密。

MR 公司称，刘某某、徐某某、桑某、王某先在 MR 公司处工作，之后离职到 LB 公司处工作，LB 公司对 MR 公司所称刘某某、徐某某、桑某、王某等人现在 LB 公司处工作的事实予以认可。LB 公司称，刘某某现任 LB 公司的技术人员，徐某某自 2004 年至今在 LB 公司的供应链部任经理职务。

MR 公司提供的研发涉案技术秘密的资料显示，刘某某、徐某某、桑某、王某等人参与了 MR 公司涉案技术秘密的研发工作。MR 公司称，从刘某某、徐某某、桑某、王某等人参与 MR 公司研发的工作可以看出，这四名员工参与了 MR 公司的心电、血氧等多个项目的研发工作。

2011 年 4 月 15 日，MR 公司委托北京国科知识产权司法鉴定中心对如下事项进行鉴定：1. MR 公司 PM9000Express 监护仪软件源程序文件中记载的技术信息是否属于非公知技术信息；2. EDANM8 多参数监护仪中使用的软件程序是否与 MR 公司监护仪软件源程序文件相同或实质相同；3. EDANM8 多参数监护仪、PM9000Express 监护仪是否均具有《MR 公司监护仪软件技术功能特征点清单》中列明的技术功能特征。北京国科知识产权司法鉴定中心接受 MR 公司委托后，出具国科知鉴字 [2011]32 号司法鉴定意见书，其鉴定结论为：1.《MR 公司心电算法技术秘密说明》中记载的心电算法的整体确切组合，属于非公知技术；2. 送鉴光盘中 MR 公司心电算法源程序代码属于非公知技术信息；3.《MR 公司心电算法技术秘密说明》中记载的 MR 公司心电算法，使用在其送鉴的心电算法源程序代码文件中；4. 送鉴 EDANM50 多参数监护仪中的心电算法 53 个功能函数的目标代码，与送鉴光盘中 MR 公司心电算法 53 个功能函数的源程序代码实质相同。送鉴 EDANM80 多参数监护仪中的心电算法 53 个功能函数的目标代码，与送鉴光盘中 MR 公司心电算法 53 个功能函数的源程序代码实质相同。

根据上述事实，MR 公司认为 LB 公司通过非法获取、非法使用的方式侵犯了其涉案技术秘密，要求 LB 公司承担侵犯其技术秘密的法律责任。

三、本案技术秘密鉴定对比的情况。

在案件审理过程中，MR 公司申请对 LB 公司涉案 8 款监护仪产品（M50、M80、M8、M8A、M8B、M9、M9A、M9B）是否使用了 MR 公司的技术秘密进行司法鉴定，其申请的具体鉴定方法为，LB 公司涉案 8 款监护仪产品中使用的软件，是否使用了 MR 公司的心电算法。

基于 MR 公司的申请，为查明本案事实，原审法院委托工业和信息化部软件与集成电路促进中心知识产权司法鉴定所对该申请事项进行司法鉴定。工业和信息化部软件与集成电路促进中心知识产权司法鉴定所接受委托后，出具工信促司鉴中心［2012］知鉴字第 0761 号司法鉴定意见书，鉴定意见如下：

源代码分析结果：1. 在 LB 公司提供的 M50、M80 源代码中的部分代码段与 MR 心电算法源代码相同或实质相同；2. 在 LB 公司提供的 M8、M8A、M8B、M9、M9A、M9B 的源代码中没有找到与 MR 公司心电算法源代码相同或实质相同的代码段；3. 在法院扣押的 LB 公司的 M50、M80 源代码中没有找到与 MR 公司心电算法源代码相同或实质相同的代码段，但在法院扣押的 M50、M80 源代码中的静态链接库文件 ecganalysisx86.a 和 ecganalysisarm.a 中发现与 MR 心电算法源代码相同的函数名。

目标代码分析结果：1. LB 公司 8 款机器的目标代码中有 M8、M8B、M9B 三款机器目标代码完全相同，有 M50、M80 两款机器目标代码完全相同；2. 根据 LB 公司的编译方法，LB 公司提交的 8 款机器的源代码编译不出与 M50、M80、M8、M8A、M8B、M9、M9A、M9B 机器完全相同的目标代码；3. LB 公司 M50、M80、M8、M8A、M8B、M9、M9A、M9B 机器目标代码所对应的反汇编代码中存在与 MR 心电算法程序目标代码所对应的反汇编代码相同或实质相同的代码段。LB 公司的 8 款监护仪产品中的软件使用了 MR 公司的心电算法。

四、LB 公司被诉侵权产品的获利审计情况。

除了本案诉讼外，MR 公司还起诉 LB 公司侵害了其专利权，在案件审理过程中，MR 公司申请对包括本案在内的 23 宗案件中的 8 款（M50、M80、M8、M8A、M8B、M9、M9A、M9B）多参数监护仪及超声诊断仪所属每款产品的平均营业利润进行审计。基于 MR 公司的申请，为查明案件事实，原审法院依法委托深圳市财安合伙会计师事务所对该项申请事项进行审计。

五、本案查明的其他事实。

除本案诉讼外，MR 公司还同时起诉 LB 公司侵犯其专利权，案号分别为（2011）深中法知民初字第 257、258、259、260、261、262、263、264、265、267、268、319、320、321、322、323、324、325、326、327、328、329、330 号。MR 公司为包括本案在内的上述 24 宗案件，总计支付律师代理费 78 万元。另，在上述（2011）深中法知民初字第 260、267、268、323、324、325、326 号案件中，MR 公司指控 LB 公司专利侵权的产品为 M8、M8A、M8B、M9、M9A、M9B、M80 型多参数监护仪产品，除了 M50 型多参数监护仪产品外，上述案件中的被诉侵权产品均与本案的被诉侵权产品相同，原审法院已认定 LB 公司在上述案件中侵犯了 MR 公司的发明专利权（专利号为 ZL03139708.5），责令 LB 公司停止侵权，并赔偿 MR 公司经济损失人民币 1500 万元。

一审法院判决：

一、深圳市 LB 精密仪器股份有限公司立即停止侵犯原告深圳市 MR 生物医疗电子股份有限公司"心电算法"商业秘密的侵权行为，即立即停止生产、销售使用 MR 公司"心电算法"的多参数监护仪产品，删除互联网上对使用 MR 公司"心电算法"的多参数监护仪产品的宣传广告；二、深圳市 LB 精密仪器股份有限公司自本判决生效之日起十日内赔偿 MR 公司经济损失及合理维权费用共计人民币 2000 万元；三、驳回深圳市 MR 生物医疗电子股份有限公司的其他诉讼请求。

二审法院判决：

一、维持广东省深圳市中级人民法院（2011）深中法知民初字第 266 号民事判决第一项；二、撤销广东省深圳市中级人民法院（2011）深中法知民初字第 266 号民事判决第三项；三、变更广东省深圳市中级人民法院（2011）深中法知民初字第 266 号民事判决第二项为：深圳市 LB 精密仪器股份有限公司自本判决生效之日起十日内赔偿深圳市 MR 生物医疗电子股份有限公司经济损失 1204.48 万元，合理维权费用 16.254 万元，共计 1220.734 万元；四、驳回深圳市 MR 生物医疗电子股份有限公司的其他诉讼请求。

案例思考：

本案中，MR 公司对自身技术信息的保护采取了专利保护与商业秘密保护相结合的做法，即将核心技术心电算法作为商业秘密进行保护，将基于该技术研发的产品作为专利进行保护。从该案的案情来看，MR 公司的保护方法的确收到了比较好的效果。在 LB 公司发生侵权行为后，MR 公司不仅以侵犯其产品专利权为由提起诉讼，同时还以侵犯商业秘密为由提起诉讼。从相关法院判决结果看，MR 公司在专利侵权诉讼和商业秘密侵权诉讼案件中的相关请求均得到了法院的支持。因此，在技术研发型企业的知识产权保护实务中，应通过深入思考和分析，梳理出自身研发技术的相应特点，尽可能采取专利与商业秘密保护相结合的办法来更加有效地保护好自己的知识产权。

第九章　企业常见的商业秘密泄露途径

商业秘密的泄露途径无法一一列举，但归纳起来，企业常见的泄密途径主要有两个方面、共四条，具体如下：

企业内部泄密方面，包括在职员工泄密、离职员工泄密。

企业外部泄密方面，包括业务合作方泄密、竞争对手窃密。

一、企业内部在职员工泄密

这一情况一般有两类：一类是企业在职的涉密员工因经济利益、物质条件诱惑等因素，故意将企业商业秘密占为己用或用于出售、交换，而谋取利益的行为，这类情况是所有泄密途径中最为普遍的现象。特别是企业的客户信息，近年来已成为企业各类侵权泄密案件的重灾区，企业在职员工"飞单"行为屡见不鲜。另一类是企业内部涉密员工在其工作中未将企业保密制度执行到位，或保密意识淡薄，而造成无意中将商业秘密泄露的行为，这类情况在企业商业秘密保护实务中也是时有发生。

案例1　陈某等与上海DT科技股份有限公司等侵害商业秘密纠纷案

案例来源：

北京市高级人民法院（2016）京民终127号民事判决书

基本案情：

上诉人陈某、吴某某因侵害商业秘密纠纷一案，不服北京知识产权法院（2014）京知民初字第 67 号民事判决，向北京知识产权法院提起上诉。

北京知识产权法院经审理查明：

上海 DT 纺织品有限公司成立于 2001 年 1 月，后于 2013 年 9 月更名为上海 DT 科技股份有限公司（以下简称 DT 公司）。该公司主要从事家用纺织品、服装、提花面料的生产和销售。

DT 公司在经营过程中制定了《保密制度》，要求员工保守公司秘密，包括技术信息、经营信息在内的各项信息。DT 公司还通过与员工签订竞业禁止条例的形式保护本公司在经营过程中形成的商业秘密。

陈某于 2009 年 1 月 30 日到 DT 公司工作，担任北京办事处（未依法登记）负责人，双方未签署劳动合同。2009 年 1 月 30 日，DT 公司与陈某签订了《经营授权书》，约定 DT 公司授权陈某开发北方市场，并任命为分公司经理；双方除约定了盈利分红比例外，还约定陈某在公司任职期间不得利用公司资源与客户私自达成交易，也不得私自将公司的产品转给其他公司或工厂。

2009 年 5 月 14 日，DT 公司与陈某签订了《DT 员工禁止条例协议》，双方约定：不论在职还是离职的本公司员工不得对外泄露公司客户及工厂相关机密，所有 DT 员工不得与 DT 有合作关系的工厂及客户进行非 DT 合作形式的业务往来，所有 DT 在职员工不得与 DT 在职或离职的员工从事任何与 DT 利益有关的经济往来及业务合作。

吴某某于 2011 年 3 月到 DT 公司工作，在该公司北京办事处协助陈某负责销售业务。2012 年 2 月 29 日，DT 公司与吴某某签订了《DT 员工保密及禁止条例》，双方约定本条例适用于已经签订劳动合同的员工，也包括虽然未签订劳动合同但与 DT 公司具有劳务关系的员工。本条例所称的"经营信息"指公司在经营过程中涉及的各种信息，包括但不限于公司客户、与公司具有各种合作关系的企业等信息。本条例所称的"技术信息"指与公司产品有关的信息，包括但不限于助剂、织造、颜料、配色等；员工不得对外泄露公司的经营信息与技术信息；员工不得从事损害公司利益的各种活动,包括但不限于以本人名义或以某企业名义与公司以外的任何人员进行与公司业务相同或相类似的、相竞争的经济往来、业务合作等;员工在自公司离职后三年内也同样遵守本条例。同日,2012年2月29日,DT公司还与陈某签订了《DT员工保密及禁止条例》,所约定的内容同上。

DT公司在长期经营过程中与相关客户建立了长期稳定的交易关系,形成了客户名单,其中包括北京东方绮丽服装服饰有限责任公司(以下简称东方绮丽公司)。DT公司长期向东方绮丽公司提供提花面料。DT公司向法院提供了一份由东方绮丽公司出具的书面《情况说明》。该《情况说明》称,两公司从2011年4月开始一直进行业务合作,是稳定的老客户关系。DT公司还提交了两公司近些年来签订的多份《服装面料订货合同》。在上述所有合同中,双方对某些事项的约定完全一致,即纬斜率不超过2%,数量不超过±5%。需方对货品封样检验的时间是在收货后10个工作日内。供方对不符合质量标准的货物在7个工作日内解决。供方如果不能按时交货,7日内供方应每日向需方支付总货款0.5%的违约金;7日至15日内供方应每日向需方支付总货款1%的违约金;超过15日需方有权退货,违约金比例为该批面料总货款的30%。合同签订后需方支付30%的定金,中期款为50%。

陈某与吴某某系夫妻关系。2011年9月16日,吴某某投资成立了CY公司,此时,陈某与吴某某仍在DT公司工作,未办理离职手续。CY公司亦主要从事提花面料、针织品、服装的制造、销售。2014年3月,陈某、吴某某先后离开DT公司。

2012年11月至2014年9月间,陈某以CY公司的名义分别与东方绮丽公司签订了15份《服装面料订货合同》,合同总金额为137.21万元。上述合同中约定的"纬斜率不超过2%,数量不超过±5%。需方对货品封样检验的时间是在收货后10个工作日内。供方对不符合质量标准的货物在7个工作日内解决。供方不能按时交货,7日内供方应每日向需方支付总货款0.5%的违约金;7日至15日内供方应每日向需方支付总货款1%的违约金；超过 15 日需方有权退货，违约金比例为该批面料总货款的 30%。合同签订后需方支付 30% 的定金，中期款为 50%"等内容与 DT 公司和东方绮丽公司在《服装面料订货合同》中约定的内容相同。

东方绮丽公司在书面《情况说明》中证明：在与 DT 公司进行业务合作时，一直与该公司北京办事处的陈某进行业务对接工作。之后陈某忽然改为以 CY 公司名义签署合同。东方绮丽公司以为这两个公司的业务员都是陈某，存在关联关系。后因面料经常出现各种质量问题，在直接找到 DT 公司询问时才得知两公司之间并无关联关系，陈某实为 CY 公司的自然人股东之一，之后未再与 CY 公司发生业务往来。

鉴于陈某质疑该《情况说明》的真实性，东方绮丽公司亦未出庭说明情况，法院就此向该公司进行了调查，东方绮丽公司认可其出具的《情况说明》，并证明当时陈某告诉公司业务员，CY 公司是 DT 公司的北京办事处。东方绮丽公司是基于对 DT 公司的合作信任，陈某也一直代表 DT 公司等原因，才与 CY 公司签订了合同。双方对法院的调查笔录分别发表了质证意见。

陈某和吴某某对于 DT 公司提供的有其二人签名的两份《DT 员工保密及禁止条例》的真实性不予认可，称文件上的签名是 DT 公司伪造的，要求进行笔迹鉴定。经法院对司法鉴定的程序规则进行释明后，吴某某表示不再要求进行笔迹鉴定。陈某则坚持要求进行笔迹鉴定。经司法鉴定科学技术研究所司法鉴定中心进行笔迹鉴定，确定《DT 员工保密及禁止条例》上的签名"陈某"系其本人所写。陈某亦对该鉴定结论发表了质证意见。

一审法院判决：

一、陈某、吴某某、CY 公司立即停止侵犯 DT 公司的商业秘密的涉案行为；二、陈某、吴某某、CY 公司共同赔偿 DT 公司经济损失五十万元及因诉讼支出的合理费用两万元；三、驳回 DT 公司的其他诉讼请求。

二审法院判决：

驳回上诉，维持原判。

案例思考：

本案中，被告采用了典型的"飞单"手法，将其所在公司的客户转移到自己注册的公司进行交易，这一行为构成了对原告公司商业秘密的侵权行为。法院认为，本案DT公司与陈某、吴某某签订的《DT员工保密及禁止条例》《DT员工禁止条例协议》系双方真实意思表示，未违反法律法规的强制性规定，应属合法有效，双方均应依约履行。DT公司主张其拥有并被侵犯的商业秘密为客户名单及与客户之间的经营信息。虽东方绮丽公司的名称、联系方式等基本信息可以从公开渠道获得，但对于客户的交易习惯、具体需要、交易细节等信息却不能从公开渠道获知，DT公司取得这些信息系其投入人力、物力和财力的结果，属于不为公众所知悉的信息。这些信息对DT公司在相关商业竞争中取得优势地位和获得更多交易机会有着重要意义，能够为其带来经济利益并具有实用性。DT公司为确保上述信息不被泄露，制定了公司的《保密制度》，采取了与陈某、吴某某签订《DT员工保密及禁止条例》《DT员工禁止条例协议》等措施，属于采取了相应的保密措施。因此，DT公司所主张的信息内容符合商业秘密法定构成要件，亦符合双方签订的《DT员工保密及禁止条例》《DT员工禁止条例协议》的约定，属于DT公司的商业秘密。

DT公司与陈某、吴某某签订的《DT员工保密及禁止条例》中约定：员工不得对外泄露公司的经营信息与技术信息，不得损害公司利益，进行与公司业务相同或相类似的、相竞争的业务合作，即使离职后三年内也应遵守本条例。DT公司在制定的《保密制度》中亦要求员工保守公司的商业秘密。因此，上述约定和规定对陈某、吴某某均具有约束力。DT公司是否向员工支付过竞业禁止补偿款、工资及分红款，是否缴纳社会保险费不是员工应保守公司商业秘密的法定抗辩事由。

根据陈某与DT公司签订的《经营授权书》，陈某曾担任DT公司在北京办事机构的负责人，其代表DT公司与东方绮丽公司签订了多份《服装面料订货合同》，故陈某知晓DT公司的涉案商业秘密。陈某与吴某某系夫妻关系，二人又同在DT公司的北京办事机构工作，二人在DT公司工作期间，吴某某已出资成立了CY公司。陈某以CY公司的名义与东方绮丽公司签订了多份提花面料购销合同，虽有部分合同的内容与DT公司和东方绮丽公司签订的合同内容并非完全一致，但合同主要条款的内容基本相同。即便合同条款是由东方绮丽公司拟订，但陈某、吴某某选择交易的客户属于DT公司的商业秘密范围，也是DT公司在《DT员工保密及禁止条例》中约定保守秘密的经营信息。东方绮丽公司出具的《情况说明》可以证明，陈某代表CY公司与东方绮丽公司签订合同时，并未向东方绮丽公司如实告知CY公司与DT公司的关系。因此，陈某、吴某某向CY公司披露DT公司客户名单的行为，侵犯了DT公司的商业秘密。

二、企业内部离职员工泄密

这一情况主要是指，企业内部涉密员工同样因经济利益、物质条件诱惑等因素，离开原企业时擅自带走原企业商业秘密，自己入股成立公司或加入与原企业存在竞争关系的企业，仍然使用原企业商业秘密谋取经济利益。

案例2　窦某某、CX科技（北京）有限公司与HN文化传播（北京）有限公司侵害商业秘密纠纷案

案例来源：

北京知识产权法院（2017）京73民终1093号民事判决书

基本案情：

HN文化传播（北京）有限公司（以下简称HN公司）向一审法院诉称：窦某某原系HN公司员工，于2005年5月入职，负责多媒体演示项目的制作工作，主要内容为通过三维动画演示主体工程、隐蔽工程、设计工期等，用于建筑单位向发包单位投标时进行演示。2012年10月，窦某某以休假为由擅自离职，未办理离职手续。2016年4月，HN公司得知

窦某某以其注册的 CX 科技（北京）有限公司（以下简称 CX 公司）的名义与 HN 公司老客户中国建筑股份有限公司（上海）（后更名为"中国建筑第八工程局有限公司上海分公司"，以下简称中建上海公司）签订并履行多份多媒体演示项目合同。中建上海公司认可在 2012 年 11 月上海船厂和中海油大厦两个多媒体演示项目中，窦某某提出如果与 CX 公司签订合同，每个项目可获 2.5 万元的优惠。中建上海公司认为窦某某曾代表 HN 公司与该公司有过长期合作，且该项目均由 HN 公司技术团队成员完成，误以为 CX 公司为 HN 公司的关联公司，更改合同主体仅为税务上的考虑，故与 CX 公司签订并履行了上述两项合同。之后，窦某某以同样方式完成了苏州中心广场项目南地块（一二标段）、保利大剧院、龙湖刘行、梦中心 FLM 地块、上海航空服务中心、丰树闵行商业园、苏州铁狮门等项目，共获得 97.5 万元的非法利益。CX 公司成立于 2012 年 7 月，系窦某某在 HN 公司工作期间成立，其经营范围与 HN 公司一致，系通过非法方式抢夺 HN 公司的固有客户，达到非法获利的不正当目的。

关于侵犯商业秘密的具体内容，HN 公司表述为窦某某在职期间接触的 HN 公司合作公司的经营信息，包括供销渠道、客户名单、经营管理方法及相关信息。具体指客户名称、联系方式、需求类型、需求习惯、经营规律、承受价格的能力等。HN 公司表示，窦某某、CX 公司不能与上述公司签约，其赔偿损失的请求标的系按照窦某某、CX 公司与中建上海公司完成的 9 个项目的全款数额计算。

窦某某、CX 公司向一审法院辩称：HN 公司主张的商业秘密不符合法律要件，客户名单本身不是商业秘密，窦某某只是因为工作关系认识了客户单位的工作人员，没有接触到高层和领导。联系方法必须有具体的联系人和联系部门才有意义，CX 公司与客户签约并不是基于 HN 公司的信息。HN 公司未采取保密措施，窦某某未采取不正当手段获得相关信息。窦某某并不知道中建上海公司要做哪些项目，都是对方的工作人员主动联系要求做项目，与 HN 公司没有关联。中建上海公司与 HN 公司有串通作伪证的嫌疑。窦某某于 2006 年入职北京空间在线数码科技公司，后转到 HN 公司。2010 年 6 月窦某某从 HN 公司离职过一次，11 月回去，2012 年 6 月提出了辞职，HN 公司没有同意；同年 7 月窦某某创办 CX 公司，10 月离开 HN 公司，11 月底接到中建上海公司侯海芳的电话，让帮助做上海船厂的项目，窦告诉她已经离职一事，侯说可以做，后来又做了中海油的项目。HN 公司知道后对其进行骚扰。CX 公司未冒充 HN 公司的关联公司，窦某某未主动联系过 HN 公司的客户，窦某某与 CX 公司没有刻意降低价格，系成本本身低于 HN 公司，所以价格比较优惠。因此，窦某某与 CX 公司未侵犯 HN 公司的商业秘密，不同意 HN 公司的全部诉讼请求。

经法院查明：

HN 公司围绕诉讼请求提交窦某某的员工档案，工资单和费用报销单，项目工作单，合同、发票和记账凭证，CX 公司工商信息查询，证明窦某某于 2005 年入职北京空间再现数码科技公司（HN 公司的关联公司），参与三维动画制作，后进入 HN 公司，担任三维动画部门主管。在职期间参与完成的项目包括阿尔及利亚大学城、三里河发改委项目、北京新保利大厦申报"鲁班奖"专题片制作、中国建筑股份有限公司技术中心绿色建造技术集成与应用、大型海上人工浮岛立项演示等，合同均由 HN 公司与需求单位签订，部分合同联系人为窦某某，部分合同附有需求单位联系人及窦某某的电话，制作费用多为几万至十几万元。HN 公司，认为这些合同及信息是 HN 公司在长期积累中获得的资源，无法通过正常途径获取。2012 年 7 月 23 日，CX 公司注册成立，窦某某为法定代表人和唯一股东。HN 公司表示，窦某某离职前平均每个月的工资为 1.2 万元左右，另有奖金，工资单证实窦某某最后一次领取工资的时间是 2012 年 11 月。

HN 公司提交 2016 年 4 月 12 日中建上海公司给 HN 公司出具的情况说明，称对 HN 公司询问与窦某某相关合同事宜，说明如下：

2011 年 7 月，中建上海公司与 HN 公司自"上海保利大厦鲁班奖"项目开始合作，到 2015 年 12 月，先后完成 5 项合同任务，其中 2012 年 12 月之前的 2 个项目，均由窦某某作为代表与该公司进行对接。窦某某参与中建上海公司的其他项目合作情况包括以下几项：

1. 2012 年 11 月，在上海船厂和中海油大厦项目上，窦某某向我公司提出如以 CX 公司名义签约，每个项目可获得 2.5 万元优惠（14.5 万元减至 12 万元）。我公司认为你司仅为更换名称，故与该公司签约，且两个项目的制作均由你司技术团队人员完成。

2. 2013 年 2 月，中建上海分公司与 CX 公司签约制作苏州中心广场项目南地块一、二标段项目，其中一个标段的费用为 16 万元。

3. 2013 年 6 月保利大剧院科技进步奖合同价格为 3 万元。

后中建上海公司与 CX 公司的合作项目有苏州铁狮门、龙湖刘行项目、梦中心 FLM 地块，累计向该公司支付合同款项 32.5 万元。

HN 公司表示窦某某后来做的项目没有通过公司高层，都是和下面的业务负责人员对接，因为之前在 HN 公司开始的合作，业务人员与窦某某沟通很方便。涉案合同比较简单，总工程师有一定的权利。有些项目很急，有些项目可能是先做的，后补合同。当时窦某某尚未离职，不仅用自己的 CX 公司名义签约，还带着 HN 公司的人员做了自己的项目。

对此窦某某表示项目是离职以后做的，确实雇了 HN 公司的技术人员。但其没有和任何人说过情况说明中的话，也不可能说换个公司签约就可以降价 2.5 万元。

HN 公司提交员工穆学武 QQ 空间照片截屏，证实窦某某在 2012 年 11 月参加了公司聚会，其当时尚未离职。穆学武的证言称其在 2013 年 1 月开始担任 HN 公司三维部门主管，负责与客户沟通和项目制作；一些经常合作的老客户会跳过经理与三维主管或技术人员直接联系，并因之前在项目中的磨合，可以很快领会对方意图，新客户也需要磨合期。2012 年 12 月，窦某某找到 HN 公司的几个技术人员吃饭，介绍了私活的具体制作人数、时间等，让员工选择参与，并可辞职在他另开的公司工作。其与另外两人向 HN 公司请假一个月去上海帮助窦某某完成了两个项目，完成后窦某某给其 2.5 万元。

窦某某表示其并未参与公司运营，在 2012 年 10 月正式离职，其间参加员工聚会很正常；确实雇了 HN 公司人员完成 CX 公司的工作。

窦某某与 CX 公司提交 HN 公司于 2013 年因同一事实起诉窦某某与 CX 公司侵犯商业秘密和不正当竞争案件的相关材料，以及 2014 年窦某某起诉 HN 公司的劳动争议案件的判决书，该判决认定窦某某于 2012 年 10 月与 HN 公司解除劳动关系。窦某某与 CX 公司表示，HN 公司因为知晓窦某某与 CX 公司另做项目的事，于 2013 年 1 月到窦某某家闹，说其冒 HN 公司的名接活儿。窦某某表示，HN 公司 2013 年 4 月已经起诉，当时 HN 公司完全可以告知中建上海公司不要再与窦某某与 CX 公司合作。

HN 公司表示其并未告知中建上海公司上述情况，想通过诉讼的方式解决。当时只知道两个项目。其屡次通过诉讼维权，都是积极行使保密措施的手段，也表明了 HN 公司对该经营信息的保密要求。其认为判决书中认定的离职时间不正确，窦某某的社保交到 12 月。

一审法院判决：

一、判决生效后，CX 科技（北京）有限公司、窦某某停止以不正当手段使项目方误解与 HN 文化传播（北京）有限公司存在关联关系而进行交易的行为。

二、CX 科技（北京）有限公司、窦某某连带赔偿 HN 文化传播（北京）有限公司经济损失及诉讼合理支出十五万元（判决生效后十日内给付）。

三、驳回 HN 文化传播（北京）有限公司的其他诉讼请求。

二审法院判决：

驳回上诉，维持原判。

案例思考：

本案中，窦某某为 HN 公司原涉密员工，其于 2012 年离职后，注册成立了 CX 公司，经营范围与 HN 公司相同。窦某某仍以 HN 公司员工名义，与 HN 公司的客户联系业务，并用 CX 公司与客户进行交易。此举将原属于 HN 公司的交易机会占为 CX 公司所有，构成了对 HN 公司商业秘密的侵权行为。

三、企业外部业务合作方泄密

这一情况主要是指，企业在日常经营活动中往往需要与其他企业进行合作。当企业在与其他企业开展涉及商业秘密领域项目合作时，对方企业就极有可能会知悉本企业的商业秘密内容。此时，一旦企业业务合作方保密管理工作不到位，将会同样使原企业的商业秘密泄露出去。

案例 1-10 中，上海 ZG 公司作为加多宝公司的合作方，虽然该公司在保密措施方面已经达到了法律层面商业秘密构成要件的保密性标准，得到法院认可，但是从公司业务与整体生产保密管理情况看，上海 ZG 公司的商业秘密保护措施仍然有待改进。

四、企业外部人员窃密

这一情况主要是指，企业竞争对手或职业商业间谍公司，有意针对企业，通过收买内部人员、掩护名义刺探，甚至是使用非法窃听、窃照、木马病毒等技术手段，窃取企业商业秘密信息。

案例 3　嘉禾县 XD 商贸有限责任公司、赵某某等与李某某、雷某某侵害商业秘密纠纷案

案例来源：
湖南省高级人民法院（2016）湘民终 89 号民事判决书
基本案情：
原告嘉禾县 XD 商贸有限责任公司（以下简称 XD 商贸公司）与原告

赵某某等九人及其被告李某某分别是嘉禾县城经营家电、家居建材等业务的公司或销售店个体经营户负责人。为拓宽销售市场，十原告决定于2013年9月20日在嘉禾县城体育馆场内举办第二届嘉禾家居建材"工厂直供会"，并推举XD商贸公司法定代表人李某某之子李某为十原告商户联盟的会长，由十原告出资做活动的前期准备工作，并召集业务员召开会议，强调保密原则。自同年9月4日开始，组织30余名业务员到各小区及乡、镇进行宣传，发放资料，搜集客户信息资料（包括姓名、住址、联系电话、对家居建材的需求等），各业务员将搜集到的客户信息资料统一交给李某保管。同年9月9日，原告方开始将印制的"工厂直供会护照"，以20元一张的方式，电话通知客户购买，并作为活动当天的入场券，该"护照"中对原告各商家的产品做了广告，并将活动所设礼品做了说明。由李某统一将客户信息资料交给业务员胡某某和被告雷某某打电话联系客户，并要求两名业务员对外保密，每次打完客户电话后，将客户资料上交给李某保管，防止客户资料外泄。该活动"护照"先后卖出有400余张。

被告雷某某原来在被告李某某经营的双虎家俬生活馆上班，双方较熟。被告李某某得知十原告举办"工厂直供会"活动后，便要求被告雷某某将客户资料抄出来给他，并承诺给被告雷某某1000元报酬。同年9月16日，被告雷某某将大部分客户资料拍照后发给被告李某某，被告李某某按约定给了雷某某1000元报酬。致使原告收集到的客户资料大部分泄露给被告。经对原、被告提供的客户信息资料进行比对，被告提供的客户资料有超过230名客户名单与十原告提供的客户资料名单、排列顺序相同，且在十原告举办"工厂直供会"期间，被告打电话给客户，干扰十原告的正常活动，给十原告造成了一定经济损失。

一审法院判决：

一、由被告李某某、雷某某连带赔偿原告XD商贸公司、赵某某等9人经济损失两万元。此款限本判决生效后十日内付清。二、驳回原告XD

商贸公司、赵某某等9人的其他诉讼请求。

二审法院判决：

驳回上诉，维持原判。

案例思考：

本案中，原告主张的商业秘密是客户名单。该客户名单是由十名原告共同出资举办行业展销会，从而收集到有着明确客户需求的客户信息。被告因与原告方内部人员熟悉，通过金钱报偿方式进行利诱，得到了该客户名单，其侵权属于典型的金钱收买内部员工窃取商业秘密的行为。

除了上述4种主要泄密渠道外，企业在日常经营活动中还需要注意一些群体，而这些群体往往是企业商业秘密潜在的泄密渠道，他们包括：原材料供应商、半成品生产商、销售商、废品回收者、各类中介，评估、鉴定、审计机构人员，软件开发商、科研合作单位、翻译人员、新闻记者、广告商，等等。

第十章　盘点企业遭遇商业秘密侵权的维权途径

很多企业在商业秘密侵权事件发生以后，往往束手无策，甚至于"吃二遍苦"，侵权造成的损失不但没有追讨回来，在维权的过程中还花费了很多费用。那么，企业在发生了侵权事件后应当怎样迅速、有效地维权呢？本章我们来了解一下，企业商业秘密维权的途径有哪些？

当前，企业发生了泄密侵权事件后的追责维权主要有五种途径：一是当事人谈判和解；二是提请劳动仲裁；三是通过法院进行民事诉讼；四是通过公安部门实施刑事救济；五是通过市场监督管理部门实施行政救济。这五种维权途径各有优势和局限性。

一、当事人谈判和解

这种方式是指商业秘密侵权当事人双方自愿通过谈判达成和解。这种方式的最大优势是方便、快捷，比之其余四种方式而言，维权投入是最小的。其局限性也很明显，由于这种和解过程是通过谈判取得，被侵权方往往不能得到充分赔偿；同时，被侵权方往往是就事论事地"一锤子买卖"，对侵权方后续是否仍然存在侵权行为难以形成有效的约束力。

二、提请劳动仲裁

这种方式是指被侵权方依据与侵权方订立的劳动合同（包含保密条

款）、保密协议、竞业禁止（限制）协议、仲裁协议等约定条款向管辖地人力资源与社会保障部门提请劳动仲裁。这种方式的优势主要有两点：一是相比于民事诉讼与行政、刑事救济手段，与和解方式一样，更为方便、快捷；二是保密性强，由于仲裁过程只涉及协议条款之争，不涉及具体商业秘密侵权，并且仲裁人员都负有保密义务，仲裁审理也是非公开的，被侵权方的商业秘密同样不存在进一步扩散的风险。

其局限性有三点：一是劳动仲裁范围狭窄，只针对当事人双方对商业秘密或竞业禁止（限制）曾有条款约定的事项，只能用于商业秘密违约之诉，不能用于商业秘密侵权之诉；二是劳动仲裁只能针对与被侵权方有劳动关系的人员，难以追究侵权人背后的用人单位责任；三是劳动仲裁主要依据《中华人民共和国劳动法》，该法偏重于保护劳动者这一弱势群体，对被侵权方（企业）提出的举证要求更为严格，并且一旦企业被仲裁败诉，可能会对企业后续采取其他维权手段造成不利影响。

三、民事诉讼

这种方式是指商业秘密被侵权人依法向人民法院提请商业秘密侵权或违反保密（竞业限制）协议等诉讼。这种方式的主要优势是比较有利于商业秘密权利人对自身商业秘密侵权相关经济利益的整体保护，其局限性在于被侵权人诉前准备的调查取证困难。

四、刑事救济

这种方式是指商业秘密被侵权人向公安机关报案后，由公安机关依据《中华人民共和国刑法》相关规定，对商业秘密侵权人开展调查、追责和处罚。这种方式的主要优势是对侵权人具有比较强的威慑力，对侵权行为具有比较强的制止和制裁力。其局限性在于：一是刑事救济往往更偏重于对侵权人商业秘密侵权行为的打击，对被侵权人因侵权行为造成的利益损失补偿力较弱。二是公安部门刑事救济立案要求比较严格，必须是要给商业秘密权利人造成重大损失，一般情况下，需要被侵权方提供证据证明其损失 50 万元以上甚至破产，或者侵权方违法所得在 50 万元以上；而被侵权方要做到这一点，往往比较困难。

案例 1　上诉人李某某侵犯商业秘密案

案例来源：

福建省厦门市中级人民法院（2015）厦刑终字第 590 号刑事判决书

基本案情：

福建省厦门市思明区人民法院审理福建省厦门市思明区人民检察院指控原审被告人李某某犯侵犯商业秘密罪一案，于 2014 年 4 月 16 日做出（2013）思刑初字第 195 号刑事判决。一审判决后，李某某不服，向厦门市中级人民法院提出上诉，厦门市中级人民法院于 2014 年 12 月 3 日做出（2014）厦刑终字第 231 号刑事裁定，撤销原判，发回思明区法院重新审判。

经审理查明：

上诉人李某某系 BX 公司鞋帽部经理，负责鞋类商品的进出口业务。涉案伟联公司于 2010 年 3 月 29 日成立，经营范围为批发、零售服装鞋帽、皮制品以及经营各类商品和技术的进出口，法定代表人为曾某某。曾某某为李某某丈夫。李某某在伟联公司成立后，将原 BX 公司的 7 家客户介绍给伟联公司做鞋类产品的业务。导致 BX 公司与上述 7 家客户的贸易订单流失。2010 年 8 月至 2011 年 7 月，伟联公司与 7 家客户完成总计 1 127 034.5 美元的鞋子出口贸易，获得利润人民币 456 410 元。

2011 年 6 月，李某某从 BX 公司辞职。BX 公司因解除劳动关系、风险金与李某某发生劳动争议，向厦门市湖里区劳动争议仲裁委员会提起劳动仲裁申请，后李某某因劳动报酬、经济补偿提起反仲裁请求。2011 年 7 月 20 日，BX 公司与李某某经协商，达成调解意见，李某某支付 BX 公司调解款项 8 万元，双方劳动关系于 2011 年 6 月 9 日解除。该调解意见第三项写明，双方不存在纠纷，且不得再向任何部门提出诉求主张。2011 年 11 月 15 日，公安机关在思明区湖滨北路的伟联公司抓获李某某。原判认为，客户信息对于进出口业务而言，是极重要的经营信息，能为权利人带来经济利益，具有商业秘密的属性。被告人李某某以 BX 公司鞋帽部经理的名义代表 BX 公司参展、开发客户、完成交易所获得的涉案客户信息属于 BX 公司的商业秘密。被告人李某某为牟取非法利益，违反与 BX 公司的保密约定，披露并通过伟联公司使用其掌握的 BX 公司的客户信息，给 BX 公司造成人民币 804 139.11 元的重大经济损失，被告人李某某的行为已构成侵犯商业秘密罪。公诉机关指控的罪名成立，予以支持。至于被告人与 BX 公司的劳动纠纷达成的调解协议与指控无关，也不影响其承担刑事责任。被告人到案后尚能如实供述自己的罪行，决定对被告人从轻处罚并适用缓刑。

一审法院判决：

被告人李某某犯侵犯商业秘密罪，判处有期徒刑六个月，缓刑一年，并处罚金人民币五十万元。

二审法院判决：

一、撤销厦门市思明区人民法院（2014）思刑初字第 1616 号刑事判决；

二、上诉人李某某无罪；

三、上诉人李某某已交纳的 456 410 元予以退还。

案例思考：

本案中，一审法院判决李某某侵犯商业秘密罪成立，而二审法院却改判李某某无罪，原因就在于二审法院认为原判所认定的受害方损失计算有误，认定损失依据不足，故不能构成 50 万元的"重大损失"标准。二审法院认为，侵权行为是否造成严重侵害后果是侵犯商业秘密罪的构成要件之一。《最高人民法院、最高人民检察院关于办理侵犯知识产权刑事案件具体应用法律若干问题的解释》第七条规定,给商业秘密的权利人造成损失数额在五十万元以上的,属于给商业秘密的权利人造成重大损失,应当以侵犯商业秘密罪判处三年以下有期徒刑或者拘役,并处或者单处罚金。经查,2010年8月至2011年7月,伟联公司与上述7家客户完成总计1 127 034.5美元的鞋子出口贸易,获得利润人民币456 410元。原判认定BX公司因此造成的损失达人民币804 139.11元。但是,证明该损失的《司法会计鉴定报告书》以李某某负责的整个鞋帽部的交易额来计算平均利润率确有不当。其一,李某某负责的鞋帽部客户众多,各家利润不一,把不相关的其他客户利润计入缺乏客观性、合理性。其二,涉案客户与伟联公司的交易发生在2010、2011年,鉴定的时间为2009、2010年,与伟联公司实际交易的时间不符。其三,鉴定报告未体现汇率对利润率的影响。其四,鉴定报告体现BX公司的利润与伟联公司上报税务机关的毛利润不符,前者高于后者。因此,以李某某在BX公司期间负责的鞋帽部所有的经营利润为基础来计算利润率,鉴定对象不当,认定造成损失的依据不足。李某某关于对被害单位BX公司损失的鉴定存在不合理之处的上诉理由成立,二审法院予以采纳。上诉人李某某以被害单位BX公司名义开发的客户名单属于BX公司所有,涉案7家客户名单具有商业秘密的属性。但原审判决对被害单位BX公司损失的认定事实不清,证据不足,上诉人李某某的行为不构成侵犯商业秘密罪,应改判无罪。原审判决李某某构成侵犯商业秘密罪不当,应予纠正。

五、行政救济

这种方式是指商业秘密被侵权人向市场监督管理部门报案后,由市场监督管理部门依据《反不正当竞争法》相关规定,对商业秘密侵权人开展行政检查、行政处罚等强制措施或行政调解工作。这种方式的主要优势是,既有行政强制措施为依托确保调查取证的效率和效力,又能够通过行政处罚与行政和解手段对侵权人的侵权行为"罚赔并举",达到比较好的处置结果；其局限性在于被侵权人因侵权行为造成的利益损失亦可能难以得到充分赔偿。

侵权追责维权实务中，有些企业采用了行政、刑事与民事救济相结合的方法，取得了较好的维权效果。

案例2　宁波DY音响器材有限公司与黄某等侵犯商业秘密纠纷案

案例来源：

宁波市鄞州区人民法院（2016）浙0212民初3361号民事判决书

基本案情：

原告宁波DY音响器材有限公司（以下简称DY公司）系一家扬声器研发、生产企业，该公司自主研发、生产TW、TDU系列扬声器产品的程序文件，包括10位数字的品号编码、零部件图面、物料清单BOM表、工艺管理表、作业指导书，制造TW、TDU系列扬声器的加工工艺和整体技术等技术信息，以及与制造系列扬声器相关的销售客户名单、零配件采购供应商名单、价格体系、BOM表内容（估价单）等经营信息，属于不为公众所知悉的技术信息和经营信息，DY公司采取了相应的保密措施，上述信息属于该公司商业秘密。

被告黄某曾任原告DY公司总经理职务，负责生产与采购。2004年9月27日，被告黄某与原告签订《劳动合同》，其中涉及保密条款，约定被告黄某在DY公司任职期间以及离职后，均负有保密义务。被告黄某于2008年3月从该公司离职前，违反原告保密义务的要求，将载有原告商业秘密的文件资料偷存于其个人的数据储存设备中带走。

2008年3月17日，被告黄某与上海LJ线圈制品有限公司合资成立被告宁波市鄞州LJ线圈有限公司（以下简称LJ公司）从事线圈生产，公司成立两年后，被告LJ公司在线圈之外开始从事扬声器生产与销售。2011年9月1日，被告黄某成立宁波市鄞州HS电子有限公司（以下简称鄞州

HS公司），并担任该公司法定代表人，又以其岳父夏某某名义在香港注册成立离岸公司被告宁波HS电子有限公司（以下简称宁波HS公司）。2010年以来，被告黄某利用上述三家由其实际控制的公司，使用非法取得的原告DY公司的商业秘密用于生产、销售与原告DY公司同类的系列扬声器（含TW、TDU等系列）产品。2011年12月26日，原告DY公司向宁波市工商行政管理局鄞州分局举报被告黄某非法披露该公司商业秘密。2012年7月17日，被告黄某和LJ公司因侵犯商业秘密分别被宁波市工商行政管理局鄞州分局行政处罚。被告黄某接受行政处罚后继续生产、销售相关产品。从2010年6月1日至2014年4月23日期间，被告黄某通过其实际控制的被告LJ公司、宁波HS公司和鄞州HS公司非法获利共计人民币3 877 147.09元。

被告黄某因涉嫌犯侵犯商业秘密罪于2014年4月24日被宁波市公安局鄞州分局刑事拘留，同年5月30日被逮捕。公安机关冻结了被告LJ公司在宁波银行股份有限公司兴宁支行的存款人民币760 721.89元，冻结了被告宁波HS公司在上海浦东发展银行的存款美元81 733.99元，查扣了工艺管理表、U盘、扬声器材样品、图纸、电脑主机等物品。2015年10月22日，宁波市鄞州区人民法院依法做出（2015）甬鄞知刑初字第1号刑事判决书，认为被告黄某违反保密义务，以非法手段获取DY公司的商业秘密并使用，非法获利人民币3 877 147.09元，其行为已构成侵犯商业秘密罪。公诉机关指控的罪名成立。被告黄某案发后检举他人犯罪，并经查证属实，有立功表现，依法可以从轻处罚。根据被告黄某犯罪的事实、性质、情节以及对于社会的危害程度，判决被告黄某犯侵犯商业秘密罪，判处有期徒刑三年，并处罚金人民币400万元；涉案的相关赃物予以没收。刑事案件审理中，原告曾提起刑事附带民事诉讼，后申请撤回，宁波市鄞州区人民法院依法裁定予以准许。后被告黄某不服一审刑事判决，向宁波市中级人民法院提起上诉，宁波市中级人民法院依法做出（2015）浙甬刑二终字第746号刑事裁定书，认为原判认定事实清楚，证据确实充分，定性准确，量刑适当，审判程序合法，依法裁定驳回上诉，维持原判。

宁波市鄞州区人民法院认为，原告公司自主研发、生产TW、TDU系列扬声器产品的程序文件（编号：QMSB402-2005），包括10位数字的品号编码、零部件图面、物料清单BOM表、工艺管理表、作业指导书，制造TW、TDU系列扬声器的加工工艺和整体技术等技术信息，以及与制造系列扬声器相关的销售客户名单、零配件采购供应商名单、价格体系、BOM表内容（估价单）等经营信息，属于不为公众所知悉的技术信息和经营信息，原告采取了相应的保密措施，上述信息属于该公司商业秘密。被告黄某在原告公司任职期间，掌握了上述商业秘密，在离职后，其违反保守原告商业秘密的义务，将上述商业秘密用于自己实际控制的被告LJ公司、宁波HS公司、鄞州HS公司的生产、经营，并据此谋取利益，根据《中华人民共和国反不正当竞争法》第十条之规定，被告黄某的行为已构成侵犯原告商业秘密。此外，从2010年以来，被告黄某利用其实际控制的被告LJ公司、宁波HS公司、鄞州HS公司，使用非法取得的原告DY公司的商业秘密用于生产、销售与原告DY公司同类的系列扬声器（含TW、TDU等系列）产品，被告LJ公司、宁波HS公司与鄞州HS公司对被告黄某的侵犯商业秘密行为起到了帮助作用，构成共同侵权。根据《中华人民共和国侵权责任法》第八条、第九条规定，被告LJ公司、宁波HS公司、鄞州HS公司应当与被告黄某承担连带责任，现原告起诉要求被告黄某、LJ公司、宁波HS公司共同承担侵权责任，于法有据。

被告黄某违反保密义务，以非法手段获取DY公司的商业秘密并用于其所控制的被告LJ公司、宁波HS公司的经营，上述三被告共同侵犯了原告的商业秘密，应当根据法律规定共同承担停止侵权、赔偿损失的民事责任。

法院判决：

一、被告黄某、宁波市鄞州LJ线圈有限公司、宁波HS电子有限公司立即停止将原告宁波DY音响器材有限公司的商业秘密（包含原告自主研发、生产系列扬声器〈含 TW、TDU 等系列〉产品的程序文件〈编号：QMSB402-2005〉，包括 10 位数字的品号编码、零部件图面、物料清单 BOM 表、工艺管理表、作业指导书，制造系列扬声器的整体技术和加工工艺等技术信息，以及与制造、销售系列扬声器相关的销售客户名单、零配件采购供应商名单、价格体系、BOM 表内容〈估价单〉等经营信息）用于生产、销售等经营行为。

二、限被告黄某、宁波市鄞州 LJ 线圈有限公司、宁波 HS 电子有限公司于本判决生效之日起十日内共同赔偿原告宁波 DY 音响器材有限公司经济损失人民币 3 877 147.09 元；

三、限被告黄某、宁波市鄞州 LJ 线圈有限公司、宁波 HS 电子有限公司于本判决生效之日起十日内共同赔偿原告宁波 DY 音响器材有限公司律师费人民币 4 万元。

四、驳回原告宁波 DY 音响器材有限公司的其他诉讼请求。

案例思考：

本案中，原告在发生商业秘密侵权事件后的维权过程中，综合采用了行政救济、刑事救济和民事救济三种手段，从维权效果看，确实起到了比较好的作用。因此，企业在处置商业秘密侵权事件时，可以借鉴本案原告做法，在不能确定或没有明确证据证明自己损失的情况下，应当第一时间向市场监督管理部门报案，以求通过行政手段及时地介入调查取证；在此基础上，通过不断收集积累相关证据，视情向公安部门报案。一旦相关国家权力部门查实情况并做出处置结果，其相关材料可待后续在向法院提起民事诉讼时作为有力证据提交，此做法可有效提升企业商业秘密维权的成功率。

案例评析篇

开篇导语：企业的商业秘密被侵权了怎么办？维权路上"坑多多"。没关系，我来带你避开那些"坑"。

第十一章　了解商业秘密违约与侵权的举证责任

企业发生商业秘密侵权向法院提出民事诉讼时，由于没有经验，往往忽略了作为原告应当承担的举证责任，最终导致败诉。我们来看三个案例。

案例1　西安HC科技有限公司与高某某、西安XG汽轮机有限公司侵犯商业秘密案

案例来源：

陕西省高级人民法院（2018）陕民终466号民事判决书

基本案情：

上诉人西安HC科技有限公司（以下简称HC公司）因与被上诉人高某某、西安XG汽轮机有限公司（以下简称XG汽轮机公司）侵犯商业秘密纠纷一案，不服陕西省西安市中级人民法院（2018）陕01民初107号民事判决，向陕西省高级人民法院提起上诉。

原告一审诉称：2017年10月23日，HC公司与案外人西安XG动力股份有限公司投资合同纠纷一案开庭过程中，HC公司收到西安XG动力股份有限公司提交的一份证明材料，该材料为高某某出具的《冲动式汽轮机和反动式汽轮机区别的研究报告》。该报告多处使用了XG汽轮机公司

的图纸等技术秘密以及销售信息等经营秘密。前述商业秘密是XG汽轮机公司的核心商业机密信息，是公司采取了保密措施的商业秘密。一旦泄密，将给公司带来重大损失。然而高某某却不法获得和使用前述商业秘密，并以研究报告的名义非法提供给他人传播复制使用。HC公司作为持有XG汽轮机公司25%股份的股东，得知前述侵权情形后，立即于2017年11月1日向XG汽轮机公司董事会、监事会及清算组发函，要求对高某某提起诉讼，但XG汽轮机公司对此不予理睬，对高某某的前述侵权行为未采取任何措施。为确保HC公司以及HC公司所投资的XG汽轮机公司的合法权益不受侵害，依据《中华人民共和国公司法》第一百五十一条第三款，《最高人民法院关于适用〈中华人民共和国公司法〉若干问题的规定》（四）、《中华人民共和国反不正当竞争法》第九条之规定，提起诉讼，请求判如所请。

高某某答辩称，XG汽轮机公司为公司发展需要委托高某某出具了《冲动式汽轮机和反动式汽轮机区别的研究报告》，报告所依据的有关资料也是XG汽轮机公司提供，报告只提交给了XG汽轮机公司，高某某并未扩散、发表，不存在侵犯商业秘密的情形，请求驳回HC公司的诉讼请求。

XG汽轮机公司陈述称，2017年8月，XG汽轮机公司因发展战略需要，委托西安交通大学能动学院高某某对冲动式汽轮机和反动式汽轮机的技术特点等问题进行专项研究。《冲动式汽轮机和反动式汽轮机区别的研究报告》所依据的部分资料是由XG汽轮机公司提供。该报告中涉及的有关信息并非XG汽轮机公司的商业秘密，而且该份报告并未公开披露。

原审法院经审理查明：

XG汽轮机公司成立于2009年5月26日，HC公司系其股东之一，持股比例为25%。西安交通大学能动学院教师高某某曾做出《冲动式汽轮机和反动式汽轮机区别的研究报告》一份。2017年11月1日，HC公司向XG汽轮机公司董事会、监事会及清算组发出函件，称《冲动式汽轮机和反动式汽轮机区别的研究报告》中载明的设计图纸及 XG 汽轮机公司销售的机型、台数属于 XG 汽轮机公司的商业秘密，该研究报告编著人员非法获取、擅自公开使用并用于商业目的的行为，严重损害了 XG 汽轮机公司的合法权益，且报告结论有失客观公正，贬损了 XG 汽轮机公司的商誉，要求 XG 汽轮机公司立即对西安交通大学能动学院、高某某提起诉讼，调查商业秘密泄密原因，对泄密人员采取法律措施。XG 汽轮机公司收到前述函件后并未起诉，HC 公司遂提起本案诉讼。

庭审中，HC 公司明确《冲动式汽轮机和反动式汽轮机区别的研究报告》中的图 5.3、图 6.2 是其要求保护的技术信息，并认为若该报告所述的 XG 汽轮机公司生产汽轮机的台数等数据是高某某通过对 XG 汽轮机公司的合同等资料统计而得，则构成侵犯销售信息商业秘密的情形。高某某则称，《冲动式汽轮机和反动式汽轮机区别的研究报告》是受 XG 汽轮机公司委托所完成，包括图 5.3、图 6.2 在内的相关图纸以及销售数据等均是 XG 汽轮机公司提供，并提交了证明一份，以证明其前述辩称。该证明由 XG 汽轮机公司出具，证明内容同高某某所述一致。XG 汽轮机公司认可该证据，并称 HC 公司主张保护的信息并不构成 XG 汽轮机公司的商业秘密。HC 公司则认为前述证明是高某某与 XG 汽轮机公司恶意串通所为，对该证据不予认可。

一审法院判决：

驳回原告西安 HC 科技有限公司的诉讼请求。

二审法院认为，HC 公司作为本案的原告，负有相应的举证责任。《中华人民共和国反不正当竞争法》所保护的商业秘密，是指不为公众所知悉、具有商业价值并经权利人采取相应保密措施的技术信息和经营信息。HC 公司须依据上述法律规定证明涉案信息构成商业秘密。HC 公司未对涉案信息的商业价值进行充分举证，其是否能够给公司带来商业价值依据不足。HC 公司也未就公司采取何种保密措施充分举证，不能证明涉案信息经权利人采取相应保密措施。只要未采取保密措施，无论该信息的传播范围是否已经达到为公众所知悉的程度，均不应认定构成商业秘密。

二审法院判决：

驳回上诉，维持原判。

案例思考：

根据《最高人民法院关于审理不正当竞争民事案件应用法律若干问题的解释》第十四条规定，当事人指称他人侵犯其商业秘密的，应当对其拥有的商业秘密符合法定条件、对方当事人的信息与其商业秘密相同或者实质相同，以及对方当事人采取不正当手段的事实负有举证责任。本案属于商业秘密侵权之诉，HC公司作为本案的原告，应当向法院举证的内容包括：商业秘密的载体和秘密点、该秘密点的构成要件（秘密性、价值性和保密性）、被告存在的侵权行为以及原告由于商业秘密侵权而受到的经济利益损失等。本案中，二审法院认为原告无法有效证明其所诉技术信息的价值性和保密性，因而不认可该技术信息构成商业秘密。

2019年4月修订的《中华人民共和国反不正当竞争法》新增的第三十二条第一款规定："在侵犯商业秘密的民事审判程序中，商业秘密权利人提供初步证据，证明其已经对所主张的商业秘密采取保密措施，且合理表明商业秘密被侵犯，涉嫌侵权人应当证明权利人所主张的商业秘密不属于本法规定的商业秘密。"这一条款是将权利人所主张的商业秘密信息是否构成商业秘密的举证责任倒置给了涉嫌侵权人。但是，从条款所表述的举证逻辑来看，似乎成了"先有鸡还是先有蛋"的问题，即此条款中规定的举证倒置的前提是商业秘密权利人"合理表明商业秘密被侵犯"。如需要商业秘密权利人合理表明商业秘密被涉嫌侵权人所侵犯，那么权利人首先需要证明所主张的商业秘密存在。如果其不存在，那又何来的"被侵犯"之说呢？权利人为证明其主张的商业秘密存在，仍需要从商业秘密的三个法定构成要件来举证。因此，对于这一条款在司法实践中的合理运用，仍有一个完善的过程。

案例2　ATS（中国）投资有限公司与姜某某商业秘密合同纠纷案

案例来源：

苏州市虎丘区人民法院（2015）虎知民初字第00053号民事判决书

基本案情：

原告ATS（中国）投资有限公司（以下简称ATS公司）诉称，被告在原告处工作期间从事ERP软件支持工作，职位为ERP工程师，能够从原告的ERP系统中获取原告的商业秘密，包括全部技术和经营信息。被告在原告工作期间，利用相应的工作之便，擅自将公司配置给其用于工作的笔记本电脑进行改装，另行加装了硬盘，并私自将该加装的硬盘作为系统盘，而将笔记本电脑上原硬盘作为非系统盘使用，并把大量原告的商业秘密（包括但不限于ERP软件中的秘密信息和其他秘密信息）信息数据转移到该硬盘上。同时被告以擅自安装虚拟机软件设置虚拟机、擅自修改电脑名称等手段，脱离原告公司网域，逃避原告公司对网络安全的监管，规避原告公司对商业秘密的保护，以掩盖其盗取公司商业秘密的行为。原告认为被告的以上行为系以盗取或其他不正当手段获取原告商业秘密的行为，已构成对原告商业秘密的侵权，也违反了双方签订的《保密协议》，原告故诉至法院请求判令：1.被告停止侵权，并销毁或归还从原告处盗取的商业秘密；2.被告承担给原告造成的经济损失暂计人民币10万元；3.被告承担本案诉讼费用及其他合理费用。

原告ATS公司提交了以下证据：

1.劳动合同，证明原被告双方的劳动关系，被告职位为ERP工程师。

2.保密协议，证明被告有保护原告商业秘密的义务，该协议也明确了信息载体的处分权。

3.《ATSIT用户安全管理规定》，证明原告对办公电脑、网络安全有完善的保密措施。

4. 原告的IT列管资产库明录，证明被告的笔记本电脑（含光驱）系由原告配备。

5. 人民调解协议书、接处警工作登记表，证明被告试图强行带走固态硬盘，有侵犯原告商业秘密的嫌疑。

6. 硬盘，证明被告替换了原本原告配置电脑的硬盘，被告利用该私自加装的硬盘作为启动盘，绕开原告的监控，脱离原告的域，并下载了原告的相关经营资料。经过查验，相应的商业秘密涉及原告公司财务仓管及全体人员权限的名单、美国人员的权限明细表、系统架构的说明、相关sap合同、人员名单、供应商名单及sap用户名单等。

被告姜某某对上述证据的质证意见如下：对证据1、2、3、4、5的真实性没有异议，但认为与本案无关；对证据6，认为该硬盘系被告购买，所有权属于被告，该硬盘中的文件皆为工作文件，被告原告在公司里是负责做权限整理的，上述文件均非商业秘密文件。

被告姜某某辩称，此案是原告提起的恶意诉讼，是由之前的姜某某作原告的劳动争议赔偿诉讼衍生出来的。固态硬盘在IT的日常工作中能提高效率，被告购买涉案固态硬盘是问过公司领导的，领导说不好申请，让被告自己买。固态硬盘是被告购买，属于被告的个人财产，离职时被告想带走该硬盘于法有据，当时原告不答应被告带走并限制人身自由，被告无奈只能报警。原告所主张的侵权、违约完全不能成立。综上，请求法院驳回原告的诉讼请求。

苏州市虎丘区人民法院对原告所举证据的认证意见如下：因被告对证据1、2、3、4、5、6的真实性均不持异议，故对其在本案中的真实性予以确认。

经法院查明：

一、关于劳动合同关系、保密协议的事实。

2013年7月3日，ATS公司（甲方）与姜某某（乙方）签订《劳动合同》，聘用姜某某为公司ERP工程师，合同期限自2013年7月1日起至2016年6月30日止。对于劳动报酬，该合同仅约定了相应工资如何确定的条款,但并未约定具体数额。《劳动合同》另约定:乙方工作涉及甲方商业秘密和与知识产权相关的保密事项的,乙方应承担保密义务;甲方可以与乙方依法协商约定保守商业秘密的事项,并签订保密协议,作为本合同附件。同日,ATS公司(甲方)与姜某某(乙方)签订《保密协议》,约定:乙方在甲方任职期间,必须遵守甲方规定的任何成文或不成文的保密制度,履行与其工作岗位相应的保密职责;本协议中甲方的商业秘密系指影响甲方生产、营销、技术进步、竞争地位、经济利益、稳定和安全的,以物理的、化学的、生物的或其他形式的载体所表现的保密信息或情报,包括但不限于产品销售、客户名单、采购资料、与上述内容有关的计算机程序及有关文档等;乙方因职务上的需要所持有或保密的一切记录着甲方秘密信息的文件、资料、图表、笔记、报告、信件、传真、磁带、磁盘、仪器以及其他任何形式的载体,均归甲方所有,而无论这些秘密信息有无商业上的价值;乙方应当于离职时,或者于甲方提出请求时,返还全部属于甲方的财物,包括记载着甲方秘密信息的一切载体;若记录着秘密信息的载体是由乙方自备的,则视为乙方已同意将这些载体物的所有权转让给甲方,甲方应当在乙方转让这些载体时,给予乙方相当规模于载体本身价值的经济补偿,若秘密信息可以从载体上消除或复制出来时,可以由甲方将秘密信息复制到甲方享有所有权的其他载体上,并把原载体上的秘密信息消除,此种情况乙方无须将载体返还,甲方也无须给予乙方经济补偿。对于违约责任,双方约定:乙方违反本协议任一条款,甲方有权决定立即解除劳动合同或按保密协议的约定执行"脱密期"条款,并且乙方须向甲方支付违约金。该违约金数额为乙方与甲方解除劳动合同关系前12个月乙方从甲方所获得的全部工资收入的5倍。因乙方违法行为给甲方造成损失的,乙方除应支付违约金外,还应当赔偿甲方的损失。

二、关于双方冲突的事实。

2015年5月20日,苏州市公安局虎丘分局枫桥派出所接到姜某某的报警,民警赴现场了解,纠纷系ATS公司与员工姜某某解除劳动关系,在进行工作交接时，双方因一固态硬盘所有权问题发生纠纷，后该硬盘暂存于枫桥派出所。因协商无果，ATS 公司于 2015 年 8 月 21 日向法院提起本案诉讼。原告 ATS 公司在庭审中陈述：被告在原告工作期间，利用工作之便擅自将公司配置给其用于工作的笔记本电脑进行改装，另行加装了硬盘，并私自将该加装的硬盘作为系统盘，而将笔记本电脑上原硬盘作为非系统盘使用，并把大量原告的商业秘密转移到该硬盘上，构成商业秘密的侵权，也违反了双方签订的《保密协议》。被告姜某某在本案庭审中述称：固态硬盘在 IT 的日常工作中能提高效率，被告购买涉案固态硬盘是问过公司领导的，领导说不好申请，让被告自己买。固态硬盘是被告购买，属于被告的个人财产，离职时被告想带走该硬盘于法有据，当时原告不答应被告带走并限制人身自由，被告无奈只能报警。

法院审理：

一、原告在本案中主张的相关信息是否构成商业秘密；二、被告是否构成违约及应承担的责任。

对于第一个争议焦点，商业秘密是指不为公众所知悉、能为权利人带来经济利益、具有实用性并经权利人采取保密措施的技术信息和经营信息。因此，判断一项商业信息是否属于商业秘密，应当审查该信息是否具备不为公众所知悉、价值性及保密措施三个要件。在本案中，原告主张保护的信息是公司在运营过程中慢慢形成的经营信息，其与被告在公司所做工作也有一定联系。由于上述文件的计算机文件众多，可以看出，文件中有一小部分子文件夹或文件是属于一般的管理工作所形成的信息文件或计算机生成文件，其本身并不具有商业价值。但是，考虑到上述计算机文件的相互关联性及整体性，对于上述文件应作为一个个相对整体来进行分析判断，上述文件内容涉及公司人员的具体名单、权限、采购合同等，此内容与被告工作岗位相关，具有不为公众所知悉的性质，同时由于文件中涵盖了公司大量工作人员名单、权限、采购供应商等信息，因此也具备一定的商业价值，另外原告与被告签订的《保密协议》也确定了公司的其他商业秘密包括但不限于客户名单、采购资料及与上述内容有关的计算机程序、文档等,该《保密协议》约定可以视为原告对自己的经营信息采取了合理的保密措施。综上,可以认定原告主张的上述计算机文件属于原告的商业秘密。

对于第二个争议焦点,根据原告在庭审中的明确陈述,本案应属原告根据被告违反双方签订的《保密协议》而提起的违约之诉。对于被告是否构成违约及应承担的责任问题,法院认为,2013年7月3日,原告聘用被告为其员工,双方签订了《保密协议》,该协议系双方当事人的真实意思表示,且内容也不违反有关法律,属有效协议,因此,双方应当按照协议的约定履行各自的义务。根据《保密协议》第六条约定,乙方应当于离职时,或者于甲方提出请求时,返还全部属于甲方的财物,包括记载着甲方秘密信息的一切载体;第七条约定,若记录着秘密信息的载体是由乙方自备的,则视为乙方已同意将这些载体物的所有权转让给甲方,甲方应当在乙方转让这些载体时,给予乙方相当规模于载体本身价值的经济补偿,若秘密信息可以从载体上消除或复制出来时,可以由甲方将秘密信息复制到甲方享有所有权的其他载体上,并把原载体上的秘密信息消除,此种情况乙方无须将载体返还,甲方也无须给予乙方经济补偿。在本案中,被告于离职时试图将涉案硬盘带走,而该硬盘中存储有被告在工作期间所持有或保密的相关文件,因此原告在被告离职时根据《保密协议》的约定要求被告消除涉案硬盘中的商业秘密信息并无不妥。综上所述,同时结合原告在本案中提出的诉讼请求,对原告要求被告销毁或归还从原告处获取的商业秘密的诉讼请求,法院予以支持。对于原告要求被告承担其给原告造成的经济损失10万元的诉讼请求,法院认为,因被告实际并未将涉案硬盘带离ATS公司,原告也未因此发生经济损失,因此对于该诉讼请求,法院不予支持。对于合理费用,因原告未能举证证明,故法院亦不予支持。

法院判决:

一、被告姜某某于本判决生效之日起立即销毁或向原告ATS(中国)投资有限公司归还涉案硬盘中的商业秘密。

二、驳回原告 ATS（中国）投资有限公司的其他诉讼请求。

案例思考：

本案属于商业秘密违约之诉。本案中原告以被告违反《保密协议》约定条款为由进行起诉，其所承担的举证责任，除了证明商业秘密的"三性"以外，只需要证明原告与被告存在合同关系并且被告存在违约行为。至于原告是否需要证明其损失，也是根据具体合同（《保密协议》）签订的违约条款而定。这与商业秘密的侵权之诉中原告方的举证责任有着明显的区别。

案例3　江苏SW环保设备有限公司与张某某、江苏QL环保设备有限公司侵害商业秘密案

案例来源：

江苏省常州市中级人民法院（2017）苏04民初155号民事判决书

基本案情：

原告江苏SW环保设备有限公司（以下简称江苏SW公司）诉称：被告张某某在与原告合作期间获知原告单位的商业秘密，具体表现为张某某在参加上海工业展会期间获得了原告单位的客户经营信息，双方签订了《保密协议》，约定被告张某某不得销售原告产品，并不得透露原告的客户信息。被告张某某离开原告公司后自己成立了江苏QL环保设备有限公司（以下简称QL公司），利用从原告处获知的客户信息仿制并销售了原告同类产品，构成对原告商业秘密的侵犯，且两被告属于共同侵权。

被告张某某和QL公司共同辩称：1. 原告主张的信息不构成商业秘密。首先，原告认为其提供的客户名单信息，是通过上海展会获得的，而展会上，只要是参与展会的同类企业均可以获得这个名单。其次，原告认为这些名单上的企业是原告的客户也不是事实，原告未提供任何证据证明其与这些企业发生过业务。再次，张某某在到原告单位工作之前已在这个行业里从事多年的销售工作，而同一地区同类企业就这么几家，所以其在

离开原告公司后销售同类产品的客户与原告名单上企业有部分重合也是合理的。这并不能证明这些客户信息是张某某在原告单位工作期间所获得的，包括原告认为的通过参加上海展会获得。2. 原告的诉讼请求既有主张违反《保密协议》约定的违约责任，又有主张侵害商业秘密的侵权赔偿责任，这不符合法律规定，因为合同违约纠纷应由基层人民法院管辖，而侵害商业秘密由中级法院管辖，原告不能同时诉侵权又诉违约。

法院审理：

因原告主张的第一项诉讼请求的依据是张某某违反《保密协议》需按约承担违约金，而第二项请求又是依据的侵害商业秘密规定要求两被告承担赔偿责任。同时案涉《保密协议》的内容除涉及保密义务内容外，还涉及当事人的其他权利义务，为此，法院向原告释明，要求其限期选择违约之诉还是侵害商业秘密之诉，如逾期不答复，视为选择侵权之诉。原告在法院规定的答复期限内未予答复，故法院按侵害商业秘密案件审理，对被告张某某是否应承担违约责任不予审理。

法院判决：

一、被告张某某和江苏 QL 环保设备有限公司于本判决发生法律效力之日起十日内向原告江苏 SW 环保设备有限公司赔偿经济损失八万元。

二、驳回原告江苏 SW 环保设备有限公司的其他诉讼请求。

案例思考：

本案中，原告江苏 SW 公司起诉过程中既诉请被告承担违反《保密协议》责任，同时又诉请被告承担侵权责任。法院对此不予支持，要求原告选定其中之一作为其诉由；而原告在法院要求时限内未做出答复，故最终法院以侵权之诉进行了审理。

因此，企业在起诉商业秘密侵权时，首先要了解和判断以商业秘密侵权为诉由，还是以商业秘密违约为诉由。此二者除了举证责任分配的不同外，还有归责原则、责任构成要件、免责条件、赔偿计算方式、诉讼管辖等方面的区别。企业应当根据商业秘密侵权事件的具体情况，对照自身实际，结合自身商业秘密保护利益最大化原则，考虑以哪种方式进行起诉。

第十二章　分清商业秘密的载体与秘密点

很多企业常常把商业秘密的载体和秘密点等同混淆，认为两者是一个概念，这也是企业在商业秘密侵权民事诉讼过程中常常是"未诉先败"的原因之一。究竟什么是商业秘密的载体，什么又是其秘密点呢？我们先来看看下面的案例。

> **案例 1　原告沈阳 CZ 专用机械厂与被告沈阳 JG 机械有限公司、牟某光、金某某、徐某某侵害商业秘密纠纷一案**

案例来源：

辽宁省沈阳市中级人民法院（2015）沈中民四初字第 236 号民事判决书

基本案情：

原告沈阳 CZ 专用机械厂（以下简称 CZ 厂）诉称：一、牟某远于 1993 年 5 月 5 日成立了 CZ 厂，主要生产由牟某远本人设计的 30 米以下手动及 20 米以下电动升降杆等 9 种无线电天线杆。2011 年 3 月 7 日经国家工商行政管理总局核定并颁发商标注册证。2013 年 9 月 27 日经中国质量认证中心通过认证范围，即 30 米以下手动及 20 米以下电动升降杆的设计、生产及服务，并颁发质量管理体系认证证书。CZ 厂自成立起经营效益一直良好。二、2011 年 2 月 16 日，牟某远将 CZ 厂承包给被告牟某光（牟某远二儿子）经营。双方签订的《承包协议》约定，从 2011 年 1 月

1日起,牟某远将工厂承包给牟某光经营,承包期限一年。协议到期后,双方口头约定将此协议续期两年,直至2013年12月31日承包期结束。此后,牟某远决定于2014年3月1日起将CZ厂承包给牟某荣(牟某远大儿子)经营。牟某光及其他被告继续在工厂工作并按月领取工资。三、2015年7月10日,被告牟某光作为法定代表人和被告金某某、徐某某共同成立了沈阳JG机械有限公司(以下简称JG公司),公司经营范围:升降杆、升降塔加工、销售、维修、技术开发,非标准件模夹具加工、销售,机械零部件加工、销售,被告利用牟某光在原告工厂工作期间获取的原告工厂的产品设计图纸、客户名册等商业秘密,大量生产与原告工厂相同的产品,并将产品推销给原告工厂的省内外主要客户。综上所述,被告的行为已经侵害了原告的商业秘密,给原告造成了经济损失,故原告诉至法院。

经法院查明:

原告成立于1993年5月5日,法定代表人牟某远,经营范围是专用机械、进口设备配件制造加工,非标准件、模夹具、金属部件加工。

2004年7月20日,原告取得中国质量认证中心颁发的两份《质量管理体系认证证书》,通过认证范围如下:20米以下手动及电动升降杆的设计、生产及服务,有效期至2010年9月24日。

2011年3月7日,原告经国家工商总局核定使用商品(第9类)取得第7679928号商标注册证,具体内容:无线电天线塔、无线电天线杆、航行用信号装置、避雷针、接线柱(电)、测杆(勘测仪器)、网络通信设备、天线、光通信设备、声呐导航、探测系统(截止)。注册有效期限自2011年3月7日至2021年3月6日。

2011年2月16日,原告法定代表人牟某远将该厂承包给被告牟某光(牟某远次子)经营并签订《承包协议》。承包期间被告牟某光负责全部生产技术资料,被告金某某负责财务,被告徐某某负责技术,掌管电脑图纸及电脑密码。承包期满后又口头约定续延至2015年12月31日,牟某光、金某某、徐某某继续在原告工厂工作并按月领取工资，此后原告 CZ 厂将该厂承包给牟某荣（牟某远长子）经营。

2015 年 7 月 10 日被告 JG 公司成立，法定代表人牟某光，经营范围是升降杆、升降塔加工、销售、维修、技术开发，非标准件模夹具加工、销售，机械零部件加工、销售。

法院审理：

沈阳市中级人民法院经审理认为，原告作为权利主张者，其请求保护的商业秘密为原告的产品设计图纸及客户名册。原告应承担如下事项的举证责任：明确其主张商业秘密的详细内容，划定明确周界，并具体表述该秘密由何信息组成，其内容、数量范围及秘密点，证明其主张的商业秘密符合法律规定，证明其是该商业秘密的权利人。其中，原告要求保护商业秘密的详细内容是本案审理的基点。虽然原告提供了产品设计图纸目录、质量手册、购销合同、产品介绍、使用说明书、产品样品照片、商标注册证、质量管理体系认证书、存放图纸及电脑、照片、劳动纪律规定、承包协议、工资记录、工作手册、被告工商档案、产品照片、与原告相同零件图纸照片、视频资料、报警记录等证据，但是上述证据均未能明确证明所主张的技术信息的具体内容及秘密点，故无法认定其所主张的技术信息构成不为公众所知悉。因原告主张商业秘密保护的技术信息并无直接证据加以证明其主张成立，为此，原告应承担由此产生的不利后果。

法院判决：

驳回原告沈阳 CZ 专用机械厂的诉讼请求。

案例思考：

正如本案中沈阳市中级人民法院的相关评述，原告起诉被告侵犯自己的商业秘密权利，但是并没有明确自己的商业秘密究竟是什么内容，也就是没有明确自身商业秘密的秘密点，而是笼统地将需要保护的商业秘密信息载体（如设计图纸、质量手册等）提交给法院。法院据此难以判断原告商业秘密的构成条件，因此最终驳回了原告诉请。

《最高人民法院关于审理不正当竞争民事案件应用法律若干问题的解释》第十四条规定，当事人指称他人侵犯其商业秘密的，应当对其拥有的商业秘密符合法定条件、对方当事人的信息与其商业秘密相同或者实质相同以及对方当事人采取不正当手段的事实负举证责任。商业秘密符合法定条件的证据，包括商业秘密的载体、具体内容、商业价值以及对该项商业秘密所采取的具体保密措施等。其中，所谓的"商业秘密的具体内容"就是指的秘密点，即商业秘密载体中区别于一般公知信息的、有商业价值的、经权利人采取合理保密措施的内容。

案例2　上海GS包装设备有限公司与上海HD包装科技有限公司、严某某等侵害技术秘密案

案例来源：

上海知识产权法院（2015）沪知民初字第567号民事判决书

基本案情：

原告上海GS包装设备有限公司（以下简称GS公司）诉称：原告成立于1999年，主要从事检验医学用品、药品等行业生产所需的自动化包装设备的研发、制造、销售。2007—2012年，原告研发出"自动平板培养皿灌装线"技术（以下简称平板灌装线），该平板灌装线技术中的具体技术信息"包括：1.进料推板的具体工艺参数。2.进料箱侧立板的具体工艺参数。3.灌装同步箱立板左的具体工艺参数。4.传送带从动辊的具体工艺参数。5.合盖翻板的具体工艺参数。6.叠料气缸横梁的具体工艺参数。7.叠料气缸立板的具体工艺参数（上述涉案技术中的具体技术信息以下统称为涉案技术秘密）"，以及自动液体充填旋盖一体机技术（审理中原告表示在本案中不再主张自动液体充填旋盖一体机技术，本案中与自动液体充填旋盖一体机技术相关的证据均予以撤回），系原告自主研发，不为公众所知悉，具有实用性、价值性并经原告采取了保密措施的原告技

术秘密。被告严某某、江某某、汤某都曾是原告员工，均与原告签订过保密协议，接受过原告入职培训中保密制度的培训。2013年8月，原告发现被告江某某之妻汪翠萍、被告严某某及案外人郑剑一起投资设立了被告上海HD包装科技有限公司（以下简称HD公司），被告汤某在被告HD公司担任技术人员。被告严某某、江某某、汤某违反了原告的保密规定，从原告处窃取了载有原告涉案技术秘密的平板灌装线技术图纸，交由被告HD公司，被告HD公司在明知上述平板灌装线技术图纸包含原告涉案技术秘密的情况下，仍使用涉案技术秘密生产、销售了被控侵权产品。原告认为四被告的上述行为共同侵害了原告的涉案技术秘密，故诉至法院。

审理中，法院委托国创鉴定就本案相关技术问题进行了鉴定，国创鉴定为此向法院出具了《司法鉴定意见书》。2016年9月22日，法院会同鉴定专家至案外人浙江天杭生物科技有限公司（以下简称天杭公司）处对案外人天杭公司实际使用的全自动平板分装系统进行了现场勘验，并取得被告HD公司与天杭公司签订的《销售合同》。对于上述被告HD公司与天杭公司签订的《销售合同》以及《司法鉴定意见书》，原告均无异议，考虑到该两份证据与本案之间具有密切的关联性，法院依法予以采纳。

经法院查明：

原告成立于1999年11月5日，其经营范围包括机械设备配件的加工、包装机械、包装材料、电子电器的销售等。

2005年9月1日、2006年9月1日、2007年8月31日，原告与被告汤某签订有三份《劳动合同》和《商业秘密保密协议》，原告聘请被告汤某自2005年9月1日至2008年8月31日期间在技术服务部任职。

2008年9月10日GQ公司与汤某签订《劳动合同书》，GQ公司聘请汤某在2008年9月1日至2010年8月31日期间担任生产及项目管理工作。2010年9月1日，GQ公司（甲方）与汤某（乙方）续签《劳动合同书》。2013年3月29日，GQ公司出具《上海GQ机械有限公司员工离职移交表》，移交表载明：姓名汤某；进司日期2000年2月17日；离职日期2013年3月29日。被告汤某在上述移交表离职员工签字栏签字。

2009年4月12日、2010年3月10日、2012年3月20日，GQ公司（甲方）与严某某（乙方）签订《劳动合同书》，GQ公司聘请严某某在2009年3月13日至2014年3月12日期间分别担任外贸业务员、销售部门总经理助理工作。

2012年3月6日，原告、GQ公司和严某某签订《劳动合同变更协议书》，协议约定自2012年2月1日起，GQ公司与严某某所签署的劳动合同甲方代表变更为原告，合同有效期限及双方权益均依照之前GQ公司与严某某签订的劳动合同执行。合同期满后由原告与严某某协商一致另行签订劳动合同。2012年12月5日，GQ公司出具《上海GQ机械有限公司员工离职移交表》，移交表载明：姓名严某某；职务销售；进司日期2009年3月；离职日期2012年12月5日。被告严某某在上述移交表离职员工签字栏签字。

2010年11月11日，GQ公司（甲方）与被告江某某（乙方）签订《劳动合同书》。2012年2月6日，原告、GQ公司和江某某签订《劳动合同变更协议书》，协议约定自2012年2月1日起，GQ公司与江某某所签署的劳动合同甲方变更为原告，合同有效期限及双方权益均依照之前GQ公司与江某某签订的劳动合同执行。合同期满后由原告与江某某协商一致另行签订劳动合同。2012年9月7日，GQ公司出具《上海GQ机械有限公司员工离职移交表》，移交表载明：姓名江某某；职务销售；进司日期2007年；离职日期2012年9月7日。被告江某某在上述移交表离职员工签字栏签字。

2010年8月，原告（甲方）与GQ公司（乙方）签订《技术研发委托协议》。2011年3月1日，原告和GQ公司共同发布《商业秘密管理规定》。2012年2月10日，原告（甲方）与诺狄公司（乙方）签订《保密协议》。2012年6月1日，原告（甲方）与益玛公司（乙方）签订与上述《诺狄保密协议》内容相同的《保密协议》。

2012年6月5日，原告（甲方）与庞通公司（乙方）签订与上述《诺狄保密协议》内容相同的《保密协议》。2012年7月11日，原告与庞通公司签订《合同》一份，约定原告向庞通公司提供"全自动培养皿灌装线"一台。2012年7月17日，原告出具《生产制造通知单》，客户名称为"重庆庞通医疗"，设备名称"平板培养皿自动灌装线"。设备型号PW-PPMA，项目总负责人为李峰，机械设计师为张敏。2012年12月5日，原告出具机型为"平板培养皿自动灌装线"，用户为庞通公司的《产品质量检验报告》。2013年3月22日，原告开具商品编号GZ-12培养皿灌装线送货单，客户为庞通公司。2014年5月12日，庞通公司出具《证明》称：庞通公司于2012年7月11日向原告采购了一台"平板培养皿自动灌装生产线"，2013年3月原告完成交货，并同时提供了《全自动平板随动灌装线使用说明书》。上述证明后附有原告与庞通公司之间的《合同》、增值税发票、《PW-PB4型全自动平板随动灌装线使用说明书》。

2012年6月18日，被告HD公司成立，其营业期限自2012年6月18日至2022年6月17日，经营范围包括：从事包装技术、机械设备技术领域内的技术开发、技术转让、技术咨询、技术服务、机械设备、机电设备安装（除特种设备），机械设备、机电设备、包装材料、环保设备、仪器仪表、电子产品、印刷材料（除危险化学品）、通信设备及相关产品的销售，从事货物进出口及技术进出口业务（企业经营涉及行政许可的，凭许可证件经营）。

2013年8月27日，江桥工商所在对被告HD公司进行行政执法检查时发现如下技术图纸：1.在被告HD公司严某某办公桌上发现"医疗器械配件零件设计图纸168页"，其中一张设计图纸上标有原告的企业名称，其余图纸上标有GQ公司的企业名称。2.在装配车间发现技术图纸277张，其中221张为平板灌装线图纸，另有10张图纸上标有GQ公司的企业名称。同日，严某某、王某某、叶某某、江某某分别接受了江桥工商所行政执法人员的询问。

2016年8月19日、29日，法院先后发出《鉴定委托书》和《关于鉴定委托事项变更的函》，委托国创鉴定对原告在本案中主张的"平板灌装线"的技术秘密是否系不为公众所知悉的技术信息，以及天杭公司使用的全自动平板分装系统的技术信息中，是否存在与原告在本案中主张的"平板灌装线"的技术秘密相同或者实质相同的技术信息等技术问题进行了鉴定。鉴定专家组认为：1. 原告在本案中主张的"平板灌装线"的技术秘密中，进料推板的具体工艺参数，进料箱侧立板的具体工艺参数，灌装同步箱立板左的具体工艺参数，输送带从动辊的具体工艺参数，合盖翻板的具体工艺参数，叠料气缸支架的具体工艺参数属于不为公众所知悉的技术信息。2. 天杭公司使用的全自动平板分装系统中，灌装同步箱立板左的具体工艺参数，输送带从动辊的具体工艺参数，合盖翻板的具体工艺参数，叠料气缸支架的具体工艺参数，与原告在本案中主张的"平板灌装线"中的对应技术信息相同或者实质相同。

法院审理：

一、关于"不为公众所知悉"。

本案中，《司法鉴定意见书》显示，根据上述法律规定，鉴定专家组针对原告在本案中主张的"平板灌装线"的技术秘密，委托中国专利信息中心进行了国内外公开出版物检索，审核了所属技术领域的相关技术人员的公知常识和行业惯例、惯用做法，自行检索了万方数据、中国知网、百度搜索引擎以及专业论坛包括沐风图纸、九爱图纸库、机械帝国、中国机械CAD论坛等所属技术领域的相关网站，对原告在本案中主张的"平板灌装线"的技术秘密形成的难易程度进行了评估，对原告在本案中主张的"平板灌装线"的技术秘密可否通过观察直接获得进行了验证，最终认定原告在本案中主张的"平板灌装线"的技术秘密中，进料推板的具体工艺参数、进料箱侧立板的具体工艺参数、灌装同步箱立板左的具体工艺参数、输送带从动辊的具体工艺参数、合盖翻板的具体工艺参数、叠料气缸支架的具体工艺参数属于不为公众所知悉的技术信息。鉴定专家组的上述鉴定结论的事实和法律依据充分，法院予以采纳。

二、关于"能为权利人带来经济利益，具有实用性"。

本案中，原告提供的证据显示，原告使用涉案技术秘密而生产的"平板灌装线"，已向诺狄公司、益玛公司、庞通公司销售。可见，原告在本案中主张的涉案技术秘密，具有现实的经济价值，可以为原告带来竞争优势。故原告涉案技术秘密中的技术信息，符合《反不正当竞争法》第十条第三款的规定，能为权利人带来经济利益，具有实用性。

三、关于"保密措施"。

1. 原告委托 GQ 公司研发的相关技术成果权归属于原告所有，原告和 GQ 公司并对包括涉案平板灌装线具体技术信息在内的技术信息采取了保密措施。如上文所言，涉案平板灌装线技术所产生的相关知识产权权利，应归属于原告所有。原告与 GQ 公司之间的《技术研发委托协议》，原告的《上海 GS 包装设备有限公司员工手册》《图纸借阅管理规定》《商业保密管理规定》，GQ 公司的《上海 GQ 机械有限公司员工手册》，原告和 GQ 公司共同发布的《商业秘密管理规定》，原告分别与诺狄公司、益玛公司、庞通公司签订的《保密协议》等证据中均有相关的保密规定和保密约定，该些事实互相印证可以证明原告和 GQ 公司通过在规章制度中的保密规定，以及与掌握技术信息有关单位之间的保密约定等方式，明确了反映涉案平板灌装线的具体技术信息的生产制造技术（或工艺）、图纸等属于原告的保密资料以及相关人员的保密义务。应当认为，原告和 GQ 公司对涉案平板灌装线的具体技术信息采取了保密措施。

2. 原告和 GQ 公司对涉案平板灌装线的具体技术信息所采取的保密措施，已告知被告汤某、严某某和江某某。首先，被告严某某关于"原告与 GQ 公司系同一老板，其中原告系销售公司，GQ 公司系制造公司。两家公司的人员均由同一人事部予以管理"的陈述，被告江某某关于"在原告工作时，江某某是与 GQ 公司签订的劳动合同，工资由原告支付。江某某知道原告和 GQ 公司系同一老板"的陈述，以及被告汤某关于"汤某于

2000 年进入原告工作，期间劳动关系曾经变更到 GQ 公司"的陈述，以及 GQ 公司与严某某之间的《劳动合同书》，原告、GQ 公司和严某某之间的《劳动合同变更协议书》，原告与被告汤某之间的《劳动合同》《商业秘密保密协议》，GQ 公司与汤某之间的《劳动合同书》，GQ 公司与被告江某某之间的《劳动合同书》，原告、GQ 公司和江某某之间《劳动合同变更协议书》等事实互相印证，足以表明虽然被告严某某、汤某、江某某并非原告员工，但被告严某某、汤某、江某某对于原告与 GQ 公司属于关联企业是明知的。其次，GQ 公司与严某某、汤某、江某某之间《劳动合同书》中，均明确约定了严某某、汤某、江某某需遵守 GQ 公司的员工手册等各项规章制度，保守 GQ 公司的商业秘密。可见《劳动合同书》中已明确约定员工需遵守公司的员工手册等规章制度，保守相关的商业秘密。《上海 GQ 机械有限公司新进员工培训计划表（2009）》中培训内容包括了员工手册，严某某亦在受训人员栏签名的事实，已足以证明严某某经培训已知悉了 GQ 公司员工手册的具体内容，知悉了 GQ 公司关于涉案信息及涉密人员等具体规定。再次，GQ 公司在其员工手册中，关于"员工有保守公司商业秘密，维护公司声誉、信誉和安全的义务""员工应当保守公司的商业秘密，商业秘密包括项目文档、项目方案、设计图纸、产品模型、样机、客户信息、经营信息等""保密人员包括研发人员、销售人员等接触到公司商业秘密的人员"，以及原告和 GQ 公司共同发布的《商业秘密管理规定》中的有关规定，明确了涉密人员以及涉密信息的具体内容。该些事实互相印证，可以证明由 GQ 公司研发的包含涉案平板灌装线的具体技术信息的项目文档、方案、设计图纸均属于涉密信息。被告汤某、严某某、江某某作为 GQ 公司的员工，受原告和 GQ 公司同一人事部的共同领导，明知原告与 GQ 公司之间的关联关系，亦应当了解原告开发涉案技术时的保密意愿。在 GQ 公司根据《技术研发委托协议》的约定，对涉案技术秘密的相关技术信息承担保密义务，并采取了合理的保密措施时，被告汤某、严某某、江某某亦应当根据其与 GQ 公司之间的约定，对涉案平板灌装线的具体技术信息负有保密义务。因此，法院认为，在案证据互相印证，可以证明原告、GQ 公司对涉案平板灌装线的具体技术信息已经采取了合理的、可识别的，并为被告严某某、汤某、江某某所知悉的保密措施。在被告严某某、汤某、江某某掌握原告涉案平板灌装线的具体技术信息的前提下，被告严某某、汤某、江某某对涉案平板灌装线的具体技术信息负有保密义务至相关信息已公开时止。

综上，法院认为，原告在本案中主张的"平板灌装线"中进料推板的具体工艺参数、进料箱侧立板的具体工艺参数、灌装同步箱立板左的具体工艺参数、输送带从动辊的具体工艺参数、合盖翻板的具体工艺参数、叠料气缸支架的具体工艺参数等技术信息，符合《反不正当竞争法》第十条第三款的规定，属于原告的商业秘密。

法院判决：

一、被告上海 HD 包装科技有限公司、被告严某某立即停止对原告上海 GS 包装设备有限公司涉案技术秘密（即"自动平板培养皿灌装线"灌装同步箱立板左、传送带从动辊、合盖翻板、叠料气缸支架具体工艺参数）的侵害。

二、被告上海 HD 包装科技有限公司、严某某应于本判决生效之日起十日内，共同赔偿原告上海 GS 包装设备有限公司包括合理费用在内的经济损失人民币四十万元。

三、对原告上海 GS 包装设备有限公司的其余诉讼请求不予支持。

案例思考：

本案中，原告上海 GS 包装设备有限公司主张的商业秘密是技术秘密，具体的秘密点包括："自动平板培养皿灌装线"灌装同步箱立板左、传送带从动辊、合盖翻板、叠料气缸支架具体工艺参数。这些秘密点就是原告相关技术信息中区别于该行业内一般公知技术的内容。原告围绕这些秘密点进行举证，最终得到法院支持。

通过上述两个案例，我们可以清楚地认识到商业秘密载体与商业秘密秘密点的区别。商业秘密载体是指携带、存储、包含有商业秘密信息的媒介，如各类纸质文件、移动硬盘、磁带、光盘等。本案中，商业秘密的载体是设计图纸、质量手册、购销合同、产品介绍、使用说明书等纸质材料。商业秘密的秘密点是指商业秘密信息所包含的、不为公众所知悉的信息内容，如食品配方中的原料配比信息、机械设备加工中的工艺参数信息、客户名单中的客户交易需求信息等明显区别于公知信息的内容。从存在形式上看，商业秘密载体与秘密点也有着本质的区别，商业秘密载体往往表现为某种实物，而秘密点则是抽象的信息内容。

因此，企业在开展商业秘密保护时，应当重点关注自身商业秘密具体秘密点的梳理和识别，即使不能准确地判断秘密点，也可以通过对商业秘密的定密分级工作（后文中将有详细讲解），明确商业秘密保护范围和保护要求，并有针对性地落实相关保护措施。一旦企业发生商业秘密侵权事件，可有效提升其维权追责的效率和成功率。

第十三章　如何举证两种典型商业秘密的"秘密性"

商业秘密侵权民事诉讼中，被告方往往会以原告方主张的商业秘密不具有"秘密性"作为主要抗辩理由。从近年来全国法院判结的商业秘密侵权纠纷类民事诉讼案件情况来看，原告最终败诉的案件，多数是由于审理法院认定原告主张的经营秘密或技术秘密不具有"秘密性"，故不构成商业秘密所致。本章特选取近年来全国商业秘密侵权案件中诉争频率最高的两种商业秘密信息，即属于经营秘密的"客户名单"，以及属于技术秘密的"生产工艺"，通过对相关案例的分析，告诉企业在其维权诉讼过程中，如何更有利于对商业秘密"秘密性"的举证。

案例1　北京ZNZ技术服务有限公司与李某侵害经营秘密纠纷案

案例来源：

北京市朝阳区人民法院（2016）京0105民初62341号民事判决书

基本案情：

原告北京ZNZ技术服务有限公司（以下简称ZNZ公司）诉称：北京ZNZ科技发展股份有限公司（以下简称ZNZ股份公司）是一家从事证券软件和证券信息服务的开发和推广业务的证券服务机构。我公司是ZNZ股份公司的全资子公司，接受其委托利用该公司提供的销售业务平台和座机为该公司提供软件产品的电话销售和客户服务工作。李某于2016年3月入职我公司从事销售客服工作，因其岗位性质，李某可以接触到我公司的客户信息资料。2016年7月16日、17日，李某到我公司利用其因工作关系掌握的客户信息资料，并使用ZNZ股份公司提供的销售业务平台和座机电话，非法获取了我公司83名客户的信息（包括基本信息、行为信息、用户授权信息、证券开户信息、订单信息、评价信息、回访信息、历史记录以及客户的联系电话），并在事后通过个人方式与客户联系。李某的行为已经严重违反了其保密义务，侵害了我公司的商业秘密，并造成严重的经济损失和恶劣影响。

经法院查明：

北京ZNZ科技发展股份有限公司主要从事证券工具型软件产品的开发和销售业务，ZNZ公司系ZNZ股份公司的全资子公司，接受ZNZ股份公司的委托进行软件产品的电话销售和客户服务工作。2016年1月11日，ZNZ股份公司（甲方）与ZNZ公司（乙方）签订《保密协议》，约定乙方在向甲方提供软件产品销售、客户服务的过程中所积累、掌握、知悉的客户信息（包括客户名称、联系方式、购买意向、消费习惯、投资习惯/特点、购买及使用公司产品的记录等）均属于甲方财产及商业秘密，甲方授权乙方在提供销售、客户服务时合理使用，乙方应当按照本协议约定承担保密义务。

2016年3月1日，ZNZ公司（甲方）与李某（乙方）签订《劳动合同书》，约定："第三条：乙方同意根据甲方安排，工作岗位为客服人员。"同日，ZNZ公司（甲方）与李某（乙方）另行签署了《保密协议》及《员工业务行为规范》等文件。根据上述文件规定，员工在工作期间必须使用ZNZ公司的业务平台系统和座机电话与客户联系，员工需要使用自己的工号和密码登录系统，禁止使用公司指定的联系工具以外的其他方式与客户进行联系；业务员不得主动或者间接向客户或潜在客户透露除公司固定电话之外的其他联系方式（包括不限于私人手机号码、私人QQ

等），亦不可主动或间接询问客户联系方式。在该公司的业务平台系统中存有购买 ZNZ 股份公司软件产品的客户的基本信息、行为信息、用户授权、证券开户、订单记录、评价记录、服务工单、发送短信、联系情况、历史记录等全部信息，其中客户的联系电话在系统中为加密状态。

2016 年 7 月 16 日、17 日（周六、日），李某在 ZNZ 公司的办公地点登录公司的业务平台系统，并使用与该系统联网的公司座机电话联系若干客户，以可提供私下信息为由，向 83 名客户索要了电话号码。上述通话过程均被系统自动录音。

2016 年 7 月 18 日，李某向 ZNZ 公司提出辞职申请，在办理离职手续的过程中，ZNZ 公司发现李某的前述行为并报警。在警察在场的情况下，李某手写一份说明，承认前述索要客户电话的行为，并与 ZNZ 公司另签订了一份《保密协议》。

庭审中，李某称由于办理离职过程中被 ZNZ 公司扣留，且有警察在场，自己就按照 ZNZ 公司的指示签署了其提供的全部文件，但并不知晓文件内容，并据此否认 2016 年 7 月 18 日签署的《保密协议》的效力。经询，ZNZ 公司并无证据证明李某在 2016 年 7 月 17 日之后已将其获得的客户电话号码实际使用，亦无证据证明 ZNZ 公司的实际损失；在发现李某向客户索要电话号码的行为之后，ZNZ 公司已经采取措施向相关客户发送过通知。关于 ZNZ 公司扣除李某工资、奖金一节，双方均未说明扣除的具体金额及项目。

法院审理：

北京市朝阳区人民法院认为，本案中，ZNZ 公司表示其业务平台系统留存的购买 ZNZ 股份公司软件产品的 83 名客户的基本信息、行为信息、用户授权、证券开户、订单记录、评价记录、服务工单、发送短信、联系情况、历史记录等全部信息以及客户的联系电话为其本案中主张的商业秘密。法院认为，首先，ZNZ 公司主张该 83 名客户的前述信息是客户购买 ZNZ 股份公司软件产品之后由 ZNZ 公司在提供客户服务过程中所产生并留存的信息，这些信息留存于 ZNZ 公司的系统中，并不为公众所知悉，具有秘密性的特点。其次，ZNZ 股份公司与 ZNZ 公司之间系母子公司关系，虽然是两个独立的法人主体，但其经济利益亦相互关联。在 ZNZ 股份公司与 ZNZ 公司签订的《保密协议》中虽然约定上述信息归属 ZNZ 股份公司所有，但是 ZNZ 公司被授权可以在经营中使用这些信息，其也必须通过使用这些信息才能为客户提供持续、有针对性的服务，这也是该公司的主要业务内容。因此，上述秘密信息对于 ZNZ 公司而言具有经济价值和实用性。最后，ZNZ 公司通过劳动合同、保密协议、员工行为规范等多种合同约定和制度规范，要求可以接触到上述信息的员工附有保密义务，并且只能在该公司系统中使用特定的用户名和密码才能接触到上述信息，对于客户的电话号码在系统中也采取了加密措施，因此可以认定 ZNZ 公司对上述信息采取了保密措施。综上，法院认定该 83 名客户信息属于 ZNZ 公司的商业秘密。另外，ZNZ 股份公司在本案中亦授权 ZNZ 公司有权单独起诉并获得赔偿，ZNZ 股份公司不再另行主张，故 ZNZ 公司有权以自己名义提起本案诉讼。

法院判决：

一、被告李某于本判决生效之日起立即停止涉案侵害原告北京 ZNZ 技术服务有限公司商业秘密的不正当竞争行为。

二、被告李某于本判决生效之日起十日内赔偿原告北京 ZNZ 技术服务有限公司经济损失两万元。

三、被告李某于本判决生效之日起十日内向原告北京 ZNZ 技术服务有限公司出具书面声明，以消除因涉案不正当竞争行为给原告北京 ZNZ 技术服务有限公司造成的不良影响（声明内容须于本判决生效后十日内送法院审核，逾期不履行，法院将在相关媒体上刊登本判决主要内容，所需费用由被告李某承担）。

四、驳回原告北京 ZNZ 技术服务有限公司的其他诉讼请求。

案例思考：

本案中，原告主张的商业秘密为经营类秘密客户名单，而客户名单侵权也是近年来国内企业商业秘密侵权案件中发生比例最高的案件类型，同时，客户名单侵权民事诉讼中，绝大部分的原告败诉案件，原因都是在于原告无法证明其客户名单的秘密性。

我国《最高人民法院关于审理不正当竞争民事案件应用法律若干问题的解释》第十三条明确指出：商业秘密中的客户名单，一般是指客户的名称、地址、联系方式以及交易的习惯、意向、内容等构成的区别于相关公知信息的特殊客户信息，包括汇集众多客户的客户名册，以及保持长期稳定交易关系的特定客户。

由此可见，如果将客户名单看作是商业秘密的一种载体，那么在这种载体中所包含一些特殊的客户信息就是秘密点；而要使这些特殊客户信息具备秘密性，应当至少符合以下两方面特征之一。

1. 作为客户名单汇集而成的"客户名册"，其记录的客户信息应具有特殊性和内幕性。

客户名册中所列的客户信息记录，不能只是单纯的"名称＋联系方式＋地址"这种模式。因为这些信息往往不具有深度，在当今这个互联网与大数据普及应用的时代，这些信息很容易被大众通过网络查找所知悉，属于公开信息。因此，客户信息必须加入特殊的、内幕的、能够区别于公开信息的元素，才能够形成商业秘密。这类元素往往包括：一是客户交易的意向信息，即能反映客户对具体产品类型、功能、特点等需求的信息；二是客户交易的规律信息，即能反映客户多次交易过程中的一些具有共性的交易习惯类信息，如交易价格体系、付款方式、产品选择偏好、服务保障条件等；三是客户交易的"底线"预判信息，即通过与客户的前期接触而判断客户对特定产品的价格承受能力、交易条件，以及能够影响交易价格的有关客户经营状况和规律等信息。普通的客户名册需要加入上述这些信息元素，往往才能够具有信息深度，形成其不同于公开信息的特殊性和内幕性，而最终使客户名册构成"秘密性"。

2. 作为单一的"特定客户"，应具有交易的长期性、稳定性和规律性。

我们在一些商业秘密维权案例中也常常能看到，一些企业主张其商业秘密的秘密点是"与特定客户的交易关系"，但是其所指的特定客户却往往只是与其发生过一次交易，而这种"一锤子买卖"的交易关系，往往是得不到法院支持的。须知，国家法律保护商业秘密的根本意愿在于维护市场公平竞争，如果一个企业与客户只交易过一次就要得到法律保护，那么对于其他企业而言，就等同于被剥夺了交易机会，这显然是有失市场公平的；并且，即使是与企业发生多次交易的特定客户，已经符合了"长期性"的特征，但该企业是否就此与客户间形成了受到法律保护的交易关系，法院在认定时仍然需要根据企业与特定客户交易关系的规律性、稳定性等实际情况来考量。因此，企业主张的"与特定客户的交易关系"必须是在一定时间段里长期的、稳定的、形成一定交易规律的客户。实务中，企业应当注重对具有长期性、稳定性的客户群相关证明资料的保存，特别是企业与此类客户进行交易活动的各类过程记录性资料，可客观反映特定客户交易习惯、交易规律等情况，往往能够在企业发生客户信息侵权事件后的维权追责中发挥作用。

案例2　东莞市HC机械有限公司与东莞市YR机械设备制造有限公司、黄某某侵害技术秘密纠纷案

案例来源：

广州知识产权法院（2018）粤73民初483号民事判决书

基本案情：

原告东莞市HC机械有限公司（以下简称HC公司）诉称：原告致力于生产、研发全自动织带圆网印刷滴胶设备，并对滴胶设备的相关技术成果采取了保密措施。上述技术均系处于秘密状态，具有实用价值和相对进步性，能为权利人带来经济利益。黄某某于2010年3月22日开始在HC

公司处工作，岗位为电工技术员。黄某某在任职期间复制上述技术秘密并向他人披露。东莞市YR机械设备制造有限公司（以下简称YR公司）从黄某某处获得滴胶设备的设备图纸、硅胶型号、机器配件及操作技术，并在取得上述技术秘密后进行复制和抄袭，用于制造设备生产并销售，上述行为侵害了HC公司的技术秘密，YR公司、黄某某应当共同承担侵权责任。

经法院查明：

HC公司系有限责任公司（自然人独资），成立于2011年6月21日，登记的经营范围为机械设备产销、织带、内衣、涂料加工，硅橡胶原料销售。黄某某自2010年3月至2017年11月在HC公司工作，任职岗位为电工。YR公司系有限责任公司（自然人投资或控股），成立于2017年12月25日，登记的经营范围为服装辅料设备、鞋材设备、化工设备、硅胶材料研发、生产、销售，滴胶加工，货物进出口、技术进出口。

HC公司主张其制定了《保密管理制度》，其员工对于该制度均知悉。黄某某认为其工作期间未被告知上述制度。

HC公司主张其技术秘密主要包括织带张力改造、刮刀力度调节、安装模具的装置及操作性能、硅胶黏度性能、硅胶加色机性能，上述几项技术秘密以文档、图纸的形式储存于黄某某工作时使用的电脑中，没有采取加密措施。HC公司还确认黄某某在其公司工作中会接触到织带张力改造的技术秘密，其他技术秘密并非其工作内容。

法院判决：

驳回原告东莞市HC机械有限公司的全部诉讼请求。

案例思考：

广州知识产权法院认为，HC公司主张构成技术秘密的信息是织带张力改造、刮刀力度调节、安装模具的装置及操作性能、硅胶黏度性能、硅胶加色机性能，上述信息或属于生产工艺，或属于机器的操作技能，而HC公司在对上述信息的说明中仅是对上述技术能够达到的效果进行了描述，未对商业秘密的具体内容进行明确，亦无法对上述信息是否属于不为公众所知悉进行判断。

本案中，原告主张的商业秘密是典型的技术秘密，而原告之所以败诉，是由于其对自身技术秘密虽然已经确定了一些秘密点，但是对这些秘密点并没有就其具体与公知技术信息的区别内容加以明确。那么，企业应当怎样去证明自身技术信息秘密点与公知技术信息的具体区别呢？

第十二章所述的案例2，案中原告主张自身的商业秘密是生产工艺（工艺参数），而原告为了证明其工艺参数的秘密性，通过司法鉴定机构进行了非公知性鉴定，我们再来看一下原告通过法院委托司法鉴定的过程以及法院对鉴定结果的相关评述内容。

2016年8月19日、29日，法院先后发出《鉴定委托书》和《关于鉴定委托事项变更的函》，委托国创鉴定对原告在本案中主张的"平板灌装线"的技术秘密是否系不为公众所知悉的技术信息，以及天杭公司使用的全自动平板分装系统的技术信息中，是否存在与原告在本案中主张的"平板灌装线"的技术秘密相同或者实质相同的技术信息等技术问题进行了鉴定。2016年9月22日，法院会同鉴定专家至案外人天杭公司对案外人天杭公司实际使用的全自动平板分装系统进行了现场勘验，并取得被告HD公司与天杭公司签订的《销售合同》。上述《销售合同》显示：2013年11月11日，被告HD公司与案外人天杭公司签订的《销售合同》约定，案外人天杭公司向被告HD公司购买"全自动平板分装系统"、蠕动泵、喷码机各一台，总价34万元。

2016年11月11日，国创鉴定为此向法院出具了《司法鉴定意见书》。该《司法鉴定意见书》认为：

一、关于原告主张的技术秘密。原告在本案中主张的技术秘密涉及平板培养皿自动分装线（即"平板灌装线"）中"进料推板""进料箱侧立板""灌装同步箱立板左""输送带从动辊""合盖翻板""叠料气缸横梁"和"叠料气缸立板"共7个零件的具体工艺参数。根据原告平板灌装线的主要技术图纸和现场勘验结果，鉴定专家组认为上述"进料推板""进料箱侧立板""灌装同步箱立板左""输送带从动辊""合盖翻板"共5个零件，它们在平板培养皿自动分装线中相互独立安装，没有配合关系，工作过程中也不发生直接接触，上述任何一个零件的具体工艺参数与上述其他零件的具体工艺参数没有关联关系，所以上述5个零件的具体工艺参数分别构成一项独立的技术信息；而"叠料气缸横梁"和"叠料气缸立板"共2个零件相互配合构成叠料气缸支架，用以实现稳定支撑叠料气缸的功能，所以该2个零件的具体工艺参数组合构成一项独立的技术信息。因此，鉴定专家组认为，原告在本案中主张的技术秘密中的具体技术信息应当指：1.进料推板的具体工艺参数；2.进料箱侧立板的具体工艺参数；3.灌装同步箱立板左的具体工艺参数；4.输送带从动辊的具体工艺参数；5.合盖翻板的具体工艺参数；6.叠料气缸支架的具体工艺参数。

二、秘密性分析。针对鉴定专家组确定的原告在本案中主张的技术秘密中的具体技术信息，鉴定专家组委托中国专利信息中心进行了国内外公开出版物检索，检索获得相关对比文献6篇，鉴定专家组经分析后认为：1.原告提供的进料推板、进料箱侧立板、灌装同步箱立板左、输送带从动辊、合盖翻板、叠料气缸支架（以下简称6个零部件）的具体图纸，记载了上述6个零部件的结构、尺寸、公差、技术要求等具体信息，这些信息组合构成了上述6个零部件具体工艺参数的完整技术信息。2.对比文件所公开的相关技术信息与上述6个零部件图纸参数信息具有较大区别，并未公开该6个零部件的结构、尺寸、公差、技术要求等具体信息的设计内容。3.不同企业开发人员所设计的6个零部件的具体方案不会相同，故原告上述6个零部件的设计具有特定性，不属于本领域的公知常识和行业惯例。4.根据目前本行业内的惯用做法，企业一般不会将上述6个零部件的结构、尺寸、公差、技术要求等具体图纸信息对外公开披露，鉴定专家组为此特地对上述6个零部件图纸记载的技术信息检索了万方数据、中国知网、百度搜索引擎，以及专业论坛包括沐风图纸、九爱图纸库、机械帝国、中国机械 CAD 论坛等多个图纸交流网站，鉴定专家组并未检索到影响其秘密性的公知信息，也未发现其他公开出版物或其他公开渠道对外公开披露上述 6 个零部件的结构、尺寸、公差、技术要求等具体信息。5. 上述 6 个零部件的结构、尺寸、公差、技术要求等具体信息等方面的详细内容要求技术人员具备专门的知识和经验，根据产品的功能需求进行设计和开发，需要付出一定的创造性劳动才能实现产品的功能。6. 即使涉案平板灌装线产品进入市场后相关公众也无法通过观察平板灌装线直接获得。综上所述，鉴定专家组认为，原告上述 6 个零部件图纸上所记载的具体工艺参数信息属于不为公众所知悉的技术信息。

最终，法院审理认为鉴定专家组的上述鉴定结论的事实和法律依据充分，法院予以采纳。

如上述案例中委托司法鉴定机构进行技术信息的非公知性司法鉴定的做法，已逐渐成为企业在商业秘密维权过程中证明自身技术秘密"秘密性"的主流。同时，企业在发生了商业秘密侵权事件以后，即使不通过民事诉讼途径，而是通过行政救济或刑事救济途径实施维权，相关部门在受理立案过程中，也需要被害人提供相关证据证明其主张商业秘密的秘密性等构成条件，并根据这些证据判断是否予以受理。因此，委托司法鉴定机构进行技术信息的非公知性司法鉴定的效果也是显而易见的，一般情况下，司法鉴定的结果直接影响到法院判决的结果。

但是，我们在看到其作用的同时，也应当认识到鉴定过程的复杂性和鉴定结果的不确定性。须知，企业进行司法鉴定亦是需要成本投入的。因此，如何选择合适的司法鉴定机构，以及在进行非公知性司法鉴定的过程中，企业又要怎样做好相应的配合，也是企业应当考虑的问题。一是关于选择司法鉴定机构，一般而言，企业在选择司法鉴定机构时，首先要看其是否具备司法鉴定许可的资质。当前技术司法鉴定已成为一个产业，司法鉴定机构也是遍地开花，鉴定水平参差不齐，也存在着一些浑水摸鱼的鉴定机构。二是在准备技术鉴定检材的过程中，最好能够根据企业主张的技术秘密情况，事先准备好相关的技术秘密点，或者框定相应秘密范围，以提高鉴定效率。三是在鉴定工作人员检索查新（鉴定商业秘密的非公知性）的过程中，由于某些技术专业性极强，又或者某项技术中大部分信息都属于公知信息，只有极小部分属于非公知信息，而企业作为此项技术的权利人，往往对此项技术在公知领域相关情况比较了解。因此，企业应尽可能地配合鉴定人员，提供相关信息，以便于鉴定人员高效、顺利地完成鉴定工作。

第十四章　如何举证企业的保密措施

企业在商业秘密侵权维权过程中需要举证对主张商业秘密所采取的保密措施，以证明商业秘密的"保密性"，而在商业秘密侵权类民事诉讼中，在这一关"倒下"的企业亦不在少数。这些企业往往有个共同的问题，就是对商业秘密保护的意识极为薄弱，在日常业务经营等活动中，往往没有采取一些基本的商业秘密管理和保护手段，以致在发生商业秘密侵权事件后，无法有效证明自己对商业秘密在主观上的保护意愿，最终导致败诉。

案例1　玉田县KL实业有限公司、于某某侵害商业秘密纠纷案

案例来源：

河北省高级人民法院（2016）冀民终689号民事判决书

基本案情：

上诉人于某某、玉田县KL实业有限公司（以下简称KL公司）因与被上诉人唐山YL实业有限公司（以下简称YL公司）侵害商业秘密纠纷一案，不服河北省唐山市中级人民法院（2011）唐民初字第13号民事判决，向河北省高级人民法院提出上诉。

原告YL公司在一审中诉称：1990年年初，YL公司的前身玉田县五金厂与国内外有关企业、研究机构以及国内知名专家、教授合作，引进国外生产石油螺杆泵的先进技术，于1992年试制成功。后又与大庆油田采油工艺研究院合作，共同投资研制大排量石油螺杆泵生产技术，于1995年获

得成功。在研制生产石油螺杆泵产品实践中，YL公司结合自主创新，研发了生产石油螺杆泵产品及生产石油螺杆泵多项加工工艺、加工办法、选配方法、检测方法等，形成了自己独特的技术规范，积累了同行业所不知悉、给YL公司带来经济效益和竞争优势的技术秘密。在研制生产出先进石油螺杆泵产品之后，YL公司凭借高新技术产品的优势，大力开拓销售市场，推行名牌产品战略，坚持信誉为本，以向用户提供适用的产品、及时周到的服务、满足用户需求为宗旨，逐步建立了稳定的销售渠道，掌握了用户的基本情况、联系方式、交易习惯、信誉程度，形成了区别于相应公知信息的特定客户信息，包括汇集众多客户的名册。到2004年年初，YL公司与营销人员签订《营销服务责任书》时，已作为特定的客户名单随附，以利各营销员分管和销售任务的落实。YL公司靠上述技术和经营上的秘密，迅速打开并培养了比较成熟的销售石油螺杆泵产品的市场。产品畅销大庆、胜利、辽河、大港、河南、江汉、华北、冀东等油田，获得了可观的经济效益。先后获得河北省"产品质量信得过企业"和"信用优秀企业"的称号。YL公司为此也付出了巨大代价，承受了非同寻常的商业风险，投入了大量的人力、物力、财力和智力。包括支付科研机构、专家教授技术咨询费、评审费等共51万元，用于购买制造石油螺杆泵专用设备投资390万元。为防止上述技术和经营秘密不被泄漏，YL公司采取了多方面的保密措施，加以控制、管理，包括制订公司保密制度、销售管理制度，在与职工签订劳动合同和与业务员签订《营销服务责任书》时，都明列保密条款加以控制。于某某1996年8月9日调来YL公司工作。当时YL公司生产的石油螺杆泵产品已在市场上投入，正是扩大销售业务之际，需要培养较高业务水平的专业人员，使他们掌握石油螺杆泵的构造、性能，会根据用户油井的不同情况，选择相应的泵型。为此，YL公司投入了相当多的财力、物力和努力，包括聘请专家举办讲座，到油田现场进行实践作业，等等。1998年，于某某经考核合格上岗担任YL公司业务营销员，负责山东区域的销售及服务工作，由老业务员先将山东区域的特定客户介绍给他，教他如何开展工作。于某某比较快地掌握了山东区域的销售客户和销售渠道信息，也得到了丰厚的报酬。2000年年底，于某某成为YL公司股东之一。2001年1月12日于某某与YL公司签订了为期三年的《劳动合同协议书》，其中第十一条（五）款约定："乙方（于某某）要保守甲方（YL公司）技术经营秘密，泄露甲方机密或利用厂技术机密与厂竞争者，甲方保留追究经济损失的权利。" 2004年1月16日，于某某又与YL公司签订了为期两年的《劳动合同协议书》，无例外地均承诺要保守YL公司的商业秘密。2004年2月8日，于某某与YL公司签订了《销售服务责任书》，具体负责YL公司在山东、湖北、华北地区的石油螺杆泵产品的营销工作，承诺："维护公司利益，在职期间或离开公司三年内，不利用原销售渠道销售与公司同类的产品。"但于某某于2002年5月22日在河北省玉田县工商局登记注册了KL公司，担任该公司执行董事、法定代表人，经营与YL公司同类的石油钻采设备，与YL公司展开不正当竞争。在于某某劳动合同届满之前，于某某在YL公司销售石油螺杆泵产品金额不断减少，2005年则干脆没有销售收入。与此相反，KL公司销售石油螺杆泵设备产品的金额则不断攀升。于某某在离开YL公司三年内及之后，利用YL公司的销售渠道，为KL公司销售同类产品，不正当地使用YL公司经营秘密。2006年2月，于某某还通过高于YL公司一倍的工资，利诱YL公司的技术人员和技术工人到KL公司工作，获取了YL公司生产石油螺杆泵产品的全部技术秘密。于某某利用和使用上述不正当手段获取YL公司的技术和经营秘密，在KL公司生产销售同类产品。KL公司关于石油螺杆泵产品使用说明书中主要内容与YL公司的产品销售说明资料在实质上相同，KL公司所使用的技术数据与YL公司的技术数据具有一致性。KL公司技术负责人及技术工人，均为YL公司一手培养的职工，其在KL公司赖以生产和销售石油螺杆泵产品的技术和经营之道，完全出自YL公司。于某某还在石油螺杆泵产品销售市场恶意压低价格，进行倾销，迫使YL公司的生产成本加大，利润减少，市场缩小，YL公司一度处于半停产状态，先后裁员近20人，遭受严重经济损失。

一审法院查明：

YL公司成立于1995年7月，系一家从事食品机械、石油机械、电子产品、机电设备制作销售、货物运输（普货）生产和销售的有限责任公司。于某某自1996年8月9日从玉田和平毛麻纺织厂调至YL公司（前身系林南仓五金厂）工作至2005年12月31日，期间于某某分别于2001年1月12日、2004年1月16日同YL公司签订了两份《劳动合同协议书》，双方在合同中约定的期限为三年、两年。2002年6月，于某某申请设立了KL公司，在其提交给工商管理部门的履历表中显示，1995年至填表之日其工作性质为个体。2004年9月15日，经国家知识产权局授权，于某某作为专利权人，取得了"防砂卡螺杆泵"的实用新型专利证书。

KL公司成立于2002年6月，系一家从事石油钻采设备、环保器材及配件制作销售、水暖器材零售的有限责任公司，其法定代表人系于某某。

另查明，根据YL公司提交的证据及其陈述，可以确定YL公司主张的商业秘密为其自主创新的螺杆泵定子芯轴的加工工艺、螺杆泵转子（长转子）的加工办法、螺杆泵定、转子选配方法、螺杆泵砂带抛光及尺寸检测方法、螺杆泵地面驱动装置结构及其与华兴公司、河南油田等建立的销售渠道。上述技术是其同国内其他科研机构、知名专家等合作研发而成，是独特的技术规范，属于不为同行业所知晓、能带来经济效益和竞争优势的技术秘密；同时YL公司主张，其销售渠道也是凭借高新技术产品的优势，在大力开拓销售市场，坚持信誉为本，及时周到服务，努力满足用户需求的情况下，建立起来的稳定的销售渠道，掌握了这些用户的基本情况、联系方式、交易习惯、信誉程度等，从而形成了区别于相应公知信息的特定客户信息，而由此形成的销售渠道也是YL公司的商业秘密。

二审法院查明：

YL公司提交的《关于技术秘密管理的具体措施》系一审2015年5月

18日第二次开庭时向法院提供，YL公司主张该保密措施系2003年对技术人员进行管理要求做到技术保密时制定的电子文件，于某某及KL公司一审时对该证据的质证意见为：该证据是伪造的，是经过上次庭审之后受到启发写的，与YL公司主张同一时期形成的其他保密措施的证据相差甚远，但仍不够具体，未写明商业秘密的具体内容；且该证据不是原件，也未在举证期限内提出，因此对真实性不认可，不予质证。二审法院考虑YL公司主张该份证据是2003年形成的，但在一审2015年5月18日第二次开庭之前的庭审和举证中其一直未提及该重要证据，明显不符合常理，且该文件规定的保密措施详细程度与YL公司提交的同一时期YL公司《关于保密工作的几项规定》明显差异过大，结合YL公司仅提交了电子版的打印版而未提交电子版原件，也未提交该规定制定实施的其他证据，于某某及KL公司对该证据真实性均不认可，因此二审法院不能确定该证据的真实性，该证据不能作为本案定案的依据。

一审法院判决：

一、于某某、玉田县KL实业有限公司立即停止对唐山YL实业有限公司商业秘密侵害的不正当竞争行为。

二、于某某、玉田县KL实业有限公司在判决生效后十日内在《中国石油报》上书面向唐山YL实业有限公司赔礼道歉，消除影响。

三、于某某、玉田县KL实业有限公司赔偿因侵害唐山YL实业有限公司商业秘密造成的损失850 786.86元。

四、驳回YL公司其他诉讼请求。

二审法院判决：

一、撤销河北省唐山市中级人民法院（2011）唐民初字第13号民事判决。

二、驳回唐山YL实业有限公司全部诉讼请求。

案例思考：

本案中，原告YL公司主张的商业秘密主要是生产加工工艺和客户信息。一审法院与二审法院做出的判决结果截然相反,究其根本原因,还是在于一、二审法院对原告举证的保密措施是否达到了商业秘密"保密性"的认定程度持有不同意见。

在这一点上,作为二审法院的河北省高级人民法院认为,关于涉案技术是否构成商业秘密,双方针对该问题,主要的争议在于是否采取保密措施以及涉案技术是否是公知技术。关于是否采取保密措施,YL公司主张其采取保密措施的主要证据是YL公司《关于保密工作的几项规定》、涉案劳动合同中的条款以及相关的证人证言,依据《最高人民法院关于审理不正当竞争民事案件应用法律若干问题的解释》第十一条的规定,权利人为防止信息泄露所采取的与其商业价值等具体情况相适应的合理保护措施,应当认定为《反不正当竞争法》第十条第三款规定的"保密措施"。人民法院应当根据所涉信息载体的特性、权利人保密的意愿、保密措施的可识别程度、他人通过正当方式所获得的难易程度等因素,认定权利人是否采取了保密措施。具体到本案中,首先,关于YL公司《关于保密工作的几项规定》,该规定仅有四条,且内容仅原则性要求所有员工保守"企业销售、经营、生产技术秘密",在"在厂期间和离厂两年内,不得利用所掌握的技术生产或为他人生产与本公司有竞争的产品以及提供技术服务",上述规定并未体现涉案技术秘密的具体内容,也未存在切实可行的防止技术秘密泄露的措施,在现实中不能起到保密的效果。其次,关于劳动合同中的保密条款,该劳动合同为劳动人事局等部门制定的格式合同,仅在第十一条解除条款中与"严重违法劳动纪律、严重失职等情形"一并列举了"乙方要保守甲方的技术经营机密,泄露甲方机密或利用厂技术机密与厂竞争者,甲方保留追究经济损失的权利",不能认定为保密措施。最后,关于证人证言,本案证人系从YL公司到KL公司工作,其后又回到YL公司工作,与涉案双方存在利害关系,而且其陈述的保密措施也局限于上述规定和劳动合同,不能证明YL公司采取了其他保密措施。综上,在本案中,YL公司虽然采取了一定的措施,但仅是制定了原则性的针对所有人员的保密制度,跟所有员工签订了带有"保密条款"的格式合同,并未采取"限定涉密信息的知悉范围、单独签订保密协议等确保秘密的合理措施",因此综合本案的情况,法院认为依据现有证据,不能认定YL公司采取了适当、合理的保护措施。关于涉案技术是否是公知技术,考虑到法院已经认定YL公司未采取合理的保密措施,因此该技术问题法院不再涉及。

关于经营信息是否构成商业秘密。关于经营信息YL公司的主张为其保持长期稳定交易关系的特定客户名单。关于该名单,YL公司在起诉状中描述为"掌握了用户的基本情况、联系方式、交易习惯、信誉程度,形成了区别于相应公知信息的特定客户信息,包括汇集众多客户的名册",但在本案诉讼中,YL公司并未提交具体的客户名单,仅是就该问题提交了其与4家特定客户的增值税发票。依据《最高人民法院关于审理不正当竞争民事案件应用法律若干问题的解释》第十三条的规定,客户名单包括"汇集众多客户的客户名册,以及保持长期稳定交易关系的特定客户"。法院认为,上述司法解释并非意指只要是有较长时间稳定交易关系的特定客户就应作为商业秘密予以保护,相反,只有进一步考察主张拥有权利的经营者就该特定客户是否拥有区别于相关公知信息的特殊客户信息,并且考察构成商业秘密的一般条件之后,才能确定是否应当认定为法律所保护的商业秘密,在本案中,仅依据增值税发票显然不能认定拥有区别于相关公知信息的特殊客户信息,因此法院不认为现有证据能证明YL公司具有商业秘密意义上的客户名单。另外即使退一步讲,YL公司拥有客户名单,仍要考虑其是否采取了适当的保密措施。关于经营信息是否采取保密措施,YL公司增加了营销服务责任书和销售管理制度两份证据,该两份证据的措施基本一致,为约定"在职期间和离职三年之内,不得利用原销售渠道销售公司同类产品"。

如上所述,法院认为符合《中华人民共和国反不正当竞争法》第十条规定的保密措施应当表明权利人保密的主观愿望,并明确作为商业秘密保护的信息的范围,使义务人能够知悉权利人的保密愿望和保密客体,并在正常情况下足以防止涉密信息泄露。在本案中上述证据中的约定没有明确YL公司作为商业秘密保护的信息的范围，也没有明确于某某应当承担的保密义务，而仅限制于某某在一定时间内通过原有渠道销售公司同类产品，该约定应认定为竞业限制约定，即使其主要目的可能就是为了保护商业秘密，但由于该约定没有明确用人单位保密的主观愿望、作为商业秘密保护的信息的范围、义务人应当承担的保密义务，因而不能构成《中华人民共和国反不正当竞争法》第十条规定的保密措施。综上，法院认为从本案现有证据，YL公司主张的涉案技术与经营信息均不能构成商业秘密。

由二审法院的上述评述内容可以明显地看出，二审法院对商业秘密权利人是否采取了合理保密措施的评价标准主要基于两个方面：一是权利人所采用具体保密措施是否能够表明权利人保密的主观愿望；二是该措施是否能够使义务人知悉保密的客体，即具体的保密范围。在本案中，原告YL公司虽然看似做出了多项保密措施，但是，这些保密措施并没有取得实际的保护效果，以致原告方最终二审败诉。

案例2　苏某某、李某某侵害商业秘密纠纷案

案例来源：

河南省高级人民法院（2017）豫民终714号民事判决书

基本案情：

上诉人苏某某、李某某、郑州NT商贸有限公司（以下简称NT公司）因与被上诉人郑州YT股份有限公司（以下简称YT公司）侵害商业秘密纠纷一案，不服河南省郑州市中级人民法院（2016）豫01民初1275号民事判决，向河南省高级人民法院提起上诉。

YT公司向一审法院起诉称，为便利客车司机购买配件，YT公司花费巨资组建400呼叫系统，用于记录配件购买客户的购买需求并将这些客户纳入市场散客客户名单中。为防止客户名单的外泄，YT公司与所有员工

签订了《保密协议书》，苏某某是其中之一。苏某某于2016年3月底自售后服务业务部门调回郑州本部，并被调入评价中心担任专家客服，负责技术咨询、售后请求和培训支持。期间，苏某某利用其岗位权限，通过微信拍照发送消息等方式将YT公司的大量客户名单等商业秘密传递给李某某（任NT公司法定代表人），还将YT公司给其配发的办公笔记本提供给李某某及NT公司使用（告知其密码、系统登录方法等）。李某某则通过微信转账等方式，多次向苏某某支付"好处费"。

经法院查明：

关于苏某某使用的手机是否系YT公司配发的问题。YT公司提交了其与中国联合网络通信有限公司河南省分公司签订的《河南联通集团客户移网业务批量入网协议》及其员工签收手机的清单。苏某某未提供其购买手机的证据，YT公司手机签收清单中包括手机串号及手机号、手机使用人及签字等内容，该签收名册显示苏某某签收了手机。YT公司陈述因苏某某工作调动，手机相应进行了调换。苏某某通过手机向李某某发送信息内容亦显示有，苏某某新号×××，手机号码更换为×××，该新号码及手机串号在YT公司的手机签收名册中亦有显示，手机串号与YT公司诉讼中提供的苏某某使用的手机相符。因此手机签收名册及苏某某使用手机发送的信息能够相互印证，证明苏某某使用的手机系YT公司配发。

关于YT公司提供的苏某某使用的手机，苏某某、NT公司、李某某认为，该证据是在YT公司纪检部由保安看管情况下拿走的苏某某的手机，获取途径不合法。一审法院认为，因该手机系YT公司为工作配发给其员工，苏某某作为YT公司的员工，有义务配合公司对其工作期间的情况予以说明，YT公司在发现苏某某有使用配发手机进行违规行为的情况下查看手机，并在发现手机中有违规行为记录时收回YT公司配发手机，符合YT公司的管理目的，亦不违反法律规定，对该证据的合法性予以确认，对该证据中记录信息的真实性予以确认。

关于YT公司提供的YT公司客户名单的形成机制、客户联络中心专家客服业务上线方案、评价中心组织架构设置,苏某某、NT公司、李某某认为该三份证据只是YT公司联系客户的内部统计方式和内部管理,与本案无关。一审法院认为,该三份证据与YT公司提供的客户名单信息能够相互印证,说明其客户名单信息是通过其一系列的制度措施和劳动取得。同时YT公司提供的其保密措施1——《YT信息安全管理处罚规定》、保密措施2——《YT信息资产分级管理规定》、保密措施3——宣传屏保证明,YT公司对其公司工作信息、商业秘密采取了保密措施,并通过公司电脑屏保持续提示公司员工遵守公司有关保密规定。

对YT公司提供的苏某某与李某某的手机聊天记录及李某某、NT公司的部分成交记录,一审法院认为,该证据系苏某某使用的YT公司配发手机中苏某某与李某某的交流信息,对该证据的真实性和合法性均予以确认。

对YT公司提供的保密协议,苏某某认为其未签字,没有阅读,对协议的内容不知情。通过质证,该协议首页协议名称为"保密协议书",苏某某在协议首页乙方处签名。一审法院认为,苏某某在协议首页签名首先应明知该协议为保密协议,其在协议中签名的行为表明其对该协议的接受和确认,因此其抗辩对协议内容不知情的意见不予采信。对该协议的真实性、合法性和证明力均予以确认。该协议进一步证明YT公司对其商业秘密采取了保密措施。

法院审理:

一审法院认为,就有关信息的保密问题,《YT信息安全管理处罚规定》第8.1条规定,恶意外发绝密级信息资产或大量机密级信息资产,对公司信息资产安全造成重大威胁的,视为信息安全一级违规,按一级违规处罚标准进行处罚。《YT信息资产分级管理规定》第5.1条规定,YT公司的信息资产,是指与生产、经营、管理等各类业务活动相关的、能为宇通集团带来实际价值、具有意义和影响的所有系统数据、电子文档、纸质文档的总和。第5.3条规定,绝密、机密级信息资产对公司发展具有重要价值,属于公司的商业秘密。YT公司工作用电脑屏保显示有文字"工作期间所创建和接触到的所有与工作有关的文档、报告和数据均为公司信息资产，非个人所有""公司信息资产的涉密等级划分为四级……请参照《YT信息资产分级管理规定》，为您创建的文件标注正确的涉密等级和授权范围""非工作需要，严禁通过任何方式向其他内外部人员共享涉密文件，因工作需要的文件外发请在部门安全管理员处登记备案""不得将涉密纸质文件长时间放置在办公桌、打印机、会议室等缺乏看管的办公区域，亦不得私自带出公司"等内容。YT公司与苏某某签订的保密协议第1.1条约定，苏某某承诺对其知悉、掌握的YT公司的商业秘密负有保密义务。第1.2条约定，YT公司的商业秘密是指不论以何种形式、载体存在的YT公司或其关联企业的技术信息、经营信息及其他信息。第1.2.2条载明经营信息中包括现有及潜在客户名单及信息。第1.3条约定，苏某某熟知YT公司的信息资产分级管理规定，对该规定之外符合本协议第1.2条规定的信息仍应按照本协议的约定承担保密义务。2014年4月3日，YT公司与苏某某签订的劳动合同第十一条载明，苏某某已知悉YT公司的《保密管理规定》，承诺对知悉的YT公司的保密信息承担保密义务，否则承担相应法律责任。该保密义务的期限不随劳动关系的终止而终止，约定为直至商业秘密合法公开时为止。综上，涉案客户名单信息系YT公司在其经营过程中通过一定的管理措施和方案，依托其400呼叫系统获取的包含客户名称、地址、联系方式以及交易需求、意向、内容等信息在内，汇集众多客户的客户名册，通过对名册中客户的回访、调研、定期业务服务等与名册中的客户建立业务往来和交易，能够为YT公司带来一定的经济利益，属于YT公司的经营信息。YT公司通过制订《信息安全管理处罚规定》《信息资产分级管理规定》、电脑屏保提示、与有关人员签订保密协议与劳动合同等，对涉案客户名单采取保密措施。因此涉案客户名单信息属于YT公司的商业秘密。对此YT公司与苏某某签订的保密协议中（第1.2.2条）也做出了明确约定，苏某某对此应系明知。

二审法院认为，本案中，虽然苏某某、李某某、NT公司主张"YT公司与苏某某签署的《保密协议书》形成过程及来源不明",但是该《保密协议书》有苏某某的签名,苏某某亦未对该签名的真实性提出异议,故苏某某、李某某、NT 公司的该项上诉理由不能成立。另外,虽然《YT 信息资产分级管理规定》《YT 信息安全管理处罚规定》的创建时间晚于苏某某的劳动合同签订时间,但是 YT 公司与苏某某签署的《保密协议书》亦提到上述两个文件。从 YT 公司的电脑屏保看,YT 公司采取了合理的保密措施,涉案客户名单具有保密性。综上,苏某某、李某某、NT 公司关于 YT 公司诉求保护的客户名单不属于商业秘密的上诉理由不能成立。

一审法院判决:

一、苏某某、NT 公司、李某某立即停止侵犯 YT 公司商业秘密的行为。二、苏某某、NT 公司、李某某立即销毁其掌握的侵犯 YT 公司商业秘密的内容。三、苏某某、NT 公司、李某某于判决生效之日起十日内赔偿 YT 公司经济损失十一万元。四、驳回 YT 公司的其他诉讼请求。

二审法院判决:

驳回上诉,维持原判。

案例思考:

本案中,原告 YT 公司主张其商业秘密为客户名单;而原告为保护该商业秘密,显然已采取了多种保密措施,包括制订《信息安全管理处罚规定》和《信息资产分级管理规定》,采取电脑屏保提示,与有关人员签订保密协议、劳动合同等。

我们再来回顾一下第十二章案例 2,此案中的原告 GS 公司就其主张的商业秘密采取相关保密措施也是得到了法院的支持,GS 公司具体采取了以下保密措施:一是 GS 公司委托 GQ 公司研发的相关技术成果,与 GQ 公司就所研发项目签订了《技术研发委托协议》,该协议中就研发项目所涉及的保密条款做出了明确约定,包括保密内容(技术信息和经营信息)、涉密人员范围、保密期限、泄密责任等。二是 GS 公司制订了《上海 GS 包装设备有限公司员工手册》《图纸借阅管理规定》《商业保密管理规定》,GQ 公司的《上海 GQ 机械有限公司员工手册》,以及 GS 公司和 GQ 公司共同发布的《商业秘密管理规定》，这些管理制度中进一步明确了有关涉密信息的定密分级、保密要求等事项内容。三是 GS 公司与其员工签订了《保密协议》，约定了涉密员工的保密义务等。四是 GS 公司在与客户交易时，与相关客户公司签订了《保密协议》。以上这些保密措施的执行，为 GS 公司在维权过程中的商业秘密"保密性"举证发挥了极为重要的作用。

《最高人民法院关于审理不正当竞争民事案件应用法律若干问题的解释》第十一条规定，具有下列情形之一，在正常情况下足以防止涉密信息泄露的，应当认定权利人采取了保密措施。

一是限定涉密信息的知悉范围，只对必须知悉的相关人员告知其内容。

二是对于涉密信息载体采取加锁等防范措施。

三是在涉密信息的载体上标有保密标志。

四是对于涉密信息采用密码或者代码等。

五是签订保密协议。

六是对于涉密的机器、厂房、车间等场所限制来访者或者提出保密要求。

七是确保信息秘密的其他合理措施。

第十二章案例 2、本章案例 2 中，商业秘密权利人采取的保密措施如企业制定了自身的《商业秘密定密分级手册》，明确了商业秘密的范围和保护要求，在此基础上制定了各类保密制度、规范，下发保密管理相关的《员工手册》，既限定了涉密信息的知悉范围，又进一步表明了权利人保密的主观愿望；同时企业还与员工签订《保密协议》，明确了涉密员工的保密义务和责任。这些措施的落实，均获得了法院的认同与支持，成为企业成功维权的重要支撑。当然，企业对自身商业秘密的保密措施做到这些就足够了吗？关于这个问题，将在后文中详细解答。

案例评析篇

第十五章 如何举证商业秘密侵权方的侵权行为

举证侵权方的侵权行为，是企业商业秘密侵权类民事诉讼举证道路上的最后一只"拦路虎"。有的企业，通过前期调查取证，历尽千辛万苦终于证明了所主张商业秘密的"三性"，却因为没有办法证明侵权方的侵权行为，最终"功亏一篑"，诉讼失败。

案例　RJ科技（北京）有限公司与皮姆等侵害商业秘密纠纷

案例来源：

北京市朝阳区人民法院（2015）朝民（知）初字第35030号民事判决书

基本案情：

RJ科技（北京）有限公司（以下简称RJ北京公司）诉称：我公司成立于2007年4月，是RJ软件有限公司的全资子公司，经营范围包括开发、设计、测试软件，技术推广，技术咨询。皮姆于2013年9月12日到我公司工作，至2014年9月17日离职，期间曾任软件测试工程师、软件测试项目经理，主要负责客户TJIPBV的产品测试工作，并负责与客户进行联系，确认任务完成质量及进度，控制项目的人工成本，分配工作及对下属进行培训指导，等等。从2011年9月，我公司就开始为TJIPBV提供诸多软件测试项目的服务，并建立了稳定的业务关系。我公司一向重视对客户名单等商业秘密的保护，在皮姆入职时即与其签订《知识产权和员工保密协议》，离职时又向其重申了保密义务。皮姆离职后，伙同我公司的同业竞争者DY北京公司抢夺我公司的客户和业务，致使我公司遭受重大经济损失。

经法院查明：

RJ软件有限公司，（以下简称RJ软件公司）于2007年3月5日在中国香港注册成立。2007年4月27日，RJ软件公司全资在北京设立RJ北京公司，经营范围包括开发、设计、测试软件，技术推广，技术咨询。

2011年9月1日，TJIPBV（甲方）与RJ软件公司（乙方）签订编号为ICSA-22011-TJIP的《独立承包服务协议》，约定RJ软件公司为TJIPBV提供软件质量测试与保障服务。

同日，RJ软件公司向RJ北京公司出具《授权同意书》称：贵司是我方投资设立的有限责任公司，我方与TJIPBV所订独立承包服务协定下所有专案的软件品质测试与保障专案及所有关于TJIPBV专案任务，均由贵司具体负责，贵司自行组织人员进行相关工作，自行与员工进行劳动用工手续的办理，并做好客户保密工作。凡因TJIPBV专案发生的任何纠纷，均由贵司单独解决，因录用员工发生违约、侵权等纠纷事宜，均由贵司以自己的名义单独处理，我方不再参与。

上述《独立承包服务协议》签订后，由RJ北京公司派员在北京向TJIPBV提供软件测试服务，所涉及的具体测试项目包括meetingpoint和havik。TJIPBV按工作量逐月向在中国香港的RJ软件公司支付测试服务费，RJ软件公司向TJIPBV出具发票。庭审中，RJ北京公司表示，TJIPBV的客户名称、联系方式，上述两项具体测试服务项目，《独立承包服务协议》中关于服务条款和费用的约定，以及《项目分配表》中的相关内容，均构成其本案主张的商业秘密。

2013年9月12日，皮姆（乙方）与RJ北京公司（甲方）签订《劳动合同书》，入职该公司担任测试工程师一职。同日，双方另签订《知识产权和员工保密协议》。皮姆入职 RJ 北京公司后，最初是作为测试工程师进入 TJIPBV 项目，后来升任为软件测试部门的项目经理，直至离职前其一直在该项目工作。2014 年 8 月 18 日，皮姆向其上级发送电子邮件申请离职。2014 年 9 月 17 日，皮姆正式办理离职手续，并签署了《致离职员工的一封信》。

2014 年 9 月 18 日，皮姆与 DY 北京公司签订《劳动合同书》，任职该公司测试主管工作。DY 北京公司成立于 2012 年 2 月 29 日，投资人石武太同时任该公司法定代表人，其经营范围包括技术推广服务、计算机系统服务、软件设计等。

2014 年 8 月 29 日，TJIPBV 的测试经理 JulienSchoouten 向 ××× 发送电子邮件，表示对 Dilato 的服务很感兴趣，希望提供更多的详细信息。2014 年 9 月 29 日，TJIPBV 与 DY 美国公司签订《总服务协议》，约定 DY 美国公司向 TJIPBV 提供软件测试服务，有效期自 2014 年 10 月 1 日至 2015 年 10 月 1 日。该协议未显示具体的服务项目和报价等信息。之后，DY 美国公司将上述协议的服务外包给 DY 北京公司，皮姆作为 DY 北京公司的员工又参与到 TJIPBV 项目中。经询，DY 北京公司未提供 DY 美国公司向其外包项目的相关协议，但其确认不包含 meetingpoint 和 havik 项目。

另查一，2014 年 10 月，RJ 北京公司负责 TJIPBV 的 Havik 测试项目终止，与此同时，TJIPBV 向 RJ 软件公司支付的服务费用亦从 26 628 欧元减少至 19 572 欧元。至 2015 年 9 月 1 日，TJIPBV 与 RJ 软件公司的合作项目全部停止。

另查二，TJIPBV 在领英网有专门的宣传网页，并留有联系方式。在 RJ 软件公司与 TJIPBV 签署《独立承包服务协议》之后，RJ 软件公司在其网站中宣传其服务客户包含 TJIPBV，同时亦有多个网站对双方建立合作关系进行了报道，但报道内容中不包含具体服务项目、人员、费用等信息。

法院审理：

本案中，RJ 北京公司表示，TJIPBV 的客户名称、联系方式，《独立承包服务协议》中关于服务条款和费用的约定，《项目分配表》中的相关内容，以及 meetingpoint 和 havik 两项具体测试服务项目，均构成其本案主张的商业秘密，法院需要对此进行具体分析。首先，TJIPBV 的客户名称、联系方式在相关网站中已经公布，因此不具有秘密性。但《独立承包服务协议》中关于服务条款和费用的约定、《项目分配表》中的相关内容，以及 meetingpoint 和 havik 两项具体测试服务，均不能从公开渠道中获得，属于不为公众所知悉的秘密。其次，TJIPBV 虽然是与 RJ 软件公司签订了《独立承包服务协议》，但该协议中约定的服务和人员实际系由 RJ 北京公司提供，对此 TJIPBV 亦属应知，这一点在《独立承包服务协议》关于服务地点的约定即可看出。RJ 软件公司与 RJ 北京公司之间系母子公司关系，虽然是两个独立的法人主体，但其经济利益亦相互关联。因此，TJIPBV 虽然按照协议约定将服务费支付给 RJ 软件公司，但其中亦包含了 RJ 北京公司的经济利益。从这一点来讲，上述秘密信息对于 RJ 北京公司具有经济价值和实用性。再次，TJIPBV 与 RJ 北京公司的合作从 2011 年 9 月开始至 2014 年 9 月长达三年时间，在此期间，RJ 北京公司一直为 TJIPBV 提供相关软件的测试服务，双方之间建立了长期稳定的合作关系。如继续保持与 TJIPBV 之间的交易，继续掌握其交易习惯、需求、价格等，显然可以使 RJ 北京公司继续保持一定的市场竞争力。最后，皮姆作为 RJ 北京公司的员工在入职和离职时均签署相关保密协议，且均要求其对有关客户信息等负有保密义务，因此，可以认定 RJ 北京公司对其经营信息采取了保密措施。综上，法院认定，《独立承包服务协议》中关于服务条款和费用的约定、《项目分配表》中的相关内容，以及 meetingpoint 和 havik 两项具体测试服务，属于 RJ 北京公司的商业秘密。同时，RJ 软件公司亦授权 RJ 北京公司单独解决与 TJIPBV 有关的任何纠纷，故 RJ 北京公司有权以自己的名义提起本案诉讼，对于DY北京公司及皮姆的相关抗辩意见，法院不予支持。

《反不正当竞争法》规定，经营者不得违反约定或者违反权利人有关保守商业秘密的要求，披露、使用或者允许他人使用其所掌握的商业秘密。第三人明知或者应知前款所列违法行为，获取、使用或者披露他人的商业秘密，视为侵犯商业秘密。当事人指称他人侵犯其商业秘密的，应当对其拥有的商业秘密符合法定条件、对方当事人的信息与其商业秘密相同或者实质相同以及对方当事人采取不正当手段的事实负举证责任。本案中，RJ北京公司主张皮姆将其在任职期间在TJIPBV项目中所获得的商业秘密披露给DY北京公司，致使TJIPBV与DY北京公司合作，从而导致RJ北京公司对TJIPBV的服务终止，并遭受经济损失。对此，法院认为，皮姆在RJ北京公司任职期间确实在TJIPBV项目工作，且最后任职该项目经理，因此其必然知悉该项目的部分内容，例如，此项目包含meetingpoint和havik两项具体测试服务，以及《项目分配表》中的工作要求和程序。但是，RJ北京公司现未举证证明皮姆在任职期间有可能且确实已经知悉TJIPBV与RJ软件公司在《独立承包服务协议》中关于服务条款和费用的约定，由于该约定与经营成本、利润等经济利益直接相关，是商业竞争中的重要条件。同时，RJ北京公司亦未举证证明系皮姆将上述信息披露给DY北京公司，致使TJIPBV与DY北京公司合作，并导致TJIPBV与RJ北京公司停止合作的后果。从DY美国公司与TJIPBV相关人员的邮件往来可以看出，是TJIPBV首先向DY美国公司在互联网中公布的邮箱发送了邮件，双方经过试验项目之后才签订合作协议，DY美国公司又将测试服务转包给DY北京公司，而这一过程与皮姆无关。因此，RJ北京公司未举证证明DY北京公司和皮姆是通过不正当的手段抢夺了原本属于RJ北京公司的客户。故在现有证据情况下，RJ北京公司提出的皮姆、DY美国公司侵犯其商业秘密的主张不能成立，其诉讼请求法院均不予支持。

法院判决：

驳回原告RJ科技（北京）有限公司的诉讼请求。

案例思考：

本案中，原告RJ北京公司主张的商业秘密是客户名单信息、项目服务信息等经营类秘密；而原告的商业秘密虽然被法院所支持，认为其构成了"三性"，但是由于原告无法证明被告存在不正当竞争行为（侵权行为），最终败诉。通常情况下，法院在考量侵权人是否构成侵权行为时，会参照"接触＋实质性相似－合法来源"的推定原则，即在排除了侵权人"合法获取"的商业秘密行为后，证明侵权人"接触"到了商业秘密，并且其所使用的信息与权利人的商业秘密信息具有相似或相同性。通常在维权实务中，如果企业事先未针对自身商业秘密采取过相关措施而"留痕"，要有效证明侵权人"接触"和"实质性相似"是比较困难的。但是，从前文所述的一些被侵权方胜诉案例中，我们也能够看出一些规律，往往企业就自身商业秘密采取的保密措施越细化、越规范，则其涉密员工在参与企业业务经营活动中的"痕迹"越明显，而且许多证据自然而然地固化了下来。因此，针对侵权人"接触"商业秘密的举证，还是需要企业从侵权事件未发生时的"防范"环节入手，在一些"关键环节"中采取有效措施以固化相关证据。另外，在举证商业秘密信息特别是技术秘密信息的"实质性相似"时，往往还需要被侵权方使用"同一性"司法鉴定的手段加以证明。另外，企业在维权诉讼过程中，还应当注意搜集相关证据，以防侵权方以"信赖交易""反向工程"等理由进行抗辩。

值得注意的是，2019年4月修订的《中华人民共和国反不正当竞争法》中，新增加的第三十二条，即是有关于商业秘密侵权行为举证责任的转移。具体条款为：

"商业秘密权利人提供初步证据合理表明商业秘密被侵犯，且提供以

下证据之一的,涉嫌侵权人应当证明其不存在侵犯商业秘密的行为:

(一)有证据表明涉嫌侵权人有渠道或者机会获取商业秘密,且其使用的信息与该商业秘密实质上相同;

(二)有证据表明商业秘密已经被涉嫌侵权人披露、使用或者有被披露、使用的风险;

(三)有其他证据表明商业秘密被涉嫌侵权人侵犯。"

该条款的增加,体现了修订者有意减轻商业秘密权利人对侵权行为的举证负担,但由于条款中存在"初步证据""合理表明"等用词,并没有明确的标准去判定权利人前置举证的证明程度,将带来更大的自由裁量余地,亦存在不确定性,故有待于日后在司法实践中进一步明确。当然,总体而言,对于商业秘密权利人来说,这一条款的设立是极具有积极意义的。

防范实务篇

开篇导语：防患于未然。防范，永远都是企业商业秘密保护的"王道"。企业商业秘密保护体系建设很难吗？没关系，我来教你！

第十六章　一起来认知企业商业秘密保护体系

企业商业秘密的侵权、维权之争，其本质仍然是利益之争。对于企业而言，追逐利益是其天性，也是其存在的根本，而企业保护商业秘密的根本目的，亦是在于维持其市场竞争优势，最终获取商业秘密带来的经济利益最大化。因此，企业对待商业秘密保护这件事，应该算好一本账，究竟是事后维权付出的代价多，还是事前防范付出的代价多？企业一旦发生了商业秘密的侵权事件而踏上维权之路，其在维权道路上所需要付出的人力、财力投入，加上其商业秘密侵权带来的利益损失，与其维权的结果相比，往往是不对等的；而这一点，从近几年来全国法院审结侵害商业秘密类民事案件的相关数据来看，可谓是"历历在目"。企业发生侵权案件后，维权成功率低是普遍现象，即使企业的维权诉讼得到法院的支持，其最终获得的经济赔偿，与其因商业秘密侵权而带来的显在、潜在的经济损失以及维权相关的隐性成本总和相比，往往是"入不敷出"的。

因此，企业在对自身商业秘密保护这件事上，是宜早不宜迟的。企业不能只将视线聚焦于侵权泄密事件发生之后的维权追责阶段，而应当重点考虑如何在侵权事件发生之前就尽可能地将其扼制，"防患于未然"才是企业商业秘密保护最为有效、综合成本最低的方式。那么，企业究竟应当怎样防，才能防得合理、防得有效、防得经济呢？这个问题，也是广大从事商业秘密保护工作者们不断研究、探索的课题，而构建"企业商业秘保护体系"将是最佳的答案。

一、什么是企业商业秘密保护体系

企业商业秘密保护体系是指,通过落实兼顾企业业务经营活动效率和商业秘密保密效力的综合保护措施,发现、消除企业商业秘密窃泄密隐患,降低企业商业秘密侵权事件发生概率的风险控制体系。

我们怎样来理解这句话的含义呢?

首先,企业商业秘密保护体系是综合保护措施的集成,是一种风险防控体系。这里所说的"综合保护措施",不仅指诸如签订保密协议、竞业限制协议等法律层面的措施,而应当是物理层面、法律层面、技术层面、管理层面等多个层面措施的组合。单一层面的保护措施,其作用往往有局限性,只有多个层面措施的优化组合,才能更好地发挥全方位、立体化的作用,达到防范的目的。

其次,企业商业秘密保护体系既要兼顾企业业务经营活动的效率,又要兼顾保密工作的效力。一方面,企业不能因为实行严格的保密措施而无法正常、有效地开展经营活动,这样做显然是本末倒置,抹杀了企业追求利益的存在意义。另一方面,企业需要通过保密工作的相关措施来使其在经营活动中更好地保护自己的核心竞争力,为其在复杂激烈的市场竞争中生存发展而保驾护航。这二者其实并不矛盾,只是需要在其中找到一个平衡点,使二者成为相辅相成的合力。

最后,我们来理解建立商业秘密保护体系的目的,是为了能够有效发现、消除企业商业秘密泄密隐患,降低企业商业秘密侵权事件发生的概率。其实质是泄密风险的控制。当然,我们也应当清楚,一切风险的控制都是相对的,而不是绝对的。也就是说,我们开展商业秘密保护,控制窃泄密风险,只能是通过实施相关防范保护措施,将风险控制到可被我们接受的程度,而绝不可能彻底地消除风险。所以,对于企业而言,也绝不能抱着"只要建立了商业秘密保护体系,就一定能够高枕无忧"的心态,在商业秘密保护这件事上，没有一劳永逸的说法。

二、企业需要建设商业秘密保护体系吗

由于商业秘密与国家秘密根本属性上的区别，造成了国家秘密与商业秘密保密工作的诸多差别，而作为保密措施集成的商业秘密保护体系，亦是此二者之间的主要差别之一。对于包含国家秘密的单位而言，对何种秘密采取何种保密措施，都有着严格的、统一的法定标准和要求，需要无条件地严格遵照执行。但对于企业而言，商业秘密保密工作的根本出发点和最终归宿点仍是企业追求经济利益的最大化；而这一点非常重要，这也是困扰当前很多企业，甚至是商业秘密保密管理者们的主要难题之一。很多人往往由于没有弄清商业秘密保护工作的真正意义，而在实务中犯了本末倒置的错误。为了追求保密管理的效力，直接忽视了企业存在的根本意义。

笔者认为，企业商业秘密保护体系存在的核心意义，是帮助企业维持市场竞争优势，为企业追求经济利益的最大化服务。因此，企业在对待商业秘密保护这一问题上，首先应当考虑的是自身的经济利益。只有将企业经济利益的得失放在第一位，企业才能真正实现商业秘密带来的最大价值。

三、企业怎样构建商业秘密保护体系

企业商业秘密保护体系的构建流程总体包括：商业秘密定密分级、商业秘密泄密风险评估、商业秘密保护策略制定、商业秘密保密措施落实、商业秘密重点区域防范保护、商业秘密危机处置等。

1. 商业秘密定密分级

商业秘密的定密分级，是指企业结合自身行业业务特性、管理要求等因素，识别商业秘密事项范围和内容，划分商业秘密事项保密等级，明确保密要求的过程。这项工作是企业开展商业秘密保护工作的基础工作，企

业只有明确知晓自身商业秘密的范围、内容以及具体保护要求，才能够有针对性地开展商业秘密保护工作。

2. 商业秘密泄密风险评估

商业秘密泄密风险评估，是指企业根据自身现有的商业秘密事项内容和商业秘密保护的实际状况，全面评估企业商业秘密所面临的窃泄密风险的过程。该项工作是企业制定商业秘密保护策略的前置环节，其实施效果将直接影响到企业所制定的商业秘密保护策略质量。

3. 商业秘密保护策略制定

企业商业秘密保护策略的制定，是指企业根据前期开展的商业秘密泄密风险评估情况，结合企业现有商业秘密事项内容与业务经营活动特点，综合考量编制出兼顾企业保密管理与经营活动效率的保密措施方案。这项工作是企业商业秘密保护体系建设的核心内容，是企业商业秘密保护工作开展的指导标准和根本依据。

4. 商业秘密保密措施落实

商业秘密保密措施落实，是指企业依照前期制订的商业秘密保护策略中相关保密措施及要求，逐项进行落实的过程。保密措施落实环节是企业商业秘密保护体系建设过程中周期最长、最为复杂的环节，也是企业商业秘密保护体系"由虚转实"发挥作用的环节。

5. 商业秘密重点区域防范保护

商业秘密重点区域防范保护，是指企业针对核心商业秘密，专门划分特定的保护范围，制订和落实特定的保护措施，加以重点保护的做法。这种做法往往是在企业做好基础防范保护工作的前提下，附加实施的内容，以保护企业核心竞争力。

6. 商业秘密危机处置

企业商业秘密危机处置，是指企业在发生了商业秘密侵权事件后，采取的制止、调查、追究责任、维权等后续相关手段。此环节作为企业商业秘密保护体系的延伸，能够有效提升企业发生商业秘密侵权事件后的快速反应能力和处置水平，最大限度地控制和挽回经济损失。

四、企业商业秘密保护体系的优势

商业秘密保护体系的建立，在企业开展商业秘密保护工作中具有三大优势。

1. 客观性优势

企业商业秘密保护体系的客观性主要体现在该体系的建立过程中，企业开展的定密分级、泄密风险评估等工作均以科学、量化的数据计算为依据，具有相对客观的评价标准。

2. 系统性优势

企业商业秘密保护体系的系统性主要体现在该体系的泄密风险评估与保护策略制定过程中。一是通过针对企业商业秘密泄密风险的不同种类和特点，全面开展商业秘密泄密风险评估，排查和发现泄密隐患；二是针对相关泄密隐患风险，以"物理＋技术＋法律＋管理"四维一体的保密措施体系，综合施策，以做到有效防御。

3. 实用性优势

企业商业秘密保护体系的实用性主要表现为两个方面：一是该体系并不以一成不变的模板化保密措施套用到企业保密管理工作中，而是提倡权变思维，需要企业结合泄密风险与自身业务经营活动特点，制订出具有可操作性的、兼顾保密效力与经营效率的保密措施体系。二是该体系的实施效果可根据企业的需求而灵活调整，总的来说可分为"事后追责"与"事前防范"两个层面。"事后追责"是指基础保密措施体系，其执行效果直接表现为有利于企业商业秘密侵权事件发生以后，企业在追责维权的过程中相关证据的事先有效固化。"事前防范"是指强化保密措施体系，其执行效果有利于企业提前化解和降低泄密风险，有效控制侵权事件发生的概率。

第十七章 企业这样做商业秘密定密分级管理更有效

企业商业秘密的定密分级，指企业结合自身行业业务特性、管理要求等因素，识别商业秘密事项范围和内容、划分商业秘密事项保密等级、明确保密要求的过程。这一过程，是企业开展自身商业秘密保护工作的基础和前提。实践中，很多企业常常误认为定密分级就是单纯地梳理商业秘密的保密范围与划分保密等级。事实并非如此，定密分级的最终目的在于通过调研、分析和研判，明确企业每一项商业秘密的具体保密要求，这才是企业后续开展商业秘密保护体系建设的根本依据。同时，企业商业秘密的定密分级工作无论从工作原则、内容要求、表现形式还是操作流程等方面看，与国家秘密相应的保密管理工作都是有所区别的。本章将对企业商业秘密定密分级工作内容、操作流程等方面进行详细介绍和说明。

一、企业商业秘密定密分级的必要性

对于企业而言，无论其所属行业领域是哪类，还是其经营规模或大或小，每一个企业都存在着自身独特的商业秘密，并且其商业秘密随着企业经营活动的开展、业务的发展，将不断地新生、变化和消亡。企业想要开展商业秘密保护，首先必须了解自身的商业秘密究竟有哪些内容，以及范围又是多广，只有清楚地掌握了这些信息，企业才能有的放矢地开展商业秘密保护。否则，就会"眉毛胡子一把抓"，既给企业造成了不必要的经济负担，又无法有效地保护好应当保密的信息。前文中，也提到了当前国内大多数企业在商业秘密保护方面的一个典型问题就是无法识别和界定自身商业秘密的范围，结果不是受到侵权而造成经济损失，就是保护过度而"劳民伤财"。因此，对于每一个希望保护自身商业秘密的企业来说，商业秘密定密分级势在必行。

二、企业商业秘密定密分级的原则

企业商业秘密定密分级应把握"一大两小"的基本原则，即"涉密范围"最大化，"核心秘密"最小化，"知密范围"最小化的原则。

1."涉密范围"最大化原则

"涉密范围"意指广义上的商业秘密范围，在本书中即指企业内部所含全部商业秘密事项的范围。企业在进行定密分级工作时，首先应当厘清自身商业秘密的外延范围，尽可能细致地梳理出每一项商业秘密事项内容。这种类似于"圈地"的做法，意在企业对其应有商业秘密权利的确立，为企业后续从法律层面采取相关保护措施打下基础。当然，企业梳理确定的商业秘密事项必须建立在符合商业秘密法定构成要件的基础之上。前文中也详细讲解了构成商业秘密的"三性"，企业在定密分级工作中也应当加以结合，否则，随意将企业涉密事项内容和范围扩大化，易造成企业保密成本的上升，为企业带来不必要的经济负担。

当然，有些企业由于内部运营管理的特点，可能会适当加入本属于公司秘密范畴的涉密事项内容，这种做法也无不可。毕竟，由于商业秘密与公司秘密从本质上讲都属于涉密信息，在保密实务中，企业对上述两种涉密信息的保密措施亦存在许多交集。这种情况下，企业根据自身经营活动特点，将商业秘密与公司秘密相结合，一并纳入其涉密事项内容和范围进行管控，反而能够有效提升企业保密管理效率，节省经济成本。

2."核心秘密"最小化原则

"核心秘密"即指企业通过商业秘密事项的识别与划分等级，梳理出对企业核心竞争力影响最大的几类商业秘密,这类商业秘密在企业划定保密等级时处于最高等级,我们一般称之为"核心秘密"。企业对自身核心商业秘密的保护明显区别于一般的商业秘密,往往需要制定专门的保护策略,落实更为严格的保密措施,投入更多的精力和成本,加以重点保护。因此,企业在确定自身商业秘密保护等级时,在核心级别商业秘密的甄别确定方面,应当慎之又慎,尽可能以"保核心、保要害"为基本准绳,将那些一旦泄露便有可能对公司造成特别严重损失,甚至于毁灭性打击的商业秘密信息确定为核心级别的商业秘密。

3. "知密范围"最小化原则

"知密范围"即指企业商业秘密具体内容的知悉人员范围。企业开展商业秘密定密分级工作的过程中,需要明确每一项商业秘密事项的知悉人员范围,而这个过程,也是一种涉密信息阅知权限的划分过程。在这个过程中,应当针对每项商业秘密信息,通过调研与客观分析,削减不必要知晓具体涉密信息的人员范围,以最大限度地限制涉密信息的流转范围,尽可能减少泄密渠道,并提升保密工作效率,降低保密成本。

案例 中山 SRD 环保设备科技有限公司、陈某某侵害经营秘密纠纷案

案例来源

广东省中山市中级人民法院(2016)粤 20 民终 4221 号民事判决书

基本案情:

上诉人中山 SRD 环保设备科技有限公司(以下简称 SRD 公司)因与被上诉人陈某某、陆某某、中山市 HR 环保设备有限公司(以下简称 HR 公司)侵害经营秘密纠纷一案,不服广东省中山市第一人民法院(2015)中一法知民初字第 285 号判决,向中山市中级人民法院提起上诉。

经法院查明：

SRD 公司成立于 2010 年 5 月 10 日，登记的性质为自然人投资或控股的有限责任公司，注册资金为 350 万元。经营范围为：固体废物处理设备的设计、制造和销售，环保技术服务，承接环保工程安装。

陈某某、陆某某及案外人刘某原均系 SRD 公司的员工。从该公司离职前，陈某某、刘某任该公司销售部业务员，陆某某任该公司技术人员。陈某某、陆某某、刘某分别于 2014 年 1 月、2014 年 12 月、2014 年 7 月与 SRD 公司签订一份同一种格式的填充式的中山市劳动合同，其中陈某某签订的合同中约定的劳动合同的期限为 2014 年 1 月 1 日至同年 12 月 30 日，陆某某签订的合同中约定的劳动合同的期限为 2014 年 12 月 31 日至 2015 年 12 月 30 日，刘某签订的合同中约定的劳动合同的期限为 2014 年 7 月 10 日至 2015 年 6 月 30 日。在该三份劳动合同中，均印有格式化的保密条款。2014 年 6 月 3 日，陈某某向 SRD 公司申请辞职，并于当日获该公司批准。2015 年 4 月 16 日，HR 公司经工商行政管理部门批准开办成立，该公司登记的性质为一人有限责任公司，注册资金为 300 万元，经营范围为设计、制造、销售环保设备和环保技术咨询，以及环保工程设计及设备安装，登记的股东为陈某某。此后，陆某某也从 SRD 公司离职，并就职于 HR 公司。刘某亦于 2015 年 4 月 25 日从 SRD 公司处离职，SRD 公司开具了离职证明给刘某。刘某离职后从 2015 年 5 月开始在 HR 公司参保社会保险。

2015 年 6 月 24 日，SRD 公司申请中山市火炬公证处对 HR 公司的公司网站的内容进行了公证取证，该公证处于 2015 年 6 月 30 日就公证取证的情况出具了（2015）粤中火炬第 66044 号公证书。该公证书显示，该网站使用了 SRD 公司生产的部分产品的照片。

2015 年 9 月 1 日，SRD 公司向法院提起本案诉讼，主张前述实体权利。庭审时，SRD 公司明确其在本案中主张的经营秘密的范围为其所提交的客户联系表（有关客户均为刘某在 SRD 公司工作期间所负责的客户，包括天辰公司等 24 个客户）上所记载的内容（内容主要包括有关客户的名称、联系人及电话、省份、地址、产量要求、出料尺寸、物料名称、处理工艺、跟踪记录等项目,但记录的内容比较简单,例如地址只是记录所在市的名称,该联系表中记录的天辰公司联系人为"胡工"),以及被HR公司擅自在公司网站上刊登的SRD公司所生产产品的照片。庭审时,SRD公司反映,其对涉案经营秘密采取保密措施主要体现在设定电脑开机密码以及劳动合同中订立保密条款,但其未提供证据证明刘某在其公司使用的电脑设定有开机密码。另SRD公司确认,其在本案中主张的客户信息是由刘某保管的,陈某某和陆某某均无法接触到。陈某某反映,其在职时SRD公司的管理较乱,没有明确划分各业务员负责的行业;客户经理和各业务员均有客户名单,客户信息都保管在各自的电脑中,陈某某使用的电脑没有设置密码,大家在开会时会用投影仪进行沟通;SRD公司没有强调除自己的客户外不得接触其他业务员的客户信息,也没有明确业务员负责何种行业,划分不明显。另按照法院的要求,HR公司、陈某某、陆某某通知了刘某到庭核实有关案件的情况。刘某向法院反映了以下情况:一、其从SRD公司离职后,未向HR公司提供相关信息,其只是以一名普通员工的身份在HR公司工作;二、其在SRD公司工作期间担任业务员,负责一个行业,有关客户由接单员分配到各个业务员手上,由各业务员自行编辑客户信息情况,SRD公司提供的客户联络表的内容属实,确实是其编辑的;三、其在SRD公司工作期间的办公室约有7个人,除了有业务员外,还有网络推广员、跟单员在该办公室工作,其使用的电脑没有开机密码;四、除劳动合同签订有保密条款外,SRD公司未提示哪些信息需要采取保密措施,也没有标示哪些信息属于保密信息;五、其在入职HR公司之前,HR公司已经与天辰公司取得联系,在其入职HR公司后,其按照HR公司的要求去过天辰公司处出差,参与洽谈和设备安装工作,其没有联系过天辰公司,也没有泄露任何信息。

一审法院判决:

驳回SRD公司的诉讼请求。

二审法院判决：

驳回上诉，维持原判。

案例思考：

本案中，二审法院认为，SRD 公司仅在劳动合同的保密条款中笼统地提及员工有保密义务，并没有证据证明对涉案的客户联系表及相关附表采取了其他具体、有效、有针对性的，与其商业价值相当的保密措施，比如实施了专人保管、专机储存或加密处理等手段。SRD 公司称刘某的电脑及客户名单文件的打开需输入密码，但未能提供证据证实。相反，刘某则否认其使用的电脑需要开机密码，并称其在 SRD 公司工作期间的办公室约有 7 个人，除业务员外，还有网络推广员、跟单员等；陈某某则称其在职时，SRD 公司的管理较乱，公司没有强调除自己的客户外不得接触其他业务员的客户信息，即除刘某外该公司还有其他人员可以通过正常渠道接触到涉案的客户联系表及相关附表，可见，SRD 公司并无采取有效的保密措施以防止信息泄露，故 SRD 公司关于其涉案的客户联系表及相关附表已采取保密措施的上诉主张不能成立，法院不予支持。SRD 公司的涉案客户联系表及相关附表因未采取合理的保密措施而不符合商业秘密的构成要件，不构成商业秘密。基于此，其所述其他请求及理由均不能成立，不予支持。

由法院评述可见，SRD 公司主张的商业秘密是客户信息，但是 SRD 公司并没有对其客户信息采取合理的保密措施，而对商业秘密信息实现有效管控。要做到这一点，对客户信息进行定密分级，明确秘密形态、保密范围，以最小化原则限制知悉人员范围，将是极为有效的前置手段。

三、手把手教企业实施商业秘密定密分级

企业商业秘密定密分级工作一般由企业保密管理部门（人员）牵头，企业内各部门配合参与，共同实施。在工作程序上，总体采取"三上三下"方式开展。

(一)"一上"环节

"一上"环节的主要工作内容为：确定企业商业秘密事项范围，以及各涉密事项对应的定密责任人和知悉部门范围。具体由企业保密管理部门（人员）组织企业内各部门，以集中研讨、分头调研等形式，了解汇总本企业各部门在企业经营活动中产生或接触的重要技术、经营信息后，结合商业秘密法定构成要件，进行统一整理，最终形成《企业商业秘密事项目录》。如表17-1所示。

表17-1 企业商业秘密事项目录

序号	商业秘密事项范围	知悉部门范围	定密责任人
1	公司尚未公布的近期、远期重大发展战略、经营策略等信息	高管层、行政部	行政部主管
2	客户信息	高管层、业务部	业务部主管
3	技术研发信息	高管层、技术部	技术部主管
4	供应商信息	高管层、采供部	采供部主管
5	商业秘密保护体系建设相关信息	总经理、总经办（保密办）	总经办（保密办）主任
6	财务信息	总经理、财务部	财务部主管
7	……	……	……

1. 确定商业秘密事项范围

确定企业商业秘密事项的范围是企业开展商业秘密定密分级的第一步工作。企业保密管理部门（人员）可根据各部门汇总的有关信息，对照"企业商业秘密信息分类表"中所列企业重要涉密信息，结合商业秘密构成"三性"，逐一分析，梳理出企业所有可能存在商业秘密事项的范围。企业商业秘密信息分类表，如表17-2所示。

表17-2 企业商业秘密信息分类表

序号	技术秘密类			经营秘密类			
	技术成果	技术辅助	技术评估预测	业务营销	经营策划	经营参考	运营与管理
1	产品配方	设计思路	技术水平评估	项目（产品）报价	经营战略	产品的社会购买力	供应商信息、进货渠道

续表

序号	技术秘密类			经营秘密类			
	技术成果	技术辅助	技术评估预测	业务营销	经营策划	经营参考	运营与管理
2	工艺流程	设计方案	技术潜力评估	项目（产品）底价	产销策略	销售状况	进货成本
3	模型模具	研发过程记录	技术前景预测	招投标标书、标底	销售网络、渠道	产品市场需求	项目（产品）定价策略、价格体系
4	制作方法	研发参考	替代技术预测	业务谈判底线	营销计划	产品市场区域分布	售后服务管理数据
5	工艺参数	试验、实验记录	技术专利动向	客户需求意向	促销活动方案	行业前景预测	发展规划、战略
6	加工方法	试验、实验结果	–	客户交易（合同）记录	产品市场推广策略	市场风险评估	管理诀窍
7	数据库	技术指标	–	客户交易偏好、规律	产品定位分析	市场占有率评估	非公开的劳动报酬
8	技术方案	操作、使用说明	–	客户交易价格承受能力	项目可行性分析	经营诀窍	非公开的财务资源
9	程序源代码	研发成果技术鉴定信息	–	–	–	经营经验	内部网络架构、信息安全信息
10	样品样机	其他技术文档、图纸等	–	–	–	竞争对手情报	商业秘密保护策略、体系

2. 识别商业秘密事项的知悉部门范围

识别具体商业秘密事项的知悉部门范围，是指根据具体商业秘密事项涵盖的信息，从产生、流转、存储到最终销毁（信息公开）过程中，框定所有必须接触此类信息的部门范围。

识别商业秘密事项的知悉部门范围时，要特别注意的是，这里所指的"部门范围"并不是具体商业秘密事项的实际接触部门范围，而是指此项商业秘密信息"应知"部门的范围。在实际定密过程中，同样应当以"知密范围最小化"为原则，结合企业经营活动特点、内部运营结构、部门职能关联等实际情况进行分析判断后，来确定某项商业秘密所涵盖的信息，从客观上无可避免需要接触知晓的部门范围，即商业秘密信息的控制范围。

3. 确定商业秘密事项的定密责任人

商业秘密事项定密责任人，是指企业内各部门依据《企业商业秘密事项目录》内容，对具体商业秘密信息进行细化、明确后，拟订本部门具体商业秘密相关名称、保密等级、知悉人员范围以及保密期限等信息的负责人。值得注意的是，有的企业常常将定密责任人与保密管理员的概念混淆，认为企业内所有商业秘密信息的确定，都应当是保密管理部门的工作职责，这是错误的。因为企业在经营活动中，绝大部分具体商业秘密信息的产生源头并不是保密管理部门，而是此项商业秘密信息的实际接触、使用部门，从"知密范围最小化"来讲，定密责任人必须在具体商业秘密知悉范围之内产生。因此，一般情况下，企业商业秘密事项定密责任人应当由具体商业秘密信息的知悉部门中，处于信息产生源头部门的主要负责人担任。当然，定密责任人可在其定密权限范围内，指定专人作为定密承办人，负责具体工作的承办。但在此情况下，定密责任人仍须对承办人承办的具体工作进行审核把关，且负有直接责任。

企业商业秘密事项定密责任人的职责应包括以下几个方面：

（1）审核申报本部门产生的商业秘密名称、保密等级、保密期限和知悉人员范围。

（2）及时纠正本部门确定与标注有关商业秘密名称、保密等级、保密期限和知悉人员范围过程中的错漏行为。

（3）审核申报本部门现有商业秘密的变更、解密事项。

（4）及时对本部门在定密、变更、解密等工作中存在的疑难问题上报保密管理部门（人员）处理。

（二）"一下"与"二上"环节

"一下"与"二上"环节的主要工作内容为：确定商业秘密事项明细内容信息，以及各涉密信息对应的保密等级与保密期限。企业在梳理完成

《企业商业秘密事项目录》后，应以该目录所载的各项商业秘密事项及相关保密要求为基准，将目录下发至企业商业秘密事项相关各源头部门，要求各源头部门定密责任人对照目录中有关本部门的商业秘密事项范围，将本部门产生的商业秘密进行细化，明确具体商业秘密事项的内容，以及具体保密等级、保密期限等，填写"部门商业秘密事项明细表"，上报至企业管理部门（人员）。如部门定密责任人指定承办人办理的，则应由部门定密责任人先行审核，再行上报。××公司销售部商业秘密事项明细表，如表17-3所示。

表17-3　××公司销售部商业秘密事项明细表

序号	商业秘密事项范围		商业秘密事项明细	密级	保密期限
1	客户名单信息	1-1	客户实际交易信息，包括交易合同、交易记录、客户交易清单、交易习惯、交易规律等信息	机密	10年
		1-2	客户交易意向信息，包括客户对产品的需求、偏好、价格承受能力等信息	秘密	5年
		1-3	客户资源信息，包括具有内部参考价值的客户名册信息	秘密	3年
2	……	……	……	……	……

1.确定本部门商业秘密事项细化名称

部门定密责任人（承办人）应以《企业商业秘密事项目录》中列明的有关本部门商业秘密事项为依据，结合本部门实际，将本部门内与商业秘密事项有关的所有信息以"对号入座"方式，列入对应的"商业秘密事项明细"栏内。如表17-3所示，某企业销售部在细化本部门的商业秘密事项"客户名单"时，销售部定密责任人将该部门业务工作中有关"客户名单"的交易合同、客户需求、交易规律、价格承受能力等相关信息均列入其对应的"商业秘密事项明细"栏内。

2.划分商业秘密事项保密等级

企业商业秘密的保密等级应由企业根据自身保密意愿和需求进行划

分。一般情况下，企业内部保密等级通常设置为二层或三层，为兼顾保密管理效力与企业经营效率，建议划分等级最多不超过四层。划分等级的名称由高到低可参照国家秘密分级名称设定为"绝密级""机密级""秘密级"；或者设定为"核心级""重要级""普通级"。一般情况下，提倡企业使用前者。如需设定四层保密等级的，可在"秘密级"之下设置表示最低保密级别的"内部级"。实践中，企业应根据自身商业秘密事项范围，结合企业业务特点、经营状况、竞争优势等情况，来对前期梳理的每一项商业秘密事项进行评估，并根据评估结果来划分保密等级。

针对具体商业秘密事项的评估方法，可以参考《企业商业秘密分级测评标准》（以下简称分级标准）。该分级标准以划分"绝密级""机密级""秘密级"三个保密等级为例，结合"企业商业秘密信息分类表"中各类别商业秘密的特点，以问卷测评打分形式，设定分值总和与相关保密等级的对应关系，从而确定具体商业秘密事项的保密等级。

企业商业秘密分级测评标准

1. 技术成果类（满分 100 分）

1-1. 该项技术成果目前在本行业同类成果中具有的竞争优势程度。

A. 填补技术领域空白（30 分）

B. 技术优势很强（20 分）

C. 技术优势较强（10 分）

D. 技术优势一般（0 分）

1-2. 该项技术成果在行业中预测能够保持优势的时效性。

A. 保持 5 年以上的优势（20 分）

B. 保持 2 年至 5 年的优势（10 分）

C. 保持 1 年至 2 年的优势（5 分）

D. 保持不足1年的优势（0分）

1-3. 获得该项技术成果的投入成本。

A. 投入成本巨大（15分）

B. 投入成本较大（10分）

C. 投入一定成本（5分）

D. 投入成本可忽略不计（0分）

1-4. 该项技术成果通过逆向工程是否容易被获取？

A. 极难获取（15分）

B. 较难获取（10分）

C. 花费一定投入后可能被获取（5分）

D. 容易被获取（0分）

1-5. 该项技术成果对公司业务效益的影响程度。

A. 非常重要（20分）

B. 较为重要（10分）

C. 一定程度影响（5分）

D. 影响较小（0分）

测评计算方法与定级标准：

将问题1-1至1-5的得分数相加获得本项总分值。

本项总得分≥80分的，可定为"绝密级"商业秘密；

本项总得分≥60分的，可定为"机密级"商业秘密；

本项总得分<60分的，可定为"秘密级"商业秘密。

2. 技术辅助类（满分100分）

2-1. 该项技术辅助信息对技术成果的贡献作用。

A. 作用很大，他人通过研究该技术信息可非常容易地获取相同或类似的技术成果。（系数0.6）

B. 有一定作用，他人通过研究该技术信息有可能获取相同或类似的技术成果。（系数0.4）

C. 作用较小，他人通过研究该技术信息较难获取相同或类似的技术成果。（系数 0.2）

2-2. 他人通过其他途径获得与该项技术辅助信息相同的信息数据的难易程度。

A. 他人很难通过其他途径获得相同的信息数据。（系数 0.4）

B. 他人较难通过其他途径获得相同的信息数据。（系数 0.2）

C. 他人花费一定代价，可以通过其他途径获得相同或者类似的信息数据。（系数 0.1）

测评计算方法与定级标准：

将问题 2-1.2-2 的得分数值相加获得系数和，再将该系数和与该项商业秘密对应的技术成果测评分值相乘，得出本项总分值。

本项总得分 ≥ 60 分的，可定为"绝密级"商业秘密；

本项总得分 ≥ 40 分的，可定为"机密级"商业秘密；

本项总得分 < 40 分的，可定为"秘密级"商业秘密。

3. 技术评估预测类（满分 100 分）

3-1. 本企业获取该技术评估预测信息的成本投入。

A. 获取该信息非常困难，需要花费很大代价。（20 分）

B. 获取该信息具有一定难度，需要花费一定代价。（10 分）

C. 可十分容易地获取该信息，几乎不花费代价。（5 分）

3-2. 该技术评估预测信息的权威性。

A. 该信息在业内具有很高的权威性。（15 分）

B. 该信息在业内具有较高的权威性。（10 分）

C. 该信息在业内具有一定的权威性。（5 分）

3-3. 该技术评估预测信息的内幕性。

A. 该信息在业内具有很强的内幕性。（20 分）

B. 该信息在业内具有较强的内幕性。（10 分）

C. 该信息在业内具有一定的内幕性。（5 分）

3-4. 该技术评估预测信息的时效性。

A. 该信息在业内具有很强的时效性。（15分）

B. 该信息在业内具有较强的时效性。（10分）

C. 该信息在业内具有一定的时效性。（5分）

3-5. 他人从其他渠道获取该技术评估预测信息的难易程度。

A. 获取该信息非常困难，需要花费很大代价。（30分）

B. 获取该信息具有较大难度，需要花费较大代价。（15分）

C. 获取该信息具有一定难度，需要花费一定代价。（5分）

测评计算方法与定级标准：

将问题3-1至3-5的得分数相加获得本项总分值。

本项总得分≥80分的，可定为"绝密级"商业秘密；

本项总得分≥60分的，可定为"机密级"商业秘密；

本项总得分<60分的，可定为"秘密级"商业秘密。

4. 业务营销类（满分100分）

4-1. 该信息对企业获取经营效益发挥作用的重要程度。

A. 发挥了关键作用。（30分）

B. 发挥了重要作用。（15分）

C. 发挥了一定作用。（5分）

4-2. 他人从其他渠道获取该技术评估预测信息的难易程度。

A. 获取该信息非常困难，需要花费很大代价。（30分）

B. 获取该信息具有较大难度，需要花费较大代价。（15分）

C. 获取该信息具有一定难度，需要花费一定代价。（5分）

4-3. 该信息如被竞争对手获取，对企业业务所产生的影响。

A. 该信息如被竞争对手获取，将使我方业务中断、停止。（40分）

B. 该信息如被竞争对手获取，将对我方业务造成严重影响。（20分）

C. 该信息如被竞争对手获取，将对我方业务造成一定影响。（10分）

测评计算方法与定级标准：

将问题 4-1 至 4-3 的得分数相加获得本项总分值。

本项总得分 ≥ 60 分的，可定为"绝密级"商业秘密；

本项总得分 ≥ 40 分的，可定为"机密级"商业秘密；

本项总得分 <40 分的，可定为"秘密级"商业秘密。

5. 经营策划类（满分 100 分）

5-1. 本企业获取该经营策划信息的成本投入。

A. 获取该信息非常困难，需要花费很大代价。（20 分）

B. 获取该信息具有较大难度，需要花费较大代价。（10 分）

C. 获取该信息有一定难度，需要花费一定代价。（5 分）

5-2. 该经营策划信息的创新性。

A. 该信息在同领域具有很强的创新性。（15 分）

B. 该信息在同领域具有较强的创新性。（10 分）

C. 该信息在同领域具有一定的创新性。（5 分）

5-3. 该经营策划信息的实用价值。

A. 具有很强的实用价值。（20 分）

B. 具有较强的实用价值。（10 分）

C. 具有一定的实用价值。（5 分）

5-4. 该经营策划信息的可复制性。

A. 该信息在业内具有很强的可复制性，竞争对手获取后十分容易实施。（15 分）

B. 该信息在业内具有一定的可复制性，竞争对手获取后花费一定代价可实施。（10 分）

C. 该信息在业内的可复制性不强，但竞争对手获取后仍可对部分内容实施。（5 分）

5-5. 该经营策划信息被竞争对手获取后，对本企业经营造成的影响。

A. 该信息被竞争对手获取后，将对本企业经营造成特别严重的影响。

（30分）

　　B.该信息被竞争对手获取后，将对本企业经营造成较大影响。（20分）

　　C.该信息被竞争对手获取后，将对本企业经营造成一定影响。（10分）

测评计算方法与定级标准：

将问题5-1至5-5的得分数相加获得本项总分值。

本项总得分≥80分的，可定为"绝密级"商业秘密；

本项总得分≥50分的，可定为"机密级"商业秘密；

本项总得分<50分的，可定为"秘密级"商业秘密。

6. 经营评估参考类（满分100分）

6-1. 本企业获取该评估参考信息的成本投入。

　　A.获取该信息非常困难，需要花费很大代价。（20分）

　　B.获取该信息具有较大难度，需要花费较大代价。（10分）

　　C.获取该信息具有一定难度，需要花费一定代价。（5分）

6-2. 该技术评估参考信息的实用价值。

　　A.该信息在业内具有很高的实用价值。（15分）

　　B.该信息在业内具有较高的实用价值。（10分）

　　C.该信息在业内具有一定的实用价值。（5分）

6-3. 该技术评估预测信息的内幕性。

　　A.该信息在业内具有很强的内幕性。（30分）

　　B.该信息在业内具有较强的内幕性。（3分）

　　C.该信息在业内具有一定的内幕性。（1分）

6-4. 该技术评估预测信息的时效性。

　　A.该信息在业内具有很强的时效性。（15分）

　　B.该信息在业内具有较强的时效性。（3分）

　　C.该信息在业内具有一定的时效性。（1分）

6-5. 他人从其他渠道获取该技术评估预测信息的难易程度。

A. 获取该信息非常困难，需要花费很大代价。（20 分）

B. 获取该信息具有较大难度，需要花费较大代价。（15 分）

C. 获取该信息具有一定难度，需要花费一定代价。（5 分）

测评计算方法与定级标准：

将问题 6-1 至 6-5 的得分数相加获得本项总分值。

本项总得分 ≥ 80 分的，可定为"绝密级"商业秘密；

本项总得分 ≥ 60 分的，可定为"机密级"商业秘密；

本项总得分 <60 分的，可定为"秘密级"商业秘密。

7. 运营与管理类（满分 100 分）

7-1. 该信息对企业获取经营效益发挥作用的重要程度。

A. 发挥了关键作用。（30 分）

B. 发挥了重要作用。（15 分）

C. 发挥了一定作用。（5 分）

7-2. 他人从其他渠道获取该技术评估预测信息的难易程度。

A. 获取该信息非常困难，需要花费很大代价。（30 分）

B. 获取该信息具有较大难度，需要花费较大代价。（15 分）

C. 获取该信息具有一定难度，需要花费一定代价。（5 分）

7-3. 该信息如被竞争对手获取，对企业业务所产生的影响。

A. 该信息如被竞争对手获取，将对企业经营造成特别严重的影响。（40 分）

B. 该信息如被竞争对手获取，将对我方业务造成较大影响。（20 分）

C. 该信息如被竞争对手获取，将对我方业务造成一定影响。（10 分）

测评计算方法与定级标准：

将问题 7-1 至 7-3 的得分数相加获得本项总分值。

本项总得分 ≥ 70 分的，可定为"绝密级"商业秘密；

本项总得分 ≥ 50 分的，可定为"机密级"商业秘密；

本项总得分<50分的，可定为"秘密级"商业秘密。

注：

（1）本标准仅适用于对企业内商业秘密定密分级，如企业内部包含有国家秘密的，应根据国家相关保密法规执行定密分级工作。

（2）企业如在经营活动中，承担对其他合作方相关商业秘密保密义务，则应视情确定该商业秘密的保密等级。

（3）企业业务营销活动类商业秘密中，有关招投标标书标底信息．产品底价信息，以及业务谈判底牌底线信息，等等，由于其往往对企业经营活动影响较大，故此类信息在其未公开前，可直接定为企业的最高保密等级。

3.确定商业秘密事项信息的保密期限

保密期限一般有三种表述方式：一是"保密时间段"，即以时间长度体现；二是"解密时间点"，即以未来某一时间点作为保密截止时间；三是"解密条件"，即以某种情形或事件触发而直接导致该商业秘密保密期限即告终止的时间点作为保密截止时间。

一般而言，企业确定保密期限时，较为常用的表述方式是"保密时间段"或"解密条件"。这两种方式可依照"保密时间段"优先于"解密条件"使用的原则，即针对某项具体商业秘密确定保密期限时，应先看该商业秘密信息是否具有较为明确的保密时间段。如有，则将其保密时间段列明即可；如没有，则通过分析判断该商业秘密是否具有特定解密条件，再行设定。比如企业的发展规划，往往是在规则中附带写明适用周期的，因此，可将该规划所适用的发展周期算作保密时间段，列入保密期限。又如企业招投标标书与标底信息，一般来说，此项信息往往随着具体招投标项目开标而使相关内容公开，而由于招投标项目自招标至开标时间段因项目而异，没有统一的时间段，故可将"至投标项目开标"作为解密条件列入保密期限。

同时，在确定保密期限时需要特别注意的是，不建议将"至此项信息公开"之类的条件作为商业秘密事项的保密期限。因为，对于任何商业秘密而言，随着其信息的公开，即失去了商业秘密构成要件之一的"秘密性"，亦无法作为商业秘密进行保密，这种失效条件过于宽泛，不利于保密管理工作的开展。退一步说，即使某项商业秘密需要无期限保密，亦可将保密期限写为"长期"，后续可定期对此项商业秘密进行跟踪评估，一旦发现其保密条件有所变化，及时做出变更即可。

（三）"二下"与"三上"环节

"二下"与"三上"环节的主要工作内容为：确定各部门商业秘密事项明细内容信息的知悉人员范围。知悉人员范围需要单独占用两个环节，是由于实务中企业很多商业秘密事项往往流转于其内部多个部门。因此，除了具体商业秘密事项的源发部门能够在"一下"和"二上"环节确定本部门知悉人员范围外，其余触密部门必须根据源发部门拟订的"商业秘密事项明细表"中具体内容来确定自身部门相关商业秘密的知悉人员范围。

部门内商业秘密知悉人员范围的确定方法，可参见本章节"识别商业秘密事项的知悉部门范围"相关内容。

（四）"三下"环节

企业商业秘密管理部门（人员）在各部门反馈本部门商业秘密事项知悉人员范围信息后，即可汇总本企业全部商业秘密事项信息，经复审后，编制最终的"企业商业秘密事项清单"，如表17-4所示。

表17-4 企业商业秘密事项清单

序号	商业秘密事项范围		商业秘密事项明细	密级	定密责任人	知悉范围	保密期限
1	重大发展战略、经营策略等信息	1-1	有关企业重大发展战略的长期规划、年度计划、专题方案、思路方针、领导讲话、会议纪要、工作部署、文书材料等信息	绝密	行政部主管	总经理、行政部	5年

续表

序号	商业秘密事项范围		商业秘密事项明细	密级	定密责任人	知悉范围	保密期限
1	重大发展战略、经营策略等信息	1-2	有关企业经营策略的思路创意、计划方案、经费预算、会议纪要、工作部署、文书材料等信息	绝密	行政部主管	总经理、行政部	3年
		1-3	有关企业业务经营的总结报告、专题报告等信息	绝密	行政部主管	总经理、行政部	3年
2	客户名单信息	2-1	客户实际交易信息，包括交易合同、交易记录、客户交易清单、交易习惯、交易规律等信息	机密	销售部主管	总经理、销售部、财务部	5年
		2-2	客户交易意向信息，包括客户对产品的需求、偏好、价格承受能力等信息	机密	销售部主管	总经理、销售部	5年
		2-3	客户资源信息，包括具有内部参考价值的客户名册信息	秘密	销售部主管	总经理、销售部	3年
3	技术研发信息	3-1	有关软件程序设计成果、源代码信息	机密	技术部主管	总经理、技术部	至申请专利公示
		3-2	编写、测试阶段程序源代码	秘密	技术部主管	总经理、技术部	
		3-3	有关软件程序设计思路、方案信息	秘密	技术部主管	总经理、技术部	3年
4	供应商信息	4-1	重要供应商名录信息	机密	采供部主管	总经理、采供部	3年
5	商业秘密保护体系信息	5-1	公司商业秘密保护策略、措施等信息	秘密	保密办主任	总经理、保密办	长期

四、企业商业秘密的变更与解除

（一）企业商业秘密的变更

企业商业秘密的变更，是指企业商业秘密因特定因素导致保密等级、保密期限或知悉人员范围等发生变化，而需要调整原有定密分级相关内容的情况。

为尽可能地在做好商业秘密保密管理的同时，确保企业经营活动效率，一般情况下，企业商业秘密的变更可采取定期审查调整方式开展，即由企业保密管理部门（人员）牵头，依照企业现行"企业商业秘密事项清单"，对企业现有商业秘密事项开展年度审查和变更。相关变更的操作程序可参见本章"企业商业秘密定密分级的流程与方法"相关内容。

（二）企业商业秘密的解除

企业商业秘密的解除，即商业秘密解密，是指企业商业秘密因保密期限已满，或者"企业商业秘密事项清单"变更，或者其他特定因素导致商业秘密公开而结束保密。

企业商业秘密的解除程序亦可以"企业商业秘密定密分级的流程与方法"相关内容为参照，结合企业实际情况，制订相关具体审批流程办理。

值得注意的是，有些企业常常将商业秘密的"解密"与"公开"相混淆，认为商业秘密解密后即可公开。这是错误的，一些商业秘密虽然解密，但仍须依照各企业经营活动特点进行管理，对需要公开的解密信息，应当由企业保密管理部门（人员）审查通过后进行公开。

第十八章　企业商业秘密泄密风险评估并不难

企业商业秘密泄密风险评估是指企业通过采用相关风险评估标准与体系，测评自身商业秘密信息因发生泄密而造成影响和损失的可能程度。商业秘密泄密风险评估是发现商业秘密泄密隐患和漏洞的有效手段，也是企业制定商业秘密保护策略的前置工作。

一、企业商业秘密泄密风险评估的原则

企业商业秘密风险评估的原则包括：调研系统化、测算标准化和风险等级化。

1. 调研系统化原则

企业商业秘密泄密风险评估是对企业内部商业秘密事项整体泄密风险的评估，需要针对"企业商业秘密事项清单"中所含商业秘密的各种形态及载体特点，结合相应各种威胁类别，开展综合性、系统性的调研工作，全面排查、发现、分析与测算泄密风险、隐患。因此，就调研工作的要求而言，讲求的是尽可能系统化，避免疏漏，达到"全方位、无盲区"。

2. 测算标准化原则

企业在实施商业秘密风险评估之初，应当根据企业实际情况，制订一套适用于本企业的商业秘密泄密风险评估标准，通过使用统一标准来评判企业内的各种泄密风险，有利于提升企业制定商业秘密保护策略的客观性

与科学性。

3. 风险等级化原则

前文中已详述了企业商业秘密保护体系建设的核心意义，即追求企业经济利益的最大化。因此，企业在开展泄密风险评估时，亦需要尽可能地将风险划分等级，以使企业在后续制订相关保密策略方案的过程中更加合理、有效地选择防范保护措施，为其提供参考依据。

二、商业秘密泄密风险的常见类别

企业泄密风险一般可依照保密客体、泄密渠道、风险属性三种方式进行分类。

（一）依照保密客体不同进行分类的方式

1. 保密组织类风险

指企业商业秘密保密管理组织的相关部门与人员，因实施保密管理工作过程中，保密管理组织建设、保密机制与制度建设等方面存在的薄弱环节或缺失，造成对企业商业秘密保护工作整体效果的影响。此项风险属于企业基础泄密风险，不直接形成泄密，但间接对企业泄密构成影响。

2. 涉密人员类风险

指企业针对商业秘密涉密人员管理方面存在的泄密风险。

3. 涉密载体与涉密物品类风险

指企业在对具体商业秘密信息载体或涉密物品使用、管理过程中存在的泄密风险。

4. 涉密计算机与网络类风险

指企业在对涉及商业秘密信息的计算机及网络使用、管理过程中存在的泄密风险。

5. 涉密通信与自动化办公设备类风险。

指企业内部涉及商业秘密的电话、传真、打印、复印、扫描等设备使用、管理过程中存在的泄密风险。

6. 重要涉密场所类风险

指企业内部集中存放商业秘密信息的区域，或包含重要商业秘密的工作区域等场所存在的泄密风险。

7. 涉密经营活动类风险

指企业从事涉及商业秘密的经营活动，如召开涉密会议、业务谈判、招投标活动、广告宣传活动等过程中的相关泄密风险。

（二）依照泄密渠道不同进行分类的方式

1. 内部离职人员泄密风险

指企业内部离职人员在离职后，擅自带走、占用或出售属于原企业商业秘密信息的风险。

2. 内部在职人员泄密风险

指企业内部在职人员因保密意识淡薄，疏忽大意，或因经济利益故意侵占、出卖企业商业秘密信息的风险。

3. 竞争对手窃密风险

指企业竞争对手通过各种不正当手段和途径，窃取企业商业秘密信息的风险。

4. 合作机构泄密风险

指企业的各种合作机构、部门（如供货商、客户、第三方咨询机构、评估机构等）在开展相关业务活动过程中泄密的风险。

5. 其他组织人员泄密风险

指企业在经营活动中可能接触到其商业秘密信息的其他关联组织或人员（如鉴定机构、政府部门、新闻媒体、废品回收者等）泄密的风险。

（三）依照风险属性不同进行分类的方式

1. 法律类风险

指有助于企业商业秘密泄密侵权后追责维权的相关法律措施未执行到位而形成的风险。

2. 管理类风险

指企业商业秘密信息因管理体制、机制、制度等，在制订和落实过程中的不规范、不完善而形成的风险。

3. 技术类风险

指企业商业秘密信息通过各类技术手段（渠道）形成窃密、泄密的风险。

4. 物理类风险

指企业商业秘密信息及其载体，在使用、存放（存储）、传递（运输）等过程中，通过物理手段形成窃密、泄密的风险。

实务中，上述几种不同分类方式下的企业泄密风险往往相互交叉，企业从事商业秘密泄密风险评估的过程，即是对这些纵横交错的风险一一进行测算、分析，最终形成判断的过程。

三、手把手教企业开展商业秘密泄密风险评估

企业商业秘密泄密风险评估是一项专业性较强的工作，往往需要从事此项工作的人员通晓法律、企业管理、信息安全、无线电技术等专业知识，并且具有丰富的保密管理经验。因此，一般情况下，此项工作往往由企业保密管理部门的资深工作人员或委托第三方专业服务机构开展。

企业商业秘密泄密风险评估的具体方法种类繁多，一般而言，可归纳为定性评估、定量评估、定性与定量相结合评估三类评估方法。在此，介绍一种相对简单、实用的评估方法。此种风险评估方法脱胎于国家标准《信息安全技术 信息安全风险评估规范》（GB/T 20984-2007）、《信息安全技术 信息安全风险评估实施指南》（GB/T 31509-2015）中相关评估方法，经简化后，结合企业商业秘密信息资产价值、泄密威胁以及企业商业秘密保护体系中的薄弱点，形成风险分析模型，经定性分析、定量计算，识别和判断企业各商业秘密事项信息的泄密风险。

该评估方法依据的原理是：无论企业商业秘密保护体系建立完善与

否，都存在着各种各样的薄弱点，而企业泄密事件的发生，都是各种泄密威胁源作用于企业保密体系中的各个薄弱点后形成的。当然，这其中还有一个不容忽视的关联因素，就是企业商业秘密信息资产的价值，往往其价值越大，遭受窃泄密的可能性就越高。因此，我们就可以设定这样一种关系模型，即企业泄密事件的发生，与泄密威胁出现概率、企业商业秘密保护薄弱点的严重程度（脆弱性严重程度），以及企业商业秘密信息资产的价值三者有关。此三者间与泄密风险的关系可以用以下公式来表示：

$$R=\lfloor \sqrt{T \times V \times A} \rfloor$$

其中，R 表示泄密风险值，T 表示泄密威胁发生的概率，V 表示商业秘密保护薄弱点的脆弱性严重程度，A 表示商业秘密信息的资产价值。"$\lfloor \ \rfloor$"表示取整数下限值。

1. 企业基础情况调研

企业基础情况调研是泄密风险评估的必要准备工作。通过企业基础情况调研，评估者应当较为清楚地了解企业相关基本情况，包括企业组织架构、部门职能（职责）与相互联系、各部门业务流程、业务特点等。评估者只有清楚地了解和掌握评估目标企业的基本情况，才能"有的放矢"、"因地制宜"地做好泄密风险评估工作。

2. 识别企业商业秘密信息资产的价值

企业商业秘密信息资产的价值，指各商业秘密信息的保密价值。该"保密价值"并不完全等同于"经济价值"，而是表示企业各类商业秘密信息与企业核心竞争优势、业务经营活动的关联程度。识别企业商业秘密信息资产的方式方法也有很多种，由于前文所述企业通过商业秘密定密分级而确定的"企业商业秘密事项清单"中，各项商业秘密信息保密等级的确定过程，已考量融入了具体商业秘密信息资产与对企业经济利益、损失严重程度等关联性因素，故在此处我们将简化地使用"企业商业秘密事项清单"中有关商业秘密信息保密等级来直接进行赋值。企业商业秘密信息资产价值赋值表，如表 18-1 所示。

表 18-1　企业商业秘密信息资产价值赋值表

序号	商业秘密事项明细	密级	资产赋值
1	有关企业重大发展战略的长期规划、年度计划、专题方案、思路方针、领导讲话、会议纪要、工作部署、文书材料等信息	绝密	3
2	有关企业经营策略的思路创意、计划方案、经费预算、会议纪要、工作部署、文书材料等信息	绝密	3
3	有关企业业务经营的总结报告、专题报告等信息	绝密	3
4	客户实际交易信息,包括交易合同、交易记录、客户交易清单、交易习惯、交易规律等信息	机密	2
5	客户交易意向信息,包括客户对产品的需求、偏好、价格承受能力等信息	机密	2
6	客户资源信息,包括具有内部参考价值的客户名册信息	秘密	1
7	有关软件程序设计成果、源代码信息	机密	2
8	编写、测试阶段程序源代码	秘密	1
9	有关软件程序设计思路、方案信息	秘密	1
10	重要供应商名录信息	机密	2
11	公司商业秘密保护策略、措施等信息	秘密	1

表 18-1 中,"有关企业重大发展战略的长期规划、年度计划、专题方案、思路方针、领导讲话、会议纪要、工作部署、文书材料等信息"被列为绝密级信息,那么该类信息的赋值取 3 分;"客户实际交易信息,包括交易合同、交易记录、客户交易清单、交易习惯、交易规律等信息"被列为机密级信息,那么该类信息的赋值取 2 分;"有关软件程序设计思路、方案信息"被列为秘密级信息,那么该类信息的赋值取 1 分。

3. 识别企业商业秘密泄密威胁发生概率

企业商业秘密泄密威胁,即指商业秘密泄密侵权事件发生的潜在因素。实务中,企业商业秘密泄密威胁的分类同样无法穷举。在此,为方便读者理解,我们依照商业秘密泄密的渠道来进行分类,识别泄密威胁。前文已提到了有关商业秘密泄密渠道风险的分类,包括内部离职人员泄密风险、内部在职人员泄密风险、竞争对手窃密风险、合作机构泄密风险、其他组织人员泄密风险。依照此种分类方式,我们可对企业商业秘密泄密威胁进行赋值。如表 18-2 所示。

防范实务篇

需要注意的是，表 18-2 中所列威胁明细内容亦只作为举例示意，评估者可根据企业实际情况对此表进行细化、补充和调整。

表 18-2　企业商业秘密泄密威胁赋值表

序号	威胁种类		威胁明细项	威胁赋值
1	内部离职人员泄密	1-1	内部离职人员离职时未及时清理相关涉密资料、物品导致带出企业后泄密	3
		1-2	内部离职人员离职时故意占用、留存涉密资料、物品等以谋取私利	5
2	内部在职人员泄密	2-1	内部在职人员因工作疏忽大意而泄密	3
		2-2	内部在职人员因经济利益诱惑而故意出卖、使用企业商业秘密	4
3	竞争对手窃密	3-1	企业竞争对手通过收买企业内部员工窃密	3
		3-2	企业竞争对手通过雇佣商业间谍、调查公司等第三方组织窃密	2
4	合作机构泄密	4-1	原材料供应商泄密	4
		4-2	销售商泄密	1
		4-3	中介、评估、审计、咨询、顾问、律师等机构泄密	1
		4-4	翻译人员泄密	1
		4-5	科研、技术开发单位泄密	3
		4-6	文印商泄密	2
		4-7	广告商泄密	2
5	其他组织、人员泄密	5-1	媒体记者泄密	2
		5-2	业务关联的政府部门、行政执法、鉴定机构泄密	1
		5-3	废品回收人员泄密	2
		5-4	偷盗、抢劫者等泄密	1

4. 识别企业商业秘密保护的脆弱性严重程度

企业商业秘密保护脆弱性的严重程度，指企业商业秘密保护体系中薄弱点的脆弱程度。对这种脆弱程度的衡量，往往是通过具体薄弱点被特定威胁利用的难易程度（脆弱性可利用程度）、特定威胁成功利用了具体薄弱点后，对具体商业秘密信息保密产生的危害程度（脆弱性影响程度）等因素来测算。因此，企业识别商业秘密保护脆弱性的严重程度，可以通过制订相应的测评体系，对各个薄弱点的脆弱性影响程度和可利用程度进行逐一赋值，最后通过相应公式计算获得。

（1）识别脆弱性的影响程度。

之所以将对脆弱性的影响程度优先于其可利用程度来进行识别，是由于以此种顺序来进行脆弱性识别，更易于对企业商业秘密保护体系的薄弱点从概括到具体进行分类分解，以便于读者理解。

在识别脆弱性的影响程度之前，我们首先需要对企业常见的商业秘密保护薄弱点进行分类。其分类方式亦是多种多样，比较常见的分类方式，可参照前文中提及的"商业秘密泄密风险常见类别"。为与本书此前介绍的有关商业秘密泄密威胁识别方式相匹配，我们选择了以"保密客体不同"分类的方式。完成总体分类后，再就每一类薄弱点进行细化分类，并针对各薄弱点明细的具体情况来定性判断具体薄弱点的脆弱性影响程度等级，并给予相应赋值。此处，设定脆弱性影响程度及对应赋值分为五个等级：强（5分）、较强（4分）、中（3分）、较弱（2分）、弱（1分）。如表18-3所示。

表18-3 企业商业秘密脆弱性影响程度赋值表

序号	薄弱点总项		薄弱点分项	影响程度	赋值
1	保密组织与保密管理	1-1	企业主要负责人对商业秘密保护工作的意识、意愿、认知水平、支持力度等	较强	4
		1-2	企业商业秘密事项范围及保密要求的识别情况	强	5
		1-3	企业保密组织架构的完整性、适用性等	中	3
		1-4	企业保密组织的运行状况、发挥作用的程度等	较强	4
		1-5	企业保密机制、制度体系建设情况	较强	4
		1-6	企业保密机制、制度体系的运行情况	较强	4
2	涉密人员	2-1	涉密人员范围与涉密等级的界定情况	强	5
		2-2	涉密人员保密培训教育的落实情况	较强	4
		2-3	涉密人员保密义务约定、保密责任明示情况	强	5
		2-4	涉密人员保密机制、制度的执行情况	强	5
		2-5	涉密岗位的上岗、变更、离任等保密管理工作落实情况	较强	4
		2-6	企业文化建设、团队凝聚力状况	中	3

续表

序号	薄弱点总项	薄弱点分项	影响程度	赋值
3	涉密载体（物品）	3-1 涉密载体（物品）接触人员限制与物理隔离类措施落实情况	强	5
		3-2 涉密载体（物品）集中存放场所物理措施落实情况	较强	4
		3-3 涉密载体（物品）使用管理制度落实情况	强	5
		3-4 移动涉密载体的信息安全措施情况	较强	4
4	涉密计算机与网络	4-1 物理环境安全措施情况	强	5
		4-2 信息、数据安全措施情况	强	5
		4-3 保密管理制度落实情况	强	5
		4-4 计算机与网络管理人员培训教育情况	较强	4
5	涉密通信与自动化办公设备	5-1 接触人员限制与物理隔离类措施落实情况	强	5
		5-2 使用管理制度落实情况	较强	4
		5-3 联网自动化办公设备的信息安全防护、监控与审计措施情况	强	5
6	重要涉密场所	6-1 重要涉密场所识别划分情况	强	5
		6-2 重要涉密场所内部配套安全防护设备情况	较强	4
		6-3 重要涉密场所保密制度落实情况	强	5
		6-4 重要涉密场所技术安全防护与检查措施情况	较强	4
7	涉密经营活动	7-1 涉密交易活动保密管理情况	强	5
		7-2 涉密会议活动保密管理情况	较强	4
		7-3 科研项目保密管理情况	较强	4
		7-4 广告、宣传与对外交流活动保密管理情况	较强	4
		7-5 企业合作中的保密管理情况	较强	3

（2）识别脆弱性的可利用程度。

脆弱性的可利用程度同样可以通过制订相关测评体系进行定性赋值。同时，脆弱性的可利用程度相比于脆弱性的影响程度，可编制得更为详细，即在商业秘密保护体系薄弱点总项分类及分项分类的基础上，逐项进行深度细分，细化各薄弱点的颗粒度，以增加脆弱性严重程度评估测算的精度。当然，具体细化到何种程度，可根据企业实际测评需求而定。一般而言，细化后的颗粒度应以能够满足依据具体的薄弱点定性标准，给予明确的定性赋分判断为原则。以表18-3为基础，通过逐项细化制订的商业秘密脆弱性可利用程度赋值表，其细化形式供读者参考。如表 18-4 所示。

表 18-4 企业商业秘密脆弱性可利用程度赋值表

序号	薄弱点总项	薄弱点分项	薄弱点明细项	定性标准	赋值
1	保密组织与管理	1-1 企业主要负责人对商业秘密保护工作的意识、意愿、认知水平、支持力度等	1-1-1 企业负责人商业秘密保护意识的程度	完全不具备商业秘密保护意识	5
				具备较弱的商业秘密保护意识	4
				具备一定的商业秘密保护意识	3
				具备较强的商业秘密保护意识	2
				具备极强的商业秘密保护意识	1
			1-1-2 企业负责人对商业秘密保护相关知识的认知程度	完全不具备	5
				具备较低的商业秘密保护知识水平	4
				具备一定的商业秘密保护知识水平	3
				具有较高的商业秘密保护知识水平	2
				具有极高的商业秘密保护知识水平	1
			1-1-3 企业负责人对本企业开展商业秘密保护工作的支持程度	抵触反对	5
				消极支持	4
				一定程度支持	3
				比较支持	2
				非常支持	1
		1-2 企业商业秘密事项范围及保密要求的识别情况	1-2-1 企业商业秘密定密分级管理情况	从未做过定密分级，不清楚自身企业商业秘密范围与保密要求	5
				从未做过定密分级，但能够初步识别商业秘密事项范围与保密要求	4
				做过定密分级，能够识别企业部分核心商业秘密事项范围与保密要求	3
				做过定密分级，能够基本识别企业商业秘密事项范围与保密要求	2
				做过定密分级，能够全面识别企业商业秘密事项范围与保密要求	1
			1-2-2 企业商业秘密事项范围、密级等信息调整、更新情况	从未做过商业秘密事项范围、密级等信息识别与更新	5
				商业秘密事项范围、密级等信息更新不及时，首次定密分级或更新后 5 年内未进行再次更新	4
				商业秘密事项范围、密级等信息更新不及时，首次定密分级或更新后 3 年内未进行再次更新	3
				商业秘密事项范围、密级等信息更新不及时，首次定密分级或更新后 2 年内未进行再次更新	2
				商业秘密事项范围、密级等信息及时更新，每年定期更新	1

续表

序号	薄弱点总项	薄弱点分项	薄弱点明细项	定性标准	赋值
1	保密组织与管理	1-3 企业保密组织架构的完整性、适用性等	1-3-1 企业内部负责企业保密管理工作的组织（部门或人员）建设情况	尚无任何有关保密管理部门或人员岗位	5
				已设立了兼职人员负责本企业保密管理工作	4
				已设立专职人员负责本企业保密管理工作	3
				已设立专职部门负责本企业保密管理工作	2
				除设立专职部门负责本企业保密管理工作外，已成立由企业主要负责人牵头的保密委员会，领导本企业保密管理工作	1
		1-4 企业保密组织的运行状况、发挥作用的程度等	1-4-1 保密管理组织是否能够严格履职，发挥作用程度	保密管理部门（人员）形同虚设，根本无法发挥作用	5
				就本企业商业秘密保护组织协调、落实措施、监督检查、危机处置工作方面作用较小	4
				就本企业商业秘密保护组织协调、落实措施、监督检查、危机处置工作方面发挥一定作用	3
				就本企业商业秘密保护组织协调、落实措施、监督检查、危机处置工作方面发挥较好作用	2
				就本企业商业秘密保护组织协调、落实措施、监督检查、危机处置工作方面发挥积极作用	1
		1-5 企业保密机制、制度体系建设情况	1-5-1 企业是否已制订以下保密管理机制、规章制度？包括涉密存储载体与涉密物品管理制度、涉密计算机（网络）管理制度、涉密办公设备管理制度、重点涉密场所管理制度、涉密人员管理制度、泄密事件报告和查处制度、保密奖惩制度等	完全没有制订任何机制、制度	5
				已制订上述个别制度	4
				已制订上述部分制度	3
				已制订上述大部分制度	2
				已制订上述全部制度	1

续表

序号	薄弱点总项	薄弱点分项	薄弱点明细项	定性标准	赋值
1	保密组织与管理	1-6 企业保密机制、制度体系的运行情况	1-6-1 企业保密管理机制、制度的落实执行情况	尚未制订相关制度，或已制订的制度形同虚设，全无作用	5
				已制订的保密管理机制与规章制度落实情况不理想，发挥作用有限	4
				已制订的保密管理机制与规章制度能够落实执行，并发挥一定作用	3
				已制订的保密管理机制与规章制度能够基本依照要求落实执行，并发挥较好的作用	2
				已制订的保密管理机制与规章制度落实执行到位，并发挥十分有效的作用	1
			1-6-2 企业商业秘密保护工作考核、奖惩及发挥作用情况	商业秘密保护工作未开展任何形式的考核，也从未就此项工作进行奖励或者惩罚	5
				商业秘密保护工作未开展任何形式的考核，但有时会对员工保密工作中的贡献或过失进行奖惩	4
				制订了商业秘密保护考核机制、奖惩机制，并部分落实，发挥了一定的作用	3
				制订了商业秘密保护考核机制、奖惩机制，并基本落实，发挥了较好的作用	2
				制订并严格落实商业秘密保护考核机制，涉密员工奖金、保密津贴与考核结果挂钩，并针对员工保密工作中的贡献或过失及时奖惩，发挥了极为有效的作用	1
2	涉密人员	2-1 涉密人员范围与涉密等级的界定情况	2-1-1 涉密人员范围与密级的识别情况	尚未确定涉密人员范围与划分保密等级	5
				企业已确定了涉密人员范围，但未划分保密等级	3
				企业已确定了涉密人员范围，并划分了保密等级	1

续表

序号	薄弱点总项	薄弱点分项	薄弱点明细项	定性标准	赋值
2	涉密人员	2-1 涉密人员范围与涉密等级的界定情况	2-1-2 涉密人员范围、密级等信息调整、更新情况	从未做过涉密人员范围、密级等识别与信息更新	5
				商业秘密事项范围、密级等信息更新不及时，首次定密分级或更新后5年内未进行再次更新	4
				商业秘密事项范围、密级等信息更新不及时，首次定密分级或更新后3年内未进行再次更新	3
				商业秘密事项范围、密级等信息更新不及时，首次定密分级或更新后2年内未进行再次更新	2
				商业秘密事项范围、密级等信息及时更新，每年定期更新	1
		2-2 涉密人员保密培训教育的落实情况	2-2-1 涉密人员接受保密培训教育的频率与范围	从未开展过任何形式的保密培训教育	5
				涉密人员培训教育受众数少于涉密人员总数的30%或不定期（间隔2年以上）地开展保密培训教育	4
				涉密人员培训教育受众数少于涉密人员总数的60%或不定期（间隔2年以上）地开展保密培训教育	3
				涉密人员培训教育受众数不少于涉密人员总数的60%且每年开展保密培训教育	2
				涉密人员培训教育受众数不少于涉密人员总数的90%且每年开展保密培训教育	1
		2-3 涉密人员保密义务约定、保密责任明示情况	2-3-1 企业与涉密员工之间保密条款约定情况	双方从未有任何形式的保密条款约定	5
				双方仅在劳动合同中约定有具体保密条款	3
				双方签订有独立的保密协议	2
				企业已依照涉密员工范围与保密等级不同，与相关涉密人员签订了独立、规范的保密协议与竞业禁止（限制）协议	1
			2-3-2 企业涉密人员对企业商业秘密事项定密分级情况的了解程度	本企业涉密人员尚不知晓企业商业秘密事项范围与保密要求	5
				本企业涉密人员已知晓企业商业秘密事项范围，但不清楚相关保密要求	3

续表

序号	薄弱点总项	薄弱点分项	薄弱点明细项	定性标准	赋值
2	涉密人员	2-3 涉密人员保密义务约定、保密责任明示情况	2-3-2 企业涉密人员对企业商业秘密事项定密分级情况的了解程度	本企业涉密人员已明确知晓企业商业秘密事项范围与保密要求，但未做书面确认	2
				本企业涉密人员已明确知晓企业商业秘密事项范围与保密要求，并已做书面确认	1
			2-3-3 企业落实涉密人员保密责任制情况	未要求涉密人员落实保密责任制	5
				落实人员数量小于全部涉密人员数量的30%，未做书面确认	4
				落实人员数量小于全部涉密人员数量60%，且做书面确认	3
				落实人员数量大于全部涉密人员数量90%，未做书面确认	2
				落实人员数量大于全部涉密人员数量90%，且做书面确认	1
		2-4 涉密人员保密机制、制度的执行情况	2-4-1 企业涉密人员在岗期间，所在部门督促其熟悉相关保密事项范围，履行本岗位保密职责情况	差（从相关管理的落实范围、质量等因素进行测评）	5
				较差	4
				一般	3
				较好	2
				好	1
		2-5 涉密岗位的上岗、变更、离任等保密管理工作落实情况	2-5-1 对涉密岗位人员开展上岗前审查、岗位变更或离任前脱密、涉密物品资料清理等保密管理工作落实情况	差（从相关管理的落实范围、质量等因素进行测评）	5
				较差	4
				一般	3
				较好	2
				好	1
		2-6 企业文化建设、团队凝聚力状况	2-6-1 企业文化建设、团队凝聚力状况	差（自制标准进行测评）	5
				较差	4
				一般	3
				较好	2
				好	1

续表

序号	薄弱点总项	薄弱点分项	薄弱点明细项	定性标准	赋值
3	涉密载体、涉密物品	3-1 涉密载体（物品）接触人员限制与物理隔离类措施落实情况	3-1-1 涉密载体与涉密物品是否存放于专门场所，且有效限制非涉密人员接触	完全不符合要求（以部门为单位进行测评，涉密载体或物品没有专门场所放置，随意放置，能够被非涉密人员接触）	5
				个别符合要求	4
				部分符合要求	3
				基本符合要求	2
				完全符合要求	1
			3-1-2 小件涉密载体与涉密物品存放入保密柜的情况	完全不符合要求（以部门为单位进行测评，小件涉密载体或物品没有存放于保密柜）	5
				个别符合要求	4
				部分符合要求	3
				基本符合要求	2
				完全符合要求	1
		3-2 涉密载体（物品）集中存放场所物理措施落实情况	3-2-1 涉密载体与物品集中存放场所的防盗、防火设施配置情况	完全不符合要求（以部门为单位进行测评，场所内防火、防盗措施的覆盖率为零）	5
				个别符合要求（以部门为单位进行测评，场所内防火、防盗措施的覆盖率低于30%）	4
				部分符合要求（以部门为单位进行测评，场所内防火、防盗措施的覆盖率低于60%）	3
				基本符合要求（以部门为单位进行测评，场所内防火、防盗措施的覆盖率低于90%）	2
				完全符合要求（以部门为单位进行测评，场所内防火、防盗措施的覆盖率不低于90%）	1
		3-3 涉密载体（物品）使用管理制度落实情况	3-3-1 涉密载体与涉密物品在产生（包括制作、购置、生产等获取）时，是否在涉密载体或涉密物品上标明密级、保密期限、发放范围、制作数量及排顺序号等管理情况	差（从相关管理制度的落实范围、质量等因素进行测评）	5
				较差	4
				中	3
				较好	2
				好	1

续表

序号	薄弱点总项	薄弱点分项	薄弱点明细项	定性标准	赋值
3	涉密载体、涉密物品	3-3 涉密载体（物品）使用管理制度落实情况	3-3-2 涉密载体在产生（包括制作、购置、生产等获取）、存放、传递、销毁时是否严格办理登记手续，明确涉密载体的产生、保存和去向等管理情况	差（从相关管理制度的落实范围、质量等因素进行测评）	5
				较差	4
				中	3
				较好	2
				好	1
			3-3-3 制作涉密载体过程中形成的不需归档的草稿、废稿、废页、讨论稿、征求意见稿、电子文档等材料是否能够及时销毁	差（从相关管理制度的落实范围、质量等因素进行测评）	5
				较差	4
				中	3
				较好	2
				好	1
		3-4 移动涉密载体信息安全措施情况	3-4-1 移动涉密载体防丢失类措施落实情况	弱（自制标准进行测评）	5
				较弱	4
				中	3
				较强	2
				强	1
			3-4-2 移动涉密载体防非法拷贝措施情况	弱（自制标准进行测评）	5
				较弱	4
				中	3
				较强	2
				强	1
			3-4-3 移动涉密载体防内外网交叉使用情况	弱（自制标准进行测评）	5
				较弱	4
				中	3
				较强	2
				强	1
			3-4-4 移动涉密载体信息有效消除情况	弱（自制标准进行测评）	5
				较弱	4
				中	3
				较强	2
				强	1

续表

序号	薄弱点总项	薄弱点分项	薄弱点明细项	定性标准	赋值
3	涉密载体、涉密物品	3-4 移动涉密载体信息安全措施情况	3-4-5 移动涉密载体防病毒、恶意程序等措施情况	弱（自制标准进行测评）	5
				较弱	4
				中	3
				较强	2
				强	1
4	涉密计算机与网络	4-1 物理环境安全措施情况	4-1-1 涉密计算机与网络设备是否存放于专门场所，且有效限制非涉密人员接触	完全不符合要求（以部门为单位进行测评，涉密计算机与网络设备没有专门场所放置，随意放置，能够被非涉密人员接触）	5
				个别符合要求	4
				部分符合要求	3
				基本符合要求	2
				完全符合要求	1
			4-1-2 涉密计算机与网络设备存放场地是否纳入重要涉密场所管理	完全不符合要求（以部门为单位进行测评）	5
				个别符合要求	4
				部分符合要求	3
				基本符合要求	2
				完全符合要求	1
		4-2 信息、数据安全措施情况	4-2-1 主机（服务器、终端、单机等）、网络设备、操作系统、数据库信息安全防护、监控与审计措施情况	弱（自制标准进行测评）	5
				较弱	4
				中	3
				较强	2
				强	1
			4-2-2 身份认证措施情况	弱（自制标准进行测评）	5
				较弱	4
				中	3
				较强	2
				强	1
			4-2-3 网络访问控制措施情况	弱（自制标准进行测评）	5
				较弱	4
				中	3
				较强	2
				强	1

续表

序号	薄弱点总项	薄弱点分项	薄弱点明细项	定性标准	赋值
4	涉密计算机与网络	4-2 信息、数据安全措施情况	4-2-4 边界防护措施情况	弱（自制标准进行测评）	5
				较弱	4
				中	3
				较强	2
				强	1
			4-2-5 网络攻击防护措施情况	弱（自制标准进行测评）	5
				较弱	4
				中	3
				较强	2
				强	1
		4-3 涉密计算机设备管理机制、制度落实情况	4-3-1 涉密计算机设备的涉密标识情况	差（以涉密标识的覆盖率、规范程度进行测评）	5
				较差	4
				中	3
				较好	2
				好	1
			4-3-2 涉密计算机的使用、维修、报废处置等过程中的保密管理情况	差（从相关管理制度的落实范围、质量等因素进行测评）	5
				较差	4
				中	3
				较好	2
				好	1
		4-4 涉密计算机与网络使用、管理人员接受教育培训情况	4-4-1 涉密计算机与网络使用人员接受信息安全与保密教育培训情况	从未开展过任何形式的保密培训教育	5
				涉密计算机与网络使用人员培训教育受众数少于涉密人员总数的30%或不定期（间隔2年以上）地开展保密培训教育	4
				涉密计算机与网络使用人员培训教育受众数少于涉密人员总数的60%或不定期（间隔2年以上）地开展保密培训教育	3
				涉密计算机与网络使用人员培训教育受众数不少于涉密人员总数的60%且每年开展保密培训教育	2
				涉密计算机与网络使用人员培训教育受众数不少于涉密人员总数的90%且每年开展保密培训教育	1

续表

序号	薄弱点总项	薄弱点分项	薄弱点明细项	定性标准	赋值
4	涉密计算机与网络	4-4 涉密计算机与网络使用、管理人员接受教育培训情况	4-4-2 涉密计算机与网络管理人员接受信息安全应用教育培训情况	弱（自制标准进行测评）	5
				较弱	4
				中	3
				较强	2
				强	1
5	涉密通信与自动化办公设备	5-1 接触人员限制与物理隔离类措施落实情况	5-1-1 是否有效限制非涉密人员接触，落实"专人管理、专人操作"情况	完全不符合要求（以部门为单位进行测评，涉密通信与自动化办公设备随意放置，能被非涉密人员接触）	5
				个别符合要求	4
				部分符合要求	3
				基本符合要求	2
				完全符合要求	1
			5-1-2 核心自动化办公设备存放场地是否纳入重要涉密场所管理	差（以执行此标准的设备覆盖率等标准测评）	5
				较差	4
				中	3
				较好	2
				好	1
		5-2 使用管理制度落实情况	5-2-1 涉密计算机设备的涉密标识情况	差（以涉密标识的覆盖率、规范程度进行测评）	5
				较差	4
				中	3
				较好	2
				好	1
			5-2-2 涉密计算机的使用、维修、报废处置等过程中的保密管理情况	差（从相关管理制度的落实范围、质量等因素进行测评）	5
				较差	4
				中	3
				较好	2
				好	1
		5-3 联网自动化办公设备的信息安全措施情况	5-3-1 联网自动化办公设备的信息安全防护、监控与审计等技术措施落实情况	差（从相关管理制度的落实范围、质量等因素进行测评）	5
				较差	4
				中	3
				较好	2
				好	1

续表

序号	薄弱点总项	薄弱点分项	薄弱点明细项	定性标准	赋值
6	重要涉密场所	6-1 重要涉密场所的识别划分情况	6-1-1 企业中重要涉密场所是否按照已制定的规范程序进行评估确定,并进行动态调整管理情况	从未做过重要涉密场所识别与调整	5
				首次识别划分或距上一次调整更新后5年内未进行再次调整更新	4
				首次识别划分或距上一次调整更新后3年内未进行再次调整更新	3
				首次识别划分或距上一次调整更新后2年内未进行再次调整更新	2
				已做识别划分,且每年定期调整更新	1
		6-2 重要涉密场所内部配套安全防护设备情况	6-2-1 重要涉密场所的防盗、防火设施配置情况	弱(自制标准进行测评)	5
				较弱	4
				中	3
				较强	2
				强	1
		6-3 重要涉密场所保密制度落实情况	6-3-1 限制无权限人员进入,并严格执行进入登记手续情况	差(从相关管理制度的落实范围、质量等因素进行测评)	5
				较差	4
				中	3
				较好	2
				好	1
			6-3-2 场所内部的无线通信设备管制措施情况	差(从相关管理制度的落实范围、管制效果等因素进行测评)	5
				较差	4
				中	3
				较好	2
				好	1
			6-3-3 场所内部对录音、录像、拍照、信息存储等功能的设备管制措施情况	差(从相关管理制度的落实范围、管制效果等因素进行测评)	5
				较差	4
				中	3
				较好	2
				好	1
			6-3-4 重要涉密场所管理人员涉密资格审查措施情况	差(从相关审查措施的落实范围、质量等因素进行测评)	5
				较差	4
				中	3
				较好	2
				好	1

续表

序号	薄弱点总项	薄弱点分项	薄弱点明细项	定性标准	赋值
6	重要涉密场所	6-4 重要涉密场所技术安全防护与检查措施情况	6-4-1 重要涉密场所内防窃听、窃照、信号泄露等技术安全防范措施情况	弱（自制标准进行测评）	5
				较弱	4
				中	3
				较强	2
				强	1
			6-4-2 重要涉密场所内防窃听、窃照等技术安全检查措施情况	弱（根据场所内技术安全检查的频率、覆盖面、效果等标准进行测评）	5
				较弱	4
				中	3
				较强	2
				强	1
7	涉密经营活动	7-1 涉密交易活动保密管理情况	7-1-1 涉密交易活动中确定保密义务的保密措施	差（从相关措施的落实范围、约束效果等因素进行测评）	5
				较差	4
				中	3
				较好	2
				好	1
			7-1-2 涉密交易活动中有关涉密资料、物品保密管理情况	差（从相关管理制度的落实范围、管制效果等因素进行测评）	5
				较差	4
				中	3
				较好	2
				好	1
			7-1-3 涉密交易活动中有关限制知密人员措施情况	差（从相关措施的落实范围、约束效果等因素进行测评）	5
				较差	4
				中	3
				较好	2
				好	1
		7-2 涉密会议活动保密管理情况	7-2-1 涉密会议审批管理情况	差（从相关审批制度的落实情况、管制效果等因素进行测评）	5
				较差	4
				中	3
				较好	2
				好	1

续表

序号	薄弱点总项	薄弱点分项	薄弱点明细项	定性标准	赋值
7	涉密经营活动	7-2 涉密会议活动保密管理情况	7-2-2 涉密会议环境安全防范情况	差（从相关管理措施的落实情况、管制效果等因素进行测评）	5
				较差	4
				中	3
				较好	2
				好	1
			7-2-3 涉密会议中有关保密要求的执行情况	差（从相关管理措施的落实情况、管制效果等因素进行测评）	5
				较差	4
				中	3
				较好	2
				好	1
			7-2-4 涉密会议中有关涉密资料的管理情况	差（从相关管理措施的落实情况、管制效果等因素进行测评）	5
				较差	4
				中	3
				较好	2
				好	1
		7-3 科研项目保密管理情况	7-3-1 科研项目中相关涉密人员保密义务的确定情况	差（从与相关科研人员签订保密协议、责任书、明示涉密内容等措施执行情况进行测评）	5
				较差	4
				中	3
				较好	2
				好	1
			7-3-2 科研项目中有关知密人员限制与管控措施情况	差（从相关管理措施的落实情况、管制效果等因素进行测评）	5
				较差	4
				中	3
				较好	2
				好	1
			7-3-3 科研项目涉密资料、物品管控措施情况	差（从相关管理措施的落实情况、管制效果等因素进行测评）	5
				较差	4
				中	3
				较好	2
				好	1

续表

序号	薄弱点总项	薄弱点分项	薄弱点明细项	定性标准	赋值
7	涉密经营活动	7-4 广告、宣传与对外交流活动保密管理情况	7-4-1 广告、宣传与对外交流活动有关保密审批、审查制度落实情况	差（从相关管理制度的落实范围、管控效果等因素进行测评）	5
				较差	4
				中	3
				较好	2
				好	1
			7-4-2 广告、宣传与对外交流活动中需要对外提供资料或物品时，加密、脱密措施执行情况	差（从相关管理制度的落实范围、管控效果等因素进行测评）	5
				较差	4
				中	3
				较好	2
				好	1
			7-4-3 参与相关广告、宣传与对外交流活动的人员开展保密提醒谈话、教育措施情况	差（从相关措施的落实范围、管控效果等因素进行测评）	5
				较差	4
				中	3
				较好	2
				好	1
			7-4-4 企业网站、公众号等宣传媒体平台的涉密审查措施情况	差（从相关措施的落实范围、管控效果等因素进行测评）	5
				较差	4
				中	3
				较好	2
				好	1
		7-5 企业合作中的保密管理情况	7-5-1 合作中相关涉密人员管控措施情况	差（从相关措施的落实范围、管控效果等因素进行测评）	5
				较差	4
				中	3
				较好	2
				好	1
			7-5-2 合作中有关对方企业涉及商业秘密情况调研措施执行情况	差（从相关调研措施的准确性、内幕性、精细化颗粒度等因素进行测评）	5
				较差	4
				中	3
				较好	2
				好	1

续表

序号	薄弱点总项	薄弱点分项	薄弱点明细项	定性标准	赋值
7	涉密经营活动	7-5 企业合作中的保密管理情况	7-5-3 合作中相关涉密资料、数据信息管控措施情况	差（从相关措施的落实范围、管控效果等因素进行测评）	5
				较差	4
				中	3
				较好	2
				好	1

（3）计算脆弱性的严重程度。

在完成脆弱性的影响程度与可利用程度评估赋值后，可通过以下公式计算每一项薄弱点明细项的脆弱性严重程度。

$$V=\lfloor \sqrt{Vi \times Va} \rfloor$$

其中，V 表示脆弱性的严重程度，Vi 表示脆弱性的影响程度，Va 表示脆弱性的可利用程度。

以计算表 18-4 中的薄弱点明细项"1-1-1"对应的脆弱性严重程度 V_{1-1-1} 为例。具体计算过程为：

首先，根据前期测评情况，确定表 18-4 的薄弱点明细项的脆弱性可利用程度对应赋值 $Va_{(1-1-1)}$，假设 $Va_{(1-1-1)}=3$。

其次，在表 18-3 中，$Va_{(1-1-1)}$ 所对应的薄弱点分项为"1-1"，可直接查找其对应的脆弱性影响程度 Vi（1-1）的赋值，即 $Vi_{(1-1)}=4$。

最后，通过公式 $V=\lfloor \sqrt{Vi \times Va} \rfloor$ 进行计算：

Vi（1-1）=4；$Va_{(1-1-1)}=3$；

$$V_{1-1-1}=\lfloor \sqrt{4 \times 3} \rfloor =3$$

以此方式，可计算出其余每项薄弱点明细项的脆弱性严重程度。

5. 计算商业秘密保护薄弱点的泄密风险

依照前文所述方式，我们可依次测算确定用以判别商业秘密保护薄弱点风险的三个要素，即商业秘密信息的资产价值"A"、泄密威胁发生的概率"T"、商业秘密保护薄弱点的脆弱性严重程度"V"。下面，我们将进行商业秘密保护薄弱点泄密风险的识别和计算。

以计算某企业的商业秘密信息资产"客户交易信息"泄密风险为例，其计算步骤为：

（1）假设表18-1即为该企业的"企业商业秘密信息资产价值赋值表"，则其中有关"客户交易信息"（第4项）的对应赋值取2，即$A_4=2$。

（2）通过调研分析，结合表18-2，列举出该企业相关"客户交易信息"在产生、存储、传递和销毁过程中可能涉及的泄密威胁项，并直接确定各泄密威胁项对应的威胁发生概率赋值，如表18-5所示。

表18-5 客户交易信息泄密威胁概率取值表

序号	威胁明细项		威胁赋值
1	1-1	内部离职人员离职时未及时清理相关涉密资料、物品导致带出企业后泄密	$T_{1-1}=3$
	1-2	内部离职人员离职时故意占用、留存涉密资料、物品等以谋取私利	$T_{1-2}=5$
2	2-1	内部在职人员因工作疏忽大意而泄密	$T_{2-1}=3$
	2-2	内部在职人员因经济利益诱惑而故意出卖、使用企业商业秘密	$T_{2-2}=4$
3	3-1	企业竞争对手通过收买企业内部员工窃密	$T_{3-1}=3$
	3-2	企业竞争对手通过雇佣商业间谍、调查公司等第三方组织窃密	$T_{3-2}=2$
4	4-1	中介、评估、审计、咨询、顾问、律师等机构泄密	$T_{4-3}=1$
5	5-1	业务关联的政府部门、行政执法、鉴定机构泄密	$T_{5-2}=1$
	5-2	废品回收人员泄密	$T_{5-3}=2$
	5-3	偷盗、抢劫者等泄密	$T_{5-4}=1$

（3）同理，可通过对该企业"客户交易信息"产生、存储、传递、销毁过程中所有涉及的部门、人员、涉密载体、涉密物品等，结合威胁项对应的薄弱点明细项进行调研分析，确定并计算"客户交易信息"相关每一项相关薄弱点明细项的脆弱性严重程度。

（4）根据前3项步骤分析和计算结果，可获得"客户交易信息"资产A_4对应V、T的多个明细项值。如表18-4所示，其对应的威胁明细项共10项；假设其对应的薄弱点明细项共20项，那么资产A_4所面临的风险值共有200个。再依照前文中有关泄密风险计算公式$R=\lfloor \sqrt{T \times V \times A} \rfloor$进行逐项计算。

如：计算"客户交易信息"对应的 R（T_{1-1}，V_{1-1-1}，A_4）时，即为
R（T_{1-1}，V_{1-1-1}，A_4）= $\lfloor \sqrt{3 \times 3 \times 2} \rfloor$ =4。

同理，可计算其他项风险值。

6.商业秘密泄密风险分析

企业商业秘密泄密风险分析的目的，是为了使企业了解自身商业秘密信息面临的各类泄密风险情况，从而采取有针对性的防范措施，以有效控制风险。为使风险分析的结果更为直观，企业可以根据自身业务经营活动特点，制订相应的风险等级评价表，以定性与定量相结合的方式，设定风险等级、风险值范围、风险内容描述及控制要求等，以对每一项薄弱点的泄密风险进行等级划分与评价。风险评估人员在进行薄弱点风险值逐项计算后，结合企业制订的"风险等级划分评价表"中设定的相关值域进行对号入座，形成风险评价结果。风险等级划分评价表，如表18-6所示。

表18-6 风险等级划分评价表

风险等级	风险值范围	风险描述	控制要求
高	6-8	该项泄密风险极有可能发生，且发生后将对企业造成特别严重的影响	必须立即采取整改措施
中	3-5	该项泄密风险较有可能发生，且发生后将对企业造成较为严重的影响	需要采取完善措施
低	1-2	该项泄密风险可能发生，且发生后将对企业造成一定影响	需要进行关注

需要再次强调的是，本章节所述内容中列举的有关商业秘密信息资产、泄密威胁以及薄弱点的相关内容并非穷举，仅作为示例。企业在实际开展泄密风险评估的工作中，应当根据自身业务实际，制订适用于自身的泄密风险评价体系，才能使风险评估工作真正发挥效用。

第十九章　好的商业秘密保护策略是企业成功保守商业秘密的"命脉"

企业商业秘密的保护策略，是指企业为降低商业秘密泄密事件发生的风险，通过调研分析自身商业秘密保护工作中存在的相关泄密隐患与漏洞，而有针对性地制订相应的保密措施体系。商业秘密保护策略的制定，是企业商业秘密保护体系建设过程中的核心内容，此环节工作成果质量的优劣，直接影响到企业商业秘密保护体系的最终效能。

一、防范措施的类别

一般情况下，企业商业秘密保护的防范措施可根据其性质与实施作用的不同，分为以下四类。

1. 物理类防范措施

物理类防范措施指通过采用物理空间分隔、遮挡、阻断或改变涉密信息载体物理结构等方式保护商业秘密信息的措施。比如，为涉密计算机设备、涉密载体与物品设置专门场所存放，对可视化涉密信息载体进行遮挡，等等，都属于物理类防范措施。

2. 技术类防范措施

技术类防范措施指通过采取各种技术监控、屏蔽、防护、检查检测等技术手段保护商业秘密信息的措施。比如，针对重要涉密场所使用的视频监控、电磁信号屏蔽，针对计算机网络实施的信息安全防护，针对涉密会议实施的防窃听检测，等等。

3.管理类防范措施

管理类防范措施指企业针对自身商业秘密信息保护要求，结合经营活动特点，通过制订与部署落实相关保密管理机制、规章制度保护商业秘密信息的措施。比如，制订与落实涉密计算机与网络使用管理制度、涉密载体使用管理制度、生产车间与实验室保密管理制度等。

4.法律类防范措施

法律类防范措施指企业通过实施具有法律效力的相关手段保护商业秘密信息的措施。比如，企业与员工之间签订保密协议、竞业禁止协议、竞业限制协议等，企业与企业之间签订保密协议，企业向涉密员工发放保密费、竞业限制补偿费用等。

法律类防范措施是比较特殊的一类防范措施。从严格意义上讲，其应属于管理类防范措施的范畴。之所以将其独立于其他类别的防范措施，正是由于该类防范措施特殊的作用和地位使然。此类措施的部署落实，往往会对企业商业秘密相关保密义务约定方形成较强的威慑力，并且在发生泄密侵权事件后，此类措施将在企业维权追责的举证过程中发挥关键作用。

二、企业商业秘密保护策略制定的原则

企业商业秘密保护策略制定的原则主要有三点。

1.防范为主，兼顾"追责"

前文中，在谈及企业商业秘密保护体系建设的基本概念时，已着重讲明了企业商业秘密保护体系属于一种风险防控体系，其核心意义体现在"防"和"控"这二字上，即通过"控"的实施来实现"防"的预期。此处的"控"，即指由各种各样保密措施的有机组合而构成的商业秘密保密措施体系。在"防范为主，兼顾追责"原则下构建的保密措施体系，实际意义应远大于其在商业秘密法定构成三要件中作为"保密性"的体现。因此，企业在制定商业秘密保护策略时，首先应当考虑相关策略实施后对泄

密侵权事件的防范作用，其次再从有关信息留痕与证据固化的角度来增强保密措施的法律属性，体现其维权追责效用。

2. 突出核心，全程管控

企业商业秘密保护策略不能为"防范"而防范，应当体现保密防范工作"保核心、保要害"的基本思想，做到"点"与"面"的结合与统筹。在设计商业秘密保护策略时，应当充分考虑如何在做好企业普通商业秘密信息保护的基础上，重点针对企业关键商业秘密信息开展全程管控工作，即企业在完成商业秘密保护策略并部署落实后，能够使自身关键商业秘密信息在产生、传递、存储、销毁这一完整生命周期的各个环节中，都得到有效保护。

3. 攻防对位，合理合度

企业商业秘密保护策略的制定，并非凭空想象而成。应当建立在前期大量调研以及泄密风险评估工作的基础之上。其根本的制定依据，当属企业商业秘密泄密风险评估结果。前一章节中，已经详细介绍了实施企业商业秘密泄密风险评估的方法，而通过风险评估工作，将明确企业每项商业秘密信息的泄密风险。对于中度或高度风险的商业秘密信息，须采取有针对性的措施整改或措施完善，形成"攻防对位"，发挥实效；而相应的整改或完善方案，即是商业秘密保护策略。同时，商业秘密保护策略应当注意其实施成本和可操作性，要避免"过度保护"现象，也要避免保护策略与企业实际执行"两张皮"现象。

三、手把手教企业制定商业秘密保护策略

商业秘密保护策略的具体内容是由各类保密措施所构成。一般情况下，企业所选择的保密措施分为两个部分：第一部分是基础保密措施，该类措施的部署应用可使企业的整体保密能力得到提升；第二部分是重点保密措施，该类措施往往是企业根据自身核心商业秘密信息的形态特点，充分结合前期的调研与泄密风险评估情况，针对商业秘密保护薄弱点中的高度风险、中度风险，选择相应的保密措施来进行化解或抑制。

保护策略初步形成后，可结合风险评估再次进行风险推演，评测部署相关保密措施后的残余风险是否已达到可接受的程度。对于采用相应保密措施后仍然达不到可接受程度的情况，则应对具体保密措施进行再次调整或完善，使之最终达到可被接受的标准。

为与前一章节中有关企业商业秘密泄密风险评估采用的商业秘密保护薄弱点分类相统一，这里采用与之相同的分类方式对保密措施进行分类列举，并依照管控作用程度的不同对具体保密措施进行分级（级别由一级至三级，逐级升高，级别越高，管控力度越强），供读者参考。

企业商业秘密信息基础保密措施参考

一、保密组织与保密管理

（一）一级措施

（1）企业负责人学习掌握基本的商业秘密保护意识，并做好保密工作的基本经费保障。

（2）企业由专人（可兼职）负责商业秘密保护的管理工作。

（3）初步确定本企业商业秘密范围与保密要求。

（4）制定企业基本保密管理制度。

（二）二级措施

（1）确定专人专职负责企业商业秘密保护管理工作，此岗位直接向企业负责人负责。

（2）建立适用于本企业的定密分级标准体系。

（3）确定本企业商业秘密范围，对本企业商业秘密进行定密分级，并进行定期调整、更新。

（4）保密管理人员定期就本企业商业秘密保护做好监督检查工作。

（5）制定企业有关保密制度，至少应包括：涉密存储载体、涉密物品管理制度、涉密计算机、网络设备管理制度、重点涉密场所管理制度、涉密人员管理制度、泄密事件报告和查处等保密制度、保密奖惩制度。

（6）完善保密工作考核机制，本企业商业保密工作情况考核结果与部门（个人）奖金收入挂钩。

（7）本企业建立保密工作责任制。

（三）三级措施

（1）企业负责人深入学习掌握商业秘密保护知识，定期听取企业保密工作情况汇报，充分保障保密工作人力、财力、物力投入。

（2）企业主管保密工作的负责人应对保密工作部署和落实提出明确要求，对落实情况进行督促检查，并支持保密工作组织和人员开展工作。

（3）企业设立两个层级以上保密管理工作组织架构（保密委员会、保密办公室）。保密委员会负责企业商业秘密保护工作的指导、监督，并研究解决企业保密工作出现的重大问题。保密办公室向保密委员会负责，承担企业商业秘密保护工作的具体组织、协调和实施。

（4）设立计算机信息安全小组，负责企业计算机网络与信息设备安全保密工作。

（5）在二级措施保密制度的基础上，增加通信与办公自动化设备管理制度、重大涉密活动（会议）管理制度、对外交流活动管理制度、宣传报道管理制度。

（6）每年定期（一个工作年度内不少于两次）召开保密工作专题会议，以部署、指导、协调、监督、检查企业保密工作开展情况。

（7）企业保密办公室或专职保密人员在每年年初应制订可行的保密工作年度计划，并作为计划组织推进的责任部门，在年末对计划完成情况进行考核。

（8）企业定期对已制定的保密管理制度进行修订完善。

（9）企业各部门及时传达、学习有关保密法律法规和本单位保密规章制度，落实保密责任制。

二、涉密人员管理

（一）一级措施

（1）与正式员工签订保密协议或在劳动（聘用）合同中增加商业秘密保护的条款约定。

（2）对企业涉密人员开展保密教育，告知明示企业商业秘密保密范围。

（3）向所有涉密人员明示企业保密制度。

（二）二级措施

（1）识别本企业涉密人员范围，确定涉密等级，并进行定期调整、更新。

（2）根据涉密岗位情况，与相应涉密员工单独签订保密协议或竞业限制协议、竞业禁止协议等。

（3）涉密人员在职期间，企业应对涉密人员遵守保密制度和纪律以及接受保密教育的情况进行定期考核，对考核结果应有对应的奖惩措施。

（4）定期组织涉密人员开展保密教育培训，明示企业保密制度，强化涉密人员商业秘密保护意识。

（5）涉密人员岗位变动前及时清理、回收商业秘密资产；涉密人员脱离涉密岗位前，应清退所有涉密文件、资料及物品，并不得再接触本企业商业秘密。

（6）根据涉密人员涉密程度与岗位实际情况，采取适当脱密期或竞业限制管理措施。

（7）向涉密人员发放保密津贴，并且由涉密人员签字确认。

（三）三级措施

（1）对核心商业秘密岗位的从岗人员身份、背景、资格等进行入职资格审查与适应度测评，未达到标准的，不得从事相应涉密岗位工作。

（2）对科研、研发人员的工作内容与过程要进行定期掌握、留档，防止科研成果类商业秘密纠纷。

（3）定期组织保密管理人员参加保密知识与技能培训。

（4）涉密人员上岗前，人事管理部门会同保密工作管理组织对其进行保密责任提醒谈话。

（5）本企业涉密人员在岗期间，所在部门应督促其熟悉相关保密事项范围，履行本岗位保密职责。

（6）涉密人员离职前，人事管理部门会同保密工作管理组织对其进行保密义务提醒谈话，签订保密承诺书。

（7）营造和谐融洽的企业文化，增强员工归属感。

三、涉密载体与涉密物品

（一）一级措施

（1）涉密载体与涉密物品应存放于专门场所。

（2）涉密载体与涉密物品应按接触权限管理，无相应涉密等级人员不得接触。

（3）涉密载体与涉密物品表面应注有明显涉密标识。

（二）二级措施

（1）涉密载体的产生（包括制作、购置、生产等获取）、存放、流转、销毁时均应进行严格审批并办理登记手续，明确涉密载体的产生、保存和去向。

（2）涉密物品（如样品、设备、生产线、仪器仪表、试剂、原材料等）的生产、采购、存放、转移、维修、处置等环节应进行严格审批并办理登记手续，明确涉密物品的产生、保存和去向。

（3）涉密载体与涉密物品在产生（包括制作、购置、生产等获取）时须在载体或涉密物品上标明密级和保密期限，注明发放范围及制作数量，按密级分别编排顺序号。

（4）小件涉密载体与涉密物品应保存在企业规定的密码文件柜中；无法放置在密码文件柜中的涉密物品，应保存在上锁的场所内。

（5）涉密载体与涉密物品应按接触权限管理，无相应涉密等级人员不得接触。

（6）电子类涉密载体严禁连接非涉密计算机或电子设备。

（三）三级措施

（1）制作秘密载体过程中形成的不需归档的草稿、废稿、废页、讨论稿、征求意见稿、电子文档等材料要及时销毁。

（2）制作秘密载体的设备必须为专用的涉密计算机。

（3）传递秘密载体，应当包装密封；秘密载体的信封或者档案袋牌上应当标明密级、编号和收发件单位名称；选择安全的交通工具和交通路线，并采取相应的安全保密措施。

（4）在市内传递绝密级涉密载体，企业指派专车专人投递。发往市区以外的秘密载体，应通过邮政 EMS 投递，确保专人签收；密级较高的涉密载体，要由专人携带、押送至目的地。

（5）因工作需要携带涉密载体或涉密物品外出时，应办理审批手续，并采取保密措施。

（6）专职保密人员应定期对涉密载体和涉密物品进行清查、整理归档、销毁工作。

（7）销毁涉密载体或涉密物品应办理审批手续，并由专人进行登记、销毁。

（8）销毁涉密载体或涉密物品时应注意涉密信息销毁的有效性，使涉密载体或涉密物品不可恢复。

四、涉密计算机与网络

（一）一级措施

（1）涉密计算机应有专门场所摆放，且非涉密人员不易接触。

（2）未经审批，涉密计算机主机（服务器、终端、单机等）设备不得与各类其他网络连接，要保持物理隔离，非涉密计算机严禁存储涉密信息。涉密计算机应限制登入权限，操作系统应设置登入密码。

（3）非涉密计算机和未经技术处理的笔记本计算机严禁存储涉

密信息。

（4）对涉密计算机使用人员进行计算机安全保密教育，使其掌握基本的计算机安全保密措施。

（二）二级措施

（1）涉密计算机应摆放在独立、封闭式机房内。

（2）涉密计算机机房应采取防火、防盗措施。

（3）涉密计算机机房纳入重要涉密场所管理。

（4）针对涉密计算机机房要定期进行安全检查，发现隐患要及时整改。

（5）便携式计算机中严禁保存绝密（核心）级以上商业秘密信息。

（6）涉密计算机应设置开机、系统登录密码，密码设置应使用8位以上复杂密码，多台涉密单机不得使用同样密码或有规律可循的密码。

（7）企业内所有涉密计算机应使用专门移动存储设备（移动硬盘、U盘等），且该类移动存储设备按照涉密载体管理。

（8）涉密计算机单机不得连接任何未经授权的存储载体或电子设备，特别是手机等移动智能终端。

（9）涉密计算机上应安装正版杀毒软件，并定期更新。

（10）涉密计算机的维修原则上需要在企业内进行，由维修人员上门服务，并有专人陪同；如需将涉密计算机带出企业维修，则必须履行审批手续，并进行脱密处理。

（11）涉密计算机的报废须办理审批手续，并对计算机具备数据存储功能的模块进行拆除销毁处理。

（12）对涉密计算机使用人员要定期进行计算机信息安全知识培训。

（三）三级措施

（1）涉密计算机机房应安装门禁类身份识别系统。

（2）涉密计算机机房应安装视频监控系统。

（3）涉密计算机机房应由专人管理，无权限人员进入应严格履行审批登记手续。

（4）涉密计算机机房内应配备电磁信号干扰设备。

（5）涉密计算机应使用专用身份认证识别系统进行管理，对操作人进行实名认证登入。

（6）涉密计算机单机登入密码要定期更改。

（7）涉密计算机单机实现双因子以上认证登入。

（8）涉密计算机单机实现外设端口管控，禁止未经允许的U盘、外置光驱等接入。

（9）涉密计算机在采购选型时，回避带有无线WIFI、蓝牙功能的产品。

（10）涉密计算机内的所有涉密文件、资料（包括处于起草、设计、编辑、修改过程中的文档、图表、图形、数据）必须全部进行密级标识，应在涉密信息的首页标注相应的密级，密级标识与正文不得分离。

（11）存储、处理过涉密信息的计算机与存储设备（包括移动存储设备），不得降低密级或改作普通存储设备使用。

（12）严禁涉密信息在非涉密工作内网（云存储、网络邮箱、即时通信工具）中存储、处理、传输。

（13）涉密计算机实现涉密数据资料加密存储。

（14）涉密计算机统一由专业技术人员进行维护管理。

（15）涉密计算机实现单向数据导入。

（16）涉密计算机实现实时外联监控。

（17）涉密计算机应采用屏幕录像功能设备，实现回溯审计管理。

（18）严禁核心涉密信息在非涉密工作内网（云存储、网络邮箱、即时通信工具）中存储、处理、传输等。

（19）保证笔记本电脑涉密数据的最小化，即只保存工作所必需的重要数据。

（20）对涉密笔记本使用者加强保密意识教育，做好防范措施。外出随身携带，不得随意放在没人看守的房间或宾馆里，采取措施防止被盗。

（21）涉密计算机的报废须办理审批手续，并对计算机具备数据存储功能的模块进行拆除销毁处理。

五、涉密通信与自动化办公设备

（一）一级措施

（1）涉密通信与办公自动化设备实行专人管理、专人操作。

（2）涉密通信与办公自动化设备应限制非涉密人员接触。

（二）二级措施

（1）涉密办公自动化设备应存放于独立、封闭式场所。

（2）涉密办公自动化设备存放场所纳入重要涉密部位管理。

（3）涉密办公自动化设备必须登记在册，并按照涉密物品进行管理。

（三）三级措施

（1）涉密办公自动化设备的维修原则上需要在企业内进行，由维修人员上门服务，并有专人陪同；如需带出企业维修，则必须履行审批手续，并进行脱密处理。

（2）涉密办公自动化设备的报废须办理审批手续，并对计算机具备数据存储功能的模块进行拆除销毁处理。

（3）实行涉密材料复印审批登记制度。

（4）复印的涉密文件应视为原件管理。

（5）复印产生的残、缺、多余的文件资料应及时予以处理，严禁流传。

（6）传真机接收到的涉密文件资料，必须登记造册，并及时转交收件部门或收件人；需要归档的文件或材料，复印后归档。

六、重要涉密场所

（一）一级措施

（1）确定和划分企业重要涉密场所。

（2）企业重要涉密场所必须采取限制人员进入措施，有效禁止非涉密人员进入。

（3）重要涉密场所必须采取防火、防盗措施。

（二）二级措施

（1）重要涉密场所的确定，均按照企业制定的规范程序进行，并进行动态调整管理。

（2）重要涉密场所须安装防盗门、防盗窗。

（3）重要涉密场所须安装电子监控设备。

（4）重要涉密场所内部须配备专门存放、保管、销毁涉密文件、资料、各类移动存储介质等企业商业秘密载体的密码文件柜、碎纸机等安全可靠的设备。

（5）重要涉密场所必须采取限制人员进入措施（包括门禁系统、专人看守等），有效禁止非涉密人员进入。

（6）企业内非涉密人员或外单位人员进入重要涉密场所的，须履行审批手续和登记手续，并由专人陪同。

（7）重要涉密场所的各种办公设备维护、维修原则上在原地进行，并由企业工作人员全程陪同监督，建立维护、维修日志。

（三）三级措施

（1）重要涉密场所内部禁止安装、使用无绳电话、手机和其他无安全保障的通信设备。

（2）重要涉密场所内工作人员上岗前须对其进行个人背景与基本情况审查。

（3）未经批准禁止携带有录音、录像、拍照、信息存储等功能的设备进入重要涉密场所。

（4）存放核心商业秘密的重要涉密场所应采用电子设备检测报警仪器，对进入人员进行电子安全检测。

（5）定期对企业重要涉密场所开展技术安全检查。

七、涉密经营活动

涉密经营活动类保密措施一般情况下全部设定为二级措施。

（一）重要涉密会议

（1）涉密会议须执行审批制度。

（2）召开涉密会议的会场应选择企业内部场所。

（3）涉密会议室内音响设备不得使用无线话筒、无线对讲设备，音量应调至会议室外无法听到的程度。

（4）涉密会议的会场内应对参会人员携带移动智能通信设备和录音设备进行管控。

（5）涉密会议中的涉密材料、载体须注明密级，依照涉密物品管理，并由专人负责保管、分发；会议结束后须清点回收。

（6）会议开始时，须由会议主持人对会议人员进行保密教育，宣布保密纪律。

（二）对外交流、宣传活动

（1）企业对外交流、宣传活动须执行审批制度。

（2）对外交流活动（包括学术交流）中需要对外提供资料或物品的，要由企业执行保密审查，并对涉密内容进行脱密处理。

（3）因工作需要，携带涉密文件或涉密物品参加外事活动或出境，必须由企业审批同意后，对相关涉密文件和涉密物品采取加密措施。

（4）企业保密部门应对对外业务交流、合作等活动的部门和个人进行保密提醒。

（5）对企业核心涉密人员因公业务外派出境，应进行行前保密教育，落实各项保密防范措施。

（6）本企业在进行广告及对外宣传活动时，相关内容须经过保密审查程序，并采取必要的降密、消密措施。

（7）企业对外宣传网站、微博、论坛等内容发布前，须经过保密审查程序。

（8）企业保密组织或专员应定期对企业网站进行保密检查。

（三）交易活动

（1）与外单位进行涉密交易活动，须在签署交易协议时约定相关保密条款或单独签订保密协议，如在交易谈判时涉及秘密内容，则须在交易谈判之前签订保密协议。

（2）交易活动中如涉及向对方提供涉密样品、资料等，须要求接收单位与本企业签订有关提供涉密物品、密件协议书后方可提供，并必须由对方单位专人签收。

（3）在企业外场所进行交易谈判时，己方人员内部商议有关交易底价、条件等事项时，应对谈话环境进行选择。必要时应使用防窃听设备进行检测。

（4）本企业参与收购兼并交易活动中，须对交易对象的商业秘密管理情况采取事前调查措施，以有效规避商业秘密权属纠纷、失泄密等情况，并可对对方商业秘密价值、风险情况做出判断。

（5）作为商业秘密受让方，如需要确保受让的商业秘密具有独占性，应与转让方签订有关竞业限制类合同及保密协议。

第二十章 企业商业秘密泄密的两大"重灾区"应当如何管控

企业商业秘密保护体系的相关保密措施在部署落实过程中，经常会遇到各种各样的问题，导致企业商业秘密保护体系实际运行不畅，作用效果弱化。在此，针对企业开展商业秘密保护实务中最为常见的"涉密人员管控"和"重要涉密场所管控"这两大难点进行详细讲解，着重介绍相关问题的解决方法以及应注意的细节和要求。

一、如何做好企业涉密员工管控

企业涉密员工泄密历来是企业商业秘密泄密侵权事件的高发区域，也是企业商业秘密保护工作中最难以管控的"重灾区"。企业涉密员工泄密的诱因一般可分为两类：一是因疏忽大意，未能严格执行企业保密制度而泄密；二是因经济利益诱惑而故意泄密。针对企业涉密员工制订和部署的相关保密措施，应当对症下药、综合施策，最终使涉密员工从心理上"不敢"泄密，从行动上"不能"泄密。

（一）法律层面保密措施——保密义务的约定

企业对涉密员工的管理，首选的也是必要的保密措施是法律层面的保密措施，如签订保密协议、竞业限制（禁止）协议等作为企业与涉密员工之间保密义务的约定。这类措施是当前企业对涉密员工采用的最为普遍的一种保密措施。不得不承认，通过这类保密措施的实施，无论从事前防范的意义,还是事后追责的意义而言,都具有明显的作用。

1. 涉密员工保密协议、竞业限制(禁止)协议的区别与选择

涉密员工保密协议与竞业限制(禁止)协议虽然都是企业保护商业秘密过程中从法律角度采取的最常见的保密措施之一,但是此二者之间仍有着诸多不同。实务中,有些企业将保密协议与竞业限制(禁止)协议混同使用,造成了诸多问题,影响到企业商业秘密泄密防范、追责的效果。因此,我们在使用这两种法律手段时,应当先弄清两者的区别,再根据企业实际情况进行选择运用。

(1)签订的对象不同。

涉密员工保密协议的签订对象是企业内接触或可能接触到商业秘密的所有员工。竞业限制(禁止)协议的签订对象则是企业高级管理层、高级技术人员和其他负有保密义务的员工,且竞业限制(禁止)协议的签订对象只能是与企业存在劳动关系的人员。

(2)签订的目的不同。

企业与涉密员工之间签订的保密协议是企业为明确涉密员工保密义务,且向涉密员工明示商业秘密存在及范围的手段,目的是为了使涉密员工知晓企业的保密意愿,且不向任何第三方泄露相关商业秘密信息。竞业限制(禁止)协议则是企业要求与其做出竞业限制约定的人员不能从事竞争性业务,包括:到与原企业存在竞争关系的单位任职,或自营相关竞争业务。这既体现了签订目的的不同,也体现了限制行为的不同。

(3)保密期限不同。

涉密员工保密协议的保密期限除明确做出约定外,与涉密员工在职或离职并没有任何关联。也就是说,涉密员工即使离职多年,只要其知晓的原企业商业秘密信息未公开,那么该涉密员工的保密义务仍然有效。竞业限制(禁止)协议的保密期限一般情况下为签订人员离职后的两年以内。

(4)签订后的补偿条件不同。

保密协议签订后,除保密协议内有明确约定补偿条件外,企业无须向涉密员工支付任何形式的补偿。竞业限制（禁止）协议签订后的有效期内，企业必须向离职人员发放竞业限制补偿款，否则，竞业限制（禁止）协议视为无效。

2.《涉密员工手册》的内容、作用与注意事项

《涉密员工手册》是指专门为企业涉密员工制作，发放给每一名涉密员工，并明确要求涉密员工知晓具体内容的书面材料。

（1）《涉密员工手册》的主要内容。

《涉密员工手册》一般包含：企业涉密事项范围、内容、涉密等级及其他保密要求，企业涉密人员范围与等级，企业各类保密规章、机制、制度，商业秘密保护基本常识等内容。

（2）《涉密员工手册》的作用。

《涉密员工手册》作为一项法律层面的辅助性保密措施，在企业针对涉密员工防泄密工作中亦起到积极和明显的作用，是企业向涉密员工明示商业秘密存在以及自身保密意愿的有效手段，也是企业发生泄密侵权事件后维权追责过程中证明商业秘密"保密性"的一项有力证据。

（3）制发《涉密员工手册》的注意事项。

企业在编制和发放《涉密员工手册》的过程中，应当注意三个问题：一是手册的编制内容，必须要明确企业商业秘密范围、企业涉密人员范围以及具有可操作性的商业秘密保密制度，这是企业向涉密员工确权以及明示保密义务的手段。二是手册的发放与反馈。员工手册必须发放到涉密员工个人手中，同时，为证明涉密员工明确知晓《涉密员工手册》中的所有内容，须向每名涉密员工发放一式二份的员工手册，其中一份员工手册要求涉密员工仔细阅读并逐页签名后返还企业保存，另一份由涉密员工保存。三是《涉密员工手册》不能用以替代《涉密员工保密协议》或《竞业限制协议》，应与涉密员工签订的相关协议，还是需要不折不扣地签订执行。

3.保密费的特殊作用与注意事项

保密费是企业为激发涉密员工保密工作积极性，在其执行企业保密制度，从事相关保密工作时，给予的一种经济补偿。这种经济补偿，完全是出自企业的主观意愿，并非法定的义务。也就是说，企业是否给涉密员工发放保密费，与涉密员工的保密义务无关。在司法实践中，常常有一些商业秘密侵权类民事诉讼案件中，被控侵权方往往以"虽与原告签订保密协议，但由于原告未向本人支付过任何保密费，本人可不负有保密义务"作为抗辩理由。这一点，显然无法得到法院支持。须知，企业涉密员工保守企业商业秘密的义务来源于法律，而非约定。有些人不禁会问，既然保密费不是企业必须向涉密员工发放的，那么就根本没有必要给了吧？并非如此。虽然保密费并非法律强制，但是它的存在确有其特殊的意义。

（1）保密费的特殊作用。

在企业开展商业秘密保护工作中，向涉密员工发放保密费，将为企业带来两方面的积极作用：一是涉密员工保守公司商业秘密虽然从法律层面上来说是其应尽义务，但是要使此项工作行之有效，涉密员工确实会在其原有工作量的基础上增加新的工作量，故应当考虑给予适当补偿。对涉密员工而言，此做法可有效化解其对保密工作的抵触排斥心理，增强其自觉性，提高企业有关保密措施的执行效率与效力。二是对涉密员工适当发放保密费，也有利于相关证据固化。保密费数额因企业而异，可多可少，没有统一标准，但是企业涉密员工一旦签领了保密费，可用以辅助证明其知晓自身涉及公司商业秘密岗位的身份，如日后涉密员工发生泄密侵权事件，也可作为有关旁证之一。

（2）注意事项。

企业向涉密员工发放保密费时应注意以下两点：一是发放保密费的数额可根据企业涉密人员等级划分情况，进行差额式发放。二是保密费的发放以现金形式为佳，要求领取人亲笔签字；无法做到现金发放而采用转账形式发放的，应在转账的同时进行用途备注，明确标注"保密费"字样。

（二）管理层面保密措施——保密教育与保密制度

企业针对涉密员工在管理层面须落实的主要保密措施有两项，包括：涉密员工保密教育培训和保密制度部署落实。

1. 保密教育培训

与涉密员工有关的商业秘密保密教育培训，是为了使企业的涉密员工具备商业秘密保护意识和相关技能，明确企业商业秘密保护的要求，并且能够认识到商业秘密侵权、违约的法律后果，在思想上筑起一道防线。

（1）教育培训内容。

企业商业秘密的保密教育培训内容应包括：商业秘密保护基础知识、商业秘密侵权泄密案例警示、企业商业秘密信息范围与保密要求、企业保密规章制度等。此外，还应根据受众群体的不同，有针对性地加入相关教培内容，如：针对企业科研人员，重点应加强科研过程中的科研项目信息保密教育；针对业务销售人员，重点应加强客户信息方面的保密教育；针对企业外宣部门人员，则应侧重于企业外宣过程中相关涉密信息的管控和脱密等教育。

（2）教育培训形式。

企业对涉密员工的保密教育培训形式多种多样，为充分调动员工参与保密教育培训的积极性，除正常的课堂授课之外，还可以采用知识竞赛、观看泄密案例警示片、沙龙座谈等形式开展。

（3）注意事项。

企业开展涉密员工的教育培训过程中，应当注意以下几点：一是除在岗涉密人员须定期参加企业组织的商业秘密保护教育培训外，重要涉密岗位的新上岗人员应在上岗前接受相关保密教育培训。二是了解企业自身的商业秘密事项范围和保密要求、涉密人员范围、各类保密制度、泄密侵权责任与法律后果是企业每一名涉密员工的必修课。三是与企业向涉密员工发放《涉密员工手册》的作用一样，企业组织各类涉密员工接受保密教育培训后，须由受训员工亲笔签字确认。四是企业除对涉密员工开展教育培训外，也应当注意对非涉密员工的保密意识教育与普及。

2. 保密制度

企业的商业秘密保密制度虽然在制订和使用目的上千差万别，但是无论哪种保密制度，其最终的约束对象仍然是企业的涉密员工。因此，本节的重点是有关企业商业秘密保护的各类保密机制、制度方面的内容。

（1）保密机制与制度的重要性。

企业的保密机制与制度，是维持一个企业商业秘密保护体系正常运作的"命脉"。企业的各类商业秘密保护措施需要通过保密机制与制度的纽带作用编织起来形成一张保护网，才能发挥体系作用。因此，企业的保密机制与制度对企业商业秘密保护工作的意义，就如同人体的神经系统对于人体活动机能的重要意义一样。如果企业的保密机制与制度不完善或者运行不畅，那么企业的商业秘密保护体系即便设计得再完美、再全面，也同样无法运作顺畅，无法发挥其作用。因此，对于企业而言，如何设计、部署、落实一套实用、适用的保密机制与制度，是企业开展商业秘密保护工作、做好涉密员工保密管理的关键。

（2）保密机制与制度的设计。

企业保密机制与制度设计的基本思想，应当以"有效性、可操作性"为原则，这也是衡量每个企业中保密机制与制度质量的两个重要指标。

"有效性"是指保密机制与制度是否能够解决实际问题。保密机制与制度的运用，并不是企业为了管理而管理的一种形式，而是要通过相关机制与制度的落实，来解决企业保护自身具体商业秘密信息不被泄露的实际问题。

"可操作性"不言而喻，再好的机制和制度，也需要落实。如果某个机制或制度只是理论上的完美，而没有"可操作性"来支撑，那么这种机制或制度可能也就成为"新官上任三把火"，作用时间短暂。而后，要么流于形式，要么被淘汰。

那么，企业应当怎样进行保密机制与制度设计呢？其实，要设计好一个企业的保密机制与制度，归根结底就是解答这个企业的两个问题，即"管什么？怎样管？"

一是"管什么？"就是要弄清企业想保护的具体商业秘密信息有哪些？其具体表现形式又有哪些？它们分别在产生、存储、传递直到销毁的全过程中，会存在于哪些载体？会被哪些涉密员工接触？通过了解上述这些问题的答案，也就了解了我们制订的相关保密机制与制度，需要在哪些方面实现商业信息的管控。

这一点，在前文介绍企业商业秘密泄密风险评估、商业秘密保护策略制订过程中已有详细讲解。

二是"怎样管？"就是要解决如何将保密策略中的相关保密措施通过实施来实现商业秘密信息管控。保密机制与制度相比其他各类保密措施，更加侧重对员工涉密行为的控制和约束。通过这种控制和约束，去指导涉密员工，在日常的业务工作、保密工作中需要做什么，禁止做什么，再将其用简洁、规范的制度条款体现出来。

（3）保密机制与制度的基本组合。

一般而言，当前社会的各类企业，无论行业领域如何，规模如何，在商业秘密保护方面都有一些共同点；而这些共同点，也使得每一家企业的保密机制与制度中，存在着一些必备的机制与制度。这些保密机制与制度，是企业做好商业秘密保护体系的基础。主要包括以下几种：

一是企业商业秘密保密组织管理机制。该类机制主要用于构建和规范企业商业秘密保密管理组织。其内容主要包括：定义管理组织中各级岗位的名称、组织整体架构、各级岗位职责与分工、企业商业秘密定密分级管理标准等。示例如下：

XX公司保密管理组织工作机制（样稿）

为强化本公司商业秘密保护，需在公司内部建立相关保密管理组织体系。具体机制如下：

一、保密组织总体架构

公司内设立保密工作小组，组长由副总经理担任，保密工作小组工作直接向总经理汇报，公司保密工作实行总经理负责制。保密工作小组下设兼职保密管理员一名，计算机与网络安全管理员一名。保密管理员负责保密相关事务的协调和处理，计算机与网络安全管理员负责公司计算机及网络信息安全管理。

公司各部门保密工作依照"业务工作谁主管、保密工作谁负责"原则，根据公司保密工作小组的具体要求，由各部门主管负责组织本部门人员配合实施。

二、保密工作小组职能

（1）制订公司保密工作规划、计划，研究部署本公司保密工作；

（2）将保密工作纳入公司日常行政管理、经营业务活动中，研究解决保密工作中的重大问题；

（3）组织审定公司保密管理制度；

（4）审查、审批公司保密工作重要事项；

（5）指导、协调、监督、检查公司保密工作开展情况，每年工作会议不少于两次；

（6）牵头处置公司失、泄密事件，提出处理意见，及时采取补救措施，视情追究责任人责任；

（7）总结、推广保密工作先进经验，表彰奖励保密工作先进集体和个人；

（8）牵头负责企业商业秘密定密分级工作，制订定密分级标准和相关方案，并组织企业各部门参与具体工作。

三、公司各级领导和人员保密职责

1. 公司总经理保密职责

（1）对本公司保密工作负全面领导责任；

（2）定期听取保密工作小组工作汇报，掌握保密工作整体情况；

（3）对重要保密工作事项提出明确要求，并针对公司保密工作中的突出问题，组织相关人员采取有效措施解决；

（4）年度内对公司内各级领导和人员保密工作落实情况进行监督（考核）；

（5）为公司保密工作提供人力、物力、财力的保障。

2. 保密工作小组组长职责

（1）组织协调公司各部门落实有关保密工作决策和部署；

（2）制定和完善保密管理制度并组织实施；

（3）组织指导对涉密人员做好相关保密协议的签订；

（4）组织实施对涉密人员的相关保密检查工作；

（5）监督指导涉密经营活动的保密管理工作；

（6）监督指导保密防护措施的实施；

（7）查处违反保密法律法规和公司保密管理制度的行为及泄密事件，在公司发生窃、泄密事件后组织、协调相关部门进行处置，并及时向总经理报告；

（8）依据公司保密管理制度执行情况、保密工作落实情况，提出保密责任追究和奖惩建议；

（9）组织开展多种形式的保密教育培训；

（10）完成总经理交办的其他保密工作，定期向总经理汇报工作情况。

3. 保密工作小组保密管理员职责

（1）依照公司保密工作小组组长的要求，协调各业务部门做好公司日常保密管理工作；

（2）对各部门保密工作进行指导、监督和检查；

（3）对保密工作中需要改进的事项向保密工作小组组长提出建议；

（4）具体落实保密工作小组组长布置的工作。

4. 计算机与网络安全管理员职责

（1）依照公司保密工作小组的要求，负责对计算机和网络信息系统进行技术安全管理；

（2）配合公司保密工作小组进行各项日常保密监督检查；

（3）对公司计算机设备和计算机网络进行安全防护和维护，确保正常运行。

5. 各部门负责人保密职责

（1）直接负责并掌握本部门的保密工作情况；

（2）采取具体措施组织本部门人员落实公司保密工作小组的有关部署；

（3）对本部门保密措施落实情况进行监督检查；

（4）遵守公司保密管理制度，切实履行保密职责。

6. 各部门涉密人员职责

（1）依据公司相关保密机制与制度，落实和开展保密工作；

（2）履行保密义务和责任，自觉遵守涉密人员管理规定；

（3）定期按公司保密工作有关要求进行保密自查；

（4）离岗、辞职应履行保密承诺及执行相关保密管理规定。

二是企业涉密人员管理机制。该类机制主要用于明确和规范企业涉密人员从事涉密岗位各环节的保密管理事项。其内容主要包括：涉密人员的定义，涉密人员范围，涉密人员从事涉密岗位的岗前、在岗、离岗环节的保密管理要求，等等。示例如下。

XX公司涉密人员管理机制（样稿）

为加强本公司涉密人员管理，特制定本管理机制。

一、涉密人员的定义

公司涉密人员是指在公司内工作中产生、掌握、管理或接触本公司商业秘密的人员。

二、涉密人员范围与分级

公司涉密人员的划分范围为：产生、掌握、管理或接触到公司涉密事项清单中所列商业秘密的人员。

本公司涉密人员划分为两个涉密等级：核心级涉密人员、普通级涉密人员。

1. 等级划分原则

公司根据涉密人员工作任务、工作岗位及职责范围的实际涉密情况综合界定其涉密等级。原则上，核心级涉密人员界定为：产生、掌握、管理或接触到公司绝密级商业秘密的员工。普通级涉密人员界定为：产生、掌握、管理或接触到公司机密级或秘密级商业秘密的员工。上述人员的涉密内容如有交叉，则参照其所涉及的商业秘密最高级别而定。

2. 涉密人员涉密等级的首次确定

涉密人员涉密等级的首次界定，由公司保密工作小组开展深入调研分析后，制订涉密人员范围及相应涉密等级的初步设定意见，报经总经理审批同意后确定。

3. 涉密人员密级调整程序

涉密人员密级调整工作由公司保密工作小组牵头负责，原则上每年定期更新调整一次。具体程序如下：

（1）涉密人员在岗位或职务发生变化时，其所在部门应根据涉密人员实际工作岗位、工作任务、职责范围的变化，及时提出调整涉密等级的初审意见，部门负责人审核确定后，报送公司保密工作小组进行复审。

（2）保密工作小组对业务部门上报的涉密人员涉密等级初审意见进行复审。

（3）复审通过后，保密工作小组将涉密人员涉密等级的复审意见提交公司总经理审核后最终确定。

（4）各级涉密人员定级后，统一由保密工作小组存档备案。

三、在职涉密人员管理

第一，公司统一与所有涉密人员签订保密协议。同时，所有涉密人员签领《涉密员工保密手册》，明确自己应当承担的保密责任和义务。

第二，公司应对涉密人员进行定期保密教育培训，强化涉密人员保密意识。

第三，涉密人员在职期间，公司应对涉密人员遵守保密制度和纪律以及接受保密教育的情况进行定期考核，建立健全保密监督和管理制度并严格执行。

第四，涉密人员岗位变动前及时收回商业秘密资产，包括涉及商业秘密的文件资料、信息数据、存储设备、物品等。

第五，公司应对泄密事件进行惩戒，必要时追究相关责任人法律责任。

第六，发放保密津贴。公司对涉密人员实行保密津贴制度，在对涉密人员进行涉密等级界定和其已签订《保密协议》的基础上，审批发放保密津贴。并做以下管理：

（1）涉密人员保密津贴根据工作岗位和承担任务的实际涉密情况的变化随时进行调整。

（2）涉密人员承担多项涉密任务或一人多岗的，以涉密等级最高的任务或岗位确定其涉密等级和保密津贴。

（3）保密津贴发放必须发放至涉密人员本人，并由本人签字领取，相关收据由保密工作小组统一进行归档保存。

四、涉密人员离职管理

第一，涉密人员脱离涉密岗位前，应清退所有涉密文件、资料及物品，并不得再接触本公司商业秘密。

第二，涉密人员在提出离职申请后，须由公司保密工作小组对其进行保密提醒谈话后，方可办理离职手续。

五、职责划分和保障措施

第一，公司保密工作小组牵头负责对涉密人员管理组组织和协调工作，各部门主管负责配合做好相关措施的落实工作。

第二，保密工作小组负责具体实施涉密人员管理工作的保障措施：

（1）根据部门初审意见进行涉密人员范围与等级界定的复审工作；

（2）组织和安排涉密人员签订保密协议；

（3）组织涉密人员保密教育活动；

（4）根据涉密人员涉密等级做好保密津贴发放工作；

（5）做好涉密人员的离职前的保密管理工作，包括督促其清退公司涉密资料和物品，安排进行提醒谈话；

（6）对违反公司保密制度的失泄密人员，泄露商业秘密的，将进行查处，情节严重的，将根据国家相关法律法规追究责任。

三是涉密载体与涉密物品管理制度。该类制度主要用于规范企业内部涉及商业秘密信息的载体、物品的保密管理事项。其主要内容包括：涉密载体（物品）的定义，涉密载体（物品）的标识要求，涉密载体（物品）从涉密信息加载、传递、存放到销毁等环节中的保密管理要求，涉密载体（物品）使用及保密管理的相关责任部门和人员，等等。示例如下：

XX公司涉密载体管理制度（样稿）

第一章　总则

第一条　为加强本公司涉密载体的保密管理，确保商业秘密的安全，现以"保障业务效率与提升保密能力相结合"为原则，制定本管理制度。

第二条　涉密载体是指以文字、数据、符号、图形、图像、声音等方式记载公司涉密信息的纸介质、磁介质、光盘等各类物品。磁介质载体包括计算机硬盘、软盘和录音带、录像带等。本公司的涉密载体主要是以纸介质和磁介质载体形式存在。

第二章　涉密载体的标识

第三条　纸介质载体，应在封面或首页明显处（一般为右上角）以"密级▲保密期限"的形式进行标注。电子文档类涉密载体的密级标注方式可参照纸介质载体执行。

第四条　磁介质类涉密载体应当标明密级、编号、使用人姓名。根据本公司实际情况，将配发加密移动硬盘和加密U盘两种磁介质类涉密载体，并且均按机密级涉密载体管理。

具体标识方法为：在涉密载体机身（涉密载体体积过小时，可使用挂标）或挂标处粘贴公司涉密载体标签，由公司保密工作小组统一编号管理。涉密设备标签如下图：

密级：	编号：
使用人：	

第三章　磁介质涉密载体的配发

第五条　公司磁介质涉密载体分为加密移动硬盘与加密U盘两种。具体由公司保密工作小组根据相关保密要求进行统一采购、登记和发放，制作和填写"磁介质涉密载体领发登记表",公司相关涉密部门主管和涉密人员签字领取。

第四章 涉密载体的管理和传递

第六条 公司纸质涉密载体在传递时,应严格履行登记、签收、传阅手续,填写"纸质涉密载体传递登记表",应当随时明确涉密载体的去向。

第七条 携带纸质涉密载体外出时,应做包装密封,并采取保护措施,使涉密载体始终处于携带人的有效控制之下。

第八条 公司配发的磁介质涉密载体由保密工作小组登记的使用人负责保管,其中,加密移动硬盘仅作为保存重要涉密数据使用,不得进行电子文档传递。需要进行涉密电子文档传递(阅)的,只能使用加密U盘进行传递(阅),U盘使用人应将需要传递(阅)的电子文档根据具体传递(阅)要求,对接收人进行权限设置后,再进行传递(阅)。

第五章 纸质涉密载体的复印

第九条 本公司秘密级纸质涉密载体的复印,须报经涉密载体所属部门主管同意;机密级纸质涉密载体的复印,需要报经部门主管后,由保密工作小组审核同意;绝密级纸质涉密载体的复印,须报经总经理同意。相关报批手续参见"纸质涉密载体复印审批单"。

第六章 涉密载体的保存和清退

第十条 涉密载体应当保存在公司规定的保密文件柜中。

第十一条 工作人员离开办公场所,应当将涉密载体存放在保密文件柜里。

第十二条 涉密人员、涉密载体管理人员离岗、离职前,应当将所保管的涉密载体全部清退,并办理移交手续。

第十三条 保密工作小组管理员须定期对各部门涉密载体进行清查、核对,发现问题及时向公司保密工作小组组长报告。按照规定应当清退的涉密载体,应及时如数清退,不得自行销毁。

第七章　涉密载体的报废和销毁

第十四条　需要报废或销毁涉密载体的，应当经所属部门主管批准，其中，纸质涉密载体的销毁，应填写"纸质涉密载体销毁登记表"。磁介质载体的报废由公司保密管理员登记审核，并履行清点回收手续。

第十五条　涉密载体销毁，应当确保涉密信息无法还原。销毁纸介质涉密载体，使用符合保密要求的碎纸机；销毁磁介质、光盘等涉密载体，应当采用物理或化学的方法彻底销毁。销毁工作完毕后，应当认真清理销毁现场，确保无密件残片等方可离开。

第十六条　严禁将拟销毁的涉密载体作为废品出售。

第八章　职责划分和保障措施

第十七条　公司保密工作小组具体负责涉密载体的发放、报废及监督销毁，并对涉密部门的涉密载体管理工作进行监督。

第十八条　各部门主管负责指导和监督本部门涉密人员正确形成、使用和管理涉密载体。具体涉密人员负责涉密载体的制作和标识，并应及时销毁制作过程中产生的不需归档的材料。涉密载体具体使用人负责使用过程中的保密工作。

第九章　附则

第十九条　本制度由公司保密工作小组负责解释。

第二十条　本制度自颁布之日起施行。

×××××××××公司

××年××月××日

四是涉密计算机与网络、通信、办公自动化设备等管理制度。该类制度主要用于规范企业内部涉及商业秘密信息的计算机单机、网络、通信、办公自动化等设备的保密管理事项。其主要内容包括：涉密设备保密管理的适用范围、涉密设备使用与保密管理要求、涉密设备使用与保密管理责任人员等。示例如下。

XX公司涉密计算机及打印机管理制度（样稿）

第一条　为加强本公司重要涉密计算机和办公设备的保密管理，根据公司实际情况，制定本制度。

第二条　本制度适用于公司重要招投标项目标书制作中间机、打印计算机及打印机的保密管理。

第三条　标书打印计算机作为公司绝密级计算机设备、标书打印机作为公司绝密级办公设备、标书制作中间机作为公司机密级计算机设备，纳入保密管理范围。

第四条　标书制作中间机、打印计算机和打印机须存放于公司保密室内，由公司保密工作小组计算机安全管理员负责管理；由重要招投标项目负责人专人使用，标书打印计算机登录密码只限于保密工作小组计算机安全管理员和所有项目负责人掌握，严禁向其他人透露。

其余无关人员均不得使用和操作标书打印计算机和打印机设备。

第五条　标书制作中间机主机箱显眼处须粘贴"机密级"保密标签，标书打印计算机主机箱和打印机机身显眼处须粘贴"绝密级"保密标签。上述设备品牌、型号、配置均由公司保密工作小组进行登记备案。

第六条　标书制作中间机、打印计算机须禁用或拆除无线网卡，打印计算机还须禁用或封禁除键盘、鼠标外的所有USB接口。如采用封条方式封禁USB接口的，则须在键盘、鼠标USB头与接口连接处加粘封禁易碎标签。

第七条　标书制作中间机、标书打印计算机必须设置BIOS口令和操作系统登录口令。操作系统登录口令长度不得少于10个字符，且应采用英文字母、数字、字符混合方式，不得单独采用英文字母、数字、字符设置口令。

第八条　标书制作中间机和打印计算机应安装杀毒软件，由计算机管理员定期查杀病毒，所有需要拷贝或安装到涉密计算机中的信息或软件，均须经过杀毒后，才能拷贝或安装。

第九条　标书制作中间机、打印计算机和打印机的更换、维修须经公司保密工作小组批准方可进行。原则上在公司内进行更换、维修，并全程由公司计算机安全管理员陪同维修人员。涉密设备如需要出公司进行更换或维修，应先报告公司保密工作小组，经同意并进行保密安全处理后，才能带出公司。

第十条　标书制作中间机、打印计算机和打印机设备如需要报废，则先报告公司保密工作小组，经同意并进行保密安全处理后（拆除CPU、硬盘、内存条），才能够进行报废处置。

第十一条　公司保密工作小组对标书制作中间机、打印计算机和打印机设备保密管理工作进行指导和监督，计算机安全管理员负责其管理和维护。

第十二条　重要招投标项目负责人对标书制作中间机、打印计算机和打印机设备的使用过程保密工作负责。

第十三条　对于违反本保密制度，造成泄密隐患和泄密事件的，公司保密工作小组将追究相关责任人责任。

第十四条　本制度由公司保密工作小组负责解释。

第十五条　本制度自颁布之日起施行。

××××××××××公司

××年××月××日

五是企业涉密部门保密管理制度。该类制度主要用于规范企业各涉密部门日常业务及经营活动中的保密管理事项。其制订过程需要充分认识和了解企业各部门职能及相互之间的业务联系，从而制订出既符合企业保密管理要求，又尽可能保障业务效率的保密制度。示例如下。

XX公司涉密部门保密管理制度

第一章　总则

第一条　为加强本公司涉密部门的保密管理，现以"保障业务效率与提升保密能力相结合"为原则，制定本管理制度。

第二条　本公司涉密部门的涉密事项及知悉范围参见本公司"涉密事项一览表"。

第三条　"涉密事项一览表"中所列涉密事项的书面、录音、录像、照片、磁（光）盘、数据信息（包括电传、电报、传真、电子邮件、电子文档）等内容，均纳入保密管理范围。

第四条　公司就重要招投标项目保密管理工作单独制订了《重要招投标项目保密管理制度》，"涉密事项一览表"中涉及重要招投标项目的相关部门保密管理规定参照《重要招投标项目保密管理制度》执行。

第二章　各部门保密工作要求

第五条　业务部保密工作要求。

业务部人员应在下列情形中注意保密工作，不得向无关人员透露：

1. 招投标项目信息的存储、传递、交流时；

2. 招投标项目技术方案递交业主方确认时；

3. 参与有关招投标项目的定价时。

第六条　技术部保密工作要求。

1. 技术部人员的保密管理要求参见《重要招投标项目保密管理制度》执行。

2. 技术部在委托外包加工相关产品过程中，如产品中含有技术秘密，应与有关加工单位签订委托外包加工保密协议，保护相关技术改进信息。

第七条 市场部保密工作要求。

1. 市场部自投招投标项目的保密工作，由市场部主管负责。项目标书与投标价格相关的纸质资料、电子文档和磁介质存储设备均属于机密级涉密载体。相关涉密资料的传递，可参照《重要投标项目保密管理制度》相关条款进行管理。但填写投标价格与标书打印制作，可在市场部自有办公设备上进行。

2. 长期与本公司开展商务合作的公司名录电子文档应存放到公司配发的加密移动硬盘中进行管理和使用，相关纸质资料、电子文档均属于公司秘密级涉密载体，磁介质存储设备属于公司机密级涉密载体。

3. 对重要招投标项目中涉及的商务合作公司信息进行保密，不得向无关人员透露。

第八条 采供部保密工作要求。

1. 长期供货的供应商名录电子文档应存放到公司配发的加密移动硬盘中进行管理和使用，相关电子文档、磁介质存储设备均属于公司机密级涉密载体。

2. 在具体项目的设备采购过程中，相关重要设备的采购交易价格作为秘密级信息管理，应在相关交易合同中对设备供应商进行保密条款约定，禁止供应商将相关设备的交易价格清单泄露第三方知悉，特别是严禁其将交易价格清单随货物发送。

第九条 行政部保密工作要求。

1. 本公司历年工程竣工验收资料（纸质）集中由行政部进行管理，统一登记并存放到保密室专用保密柜。该类纸质资料属于公司秘密级涉密载体。

公司历年工程项目资料（电子文档）一式两份，均存放于公司配发的加密移动硬盘中。其中一份由行政部保管，另一份由工程部保管。该类电子文档资料属于公司秘密级涉密载体，相关磁介质存储设备属于公司机密级涉密载体。

2. 本公司有关人事档案，统一登记并存放到保密室专用保密柜。该类纸质资料属于公司秘密级涉密载体。

第十条　工程部保密工作要求。

1. 公司历年工程项目资料（电子文档）一式两份，其中一份由工程部主管保管。该类电子文档资料属于公司秘密级涉密载体，相关磁介质存储设备属于公司机密级涉密载体。

2. 工程部人员在查阅公司历年工程竣工验收资料时，应提前报经工程部主管同意，由工程部主管告知行政部主管后，由行政部人员统一从保密室中取放和转交借阅人员，并做好借阅台账登记工作。

第十一条　财务部保密工作要求。

本公司财务相关年度预决算报告、审计报告、统计报表、资产债务、财务凭证资料均属公司机密级资料，全部统一存放至专用保密柜，参照机密级纸质涉密载体管理。上述相关资料的电子文档，除依照财务制度存储在财务部计算机中以外，如需要使用移动存储设备的，均须使用公司配发的磁介质存储设备，相关电子文档资料和磁介质存储设备均属于机密级涉密载体。

第十二条　以上各涉密部门所管理使用的纸质、电子文档及磁介质涉密载体，均依照本公司《涉密载体管理制度》相关规定管理和使用（涉密电子文档的密级标注可参照纸质涉密载体的标注方式执行）。

第十三条　以上各涉密部门所管理使用的存储有本公司各类业务、技术等信息数据的计算机（含公司配备和个人自购计算机），均应做好基本防泄密工作。

1. 必须设置 BIOS 口令。

2. 必须设置操作系统登录口令，长度不得少于 8 个字符，且应采用英文字母、数字、字符混合方式，不得单独采用英文字母、数字、字符设置口令。

3.必须安装杀毒防护软件。

4.非业务工作必要的情况下，用于连接互联网的计算机上应当尽可能少地存储涉密信息，相关涉密信息应当尽量以加密移动硬盘、加密U盘、光盘为载体进行存储和备份。

第三章 保密职责

第十四条 以上有关各部门的保密管理工作要求，由本部门主管负责组织、协调和落实。

第十五条 公司保密工作小组对各部门保密管理工作进行指导、协调和监督，并负责相关泄密情况的调查、处置和追责工作。

第四章 附则

第十六条 本制度由公司保密工作小组负责解释。

第十七条 本制度自颁布之日起施行。

××××××××××公司

××年××月××日

除上述基本机制与制度组合外，企业可根据自身业务实际情况与保密管理需要，选择制订商业秘密定密分级管理制度、涉密会议管理制度、企业外宣与对外交流保密管理制度、企业保密管理监督检查与奖惩制度、企业重要涉密场所保密管理制度等。此类制度需要根据企业实际情况制订。

（4）注意事项。

企业在制订、部署和落实相关保密机制与制度时，应当注意以下几点：一是企业应当根据自身业务与商业秘密信息的实际情况，结合泄密风险评估结果和保密策略，制订个性化的保密机制与制度，切勿拿着一些"通用"保密制度模板照搬照抄，这种模板式的机制与制度在大多数情况下并不能解决实际问题。二是企业制订保密机制与制度并非"越严越好"。一般情况下，严格的制度往往带来的是业务效率的损耗，甚至失去了可操作性，使涉密员工无所适从，最终沦为"走过场"的形式，违背了企业的初衷。

（三）技术层面保密措施——涉密行为的管控与留痕

企业针对涉密员工采取的技术类保密措施，主要是通过技术手段来实现对涉密员工在从事涉密相关工作过程中的各类行为进行有效监督与控制。

1. 针对涉密员工采用技术类保密措施的类别

（1）限制类技术措施。

限制类技术措施是指，通过技术手段限制涉密员工的涉密活动范围、涉密操作行为，以达到保护商业秘密信息的目的。包括：门禁识别、手机等各类电子信号屏蔽，涉密计算机与网络登入权限，涉密计算机外接端口管控，分权限加密移动存储载体，等等。

（2）监督类技术措施。

监督类技术措施是指，通过技术手段实时监督和发现涉密员工的违反保密规定行为，以达到及时制止泄密侵权事件发生、消除隐患的目的。包括：视频监控，手机信号探测与报警，录音录像设备探测与报警，计算机互联网流量监控，涉密载体与物品标识码识别报警，等等。

（3）审计类技术措施。

审计类技术措施是指，通过技术手段对涉密员工的各类涉密操作行为、活动过程进行信息留痕，以达到固化涉密员工接触或使用具体商业秘密信息证据的目的，便于泄密侵权事件发生后的溯源与追责。包括：计算机及网络操作行为审计，互联网外联流量审计，视频监控与门禁系统审计，等等。由于监督、审计类技术措施往往涉及电子、计算机与网络等信息技术，实务中，企业常常将审计类技术措施与监督类技术措施配套使用。

2. 注意事项

企业在选择使用各类技术保密措施时，应当注意以下几点：一是技术类保密措施须与管理类保密措施配套运用，方能取得最佳效果。二是技术类保密措施往往需要相应成本投入，在设计保密策略、选择保密措施阶段，应当提前进行调研，做好成本测算，结合企业需要保护的商业秘密信息价值情况，经综合考量后再行决定。三是各类技术措施的实施和运行过程中，事必需要相关技术人员进行操作和维护，对此类人员的管理也应当加以重视。

（四）团队凝聚力不可忽视

有意思的是，实务中，我们也常常会碰到一些初创期的企业，虽然无论从商业秘密保护的硬件还是软件条件来讲，都存在着一些泄密漏洞和隐患；但是，他们的涉密员工却是管理得非常出色，人人都具有很强的商业秘密保护意识和意愿，企业的保密机制与制度也能基本落实到位，几年时间的发展过程中，也从未出现过泄密问题。在一些中大型企业，甚至是上市公司，虽然商业秘密保护机制与制度健全，但是近年来，这些企业中出现泄密侵权事件的案例亦不在少数，并且这些企业发生泄密侵权事件的罪魁祸首，几乎都是其内部人员经不住经济利益的诱惑所致。究其根本原因，还是与企业的团队凝聚力有着密切的联系。因此，对于企业而言，在发展壮大的过程中，除了关心业务绩效的增长外，还应重视自身团队建设和员工凝聚力的培养，从思想上筑起一道坚固的防线。

二、如何做好企业重要涉密场所管控

重要涉密场所是企业为确保特定商业秘密信息不受泄密侵害，而在企业内部空间中，专门划分的一片管控区域。重要涉密场所中所保护的商业秘密信息，往往是一个企业核心商业秘密所在，其保护措施亦是企业整体商业秘密保护体系中最为严密的部分。实务中，除重要涉密场所管控外，一些企业还会根据自身经营活动特点和保密需求，从空间或业务逻辑顺序上，对一些蕴含核心商业秘密信息的部位、环节进行重点保护，一般称之为"重要涉密部位"或"重要涉密环节"。由于其作用效果和管理方法与"重要涉密场所"有着诸多相似，故在此节中，将重点围绕企业重要涉密场所的划分和管理方法进行详细介绍。

（一）企业划分重要涉密场所的重要性

案例　广州BJ包装设备有限公司与宋某某、济南LG机电技术有限公司侵害技术秘密纠纷案

案例来源：

广州知识产权法院（2016）粤73民初2334号民事判决书

基本案情：

原告广州BJ包装设备有限公司（以下简称BJ公司）诉称：BJ公司成立于2002年，是中国影响力很大的软包装检测仪器公司，成立至今一直专注于行业技术创新，2015年被授予广东省高新科技企业。LG公司成立于1989年，经营范围与BJ公司存在重合，系BJ公司长期以来的竞争对手。宋某某是LG公司的产品总监，负责LG公司的产品研发工作。2016年11月2日，BJ公司的实验室正在研发"蒸发残渣测定仪"技术，该技术特征为：通过将烘干蒸发与冷却称重两个工序独立隔离，蒸发皿自动传输来回于两个腔内进行不同的工序，实现高效快速精准的检测出残渣量，整个检测过程全是自动进行，无须人工参与，且结构简单，操作方便，误差小，成本低，不存在安全隐患。该技术的权利要求为：蒸发残渣测定仪、尾气回收装置、加热腔为独立腔体、温度控制系统。该技术系BJ公司独立研发，并通过制定《公司保密制度》《外来人员管理制度》及与员工签订《保密协议》等多项措施进行严格保密，不为公众所知悉。该技术亦在行业内处于领先地位，能够帮助BJ公司在同行竞争中处于优势地位，并在将来的相关产品投标中胜出。为窃取该技术秘密，宋某某受LG公司指派，绕过 BJ 公司的来访登记门岗，潜入 BJ 公司的实验室，用手机随意拍摄 BJ 公司处于研发阶段的"蒸发残渣测定仪"技术产品。BJ 公司员工发现后，立即责令停止拍照，并核实身份。宋某某一开始自称是光明乳业公司采购人员，后因无法提供上述公司的联系方式而不得不承认是 LG 公司的员工，并承认错误。事后，BJ 公司向 LG 公司电话核实，得知宋某某系 LG 公司的产品总监。为处理此次窃取技术秘密突发事件，BJ 公司数名员工停止手头的工作，直到宋某某被公安机关带离。针对此次宋某某的擅自闯入 BJ 公司实验室事件，BJ 公司已经报警处理。宋某某、LG 公司的上述行为侵害了 BJ 公司的技术秘密。为维护合法权益，督促宋某某、LG 公司开展合法、正当的商业竞争，提起本案诉讼，望判如所请。

经审理查明：

据两公司的营业执照及 BJ 公司提交的两公司简介的网页信息打印件，BJ 公司成立于 2002 年 7 月 26 日，注册资本 200 万元，登记的经营范围为研究和试验发展，主营业务包括软包装检测、仪器研发等。LG 公司成立于 1989 年 11 月 27 日，注册资本 500 万元，经营范围为：测试仪器仪表及机械设备的开发、制造、销售以及相关技术服务，计算机软件的开发与销售，进出口业务。BJ 公司为全球几十个国家和地区的机构提供了完善的实验室建设方案和检测仪器，范围遍及检测机构、科研院校、包装厂、薄膜厂以及食品制药、日化烟包等不同机构与不同领域，是中国影响力很大的软包装检测仪器公司，在广州经济技术开发区设有研发机构，专注于技术创新。LG 公司是一家跨国科技公司，旗下有三大业务品牌，其中 DIAMON 代表着软包装等行业提供的检测仪器业务，CONVEN 代表为食品行业提供包装检测服务业务，INNOMAX 代表着第三方检测实验室提供的义务创新解决方案业务。

2014 年 5 月 29 日，BJ 公司向国家知识产权局申请名称为"蒸发残渣测定仪"实用新型专利，于 2014 年 10 月 15 日获得授权，专利号为 ZL 20142028×××.X。同样的发明创造于同日申请了发明专利，申请号201410236018.1，申请公布日2014年8月6日，两专利文件的摘要描述载明：蒸发残渣测定仪，通过外置的热风输送装置，对检测箱内的检测试样液进行加热蒸发，使其在密闭的空间内进行加热，蒸发皿在电机驱动下锁着旋转轴和丝杆上下或左右移动与蒸发盖对接或设于称重天平上的托盘上称重，而在蒸发皿上则设有用来加样的进液管，加快蒸发输入氮气的进气管，对废气进行收集的出气管，最后将蒸发所得残渣放于托盘上进行称重，整个检测过程全是自动进行，无须人工参与，且结构简单，操作方便，误差小，所得数据精准，所需成本低，不存在安全隐患。

BJ公司主张其在本案中据以保护的技术秘密是一种"蒸发残渣测定仪"技术，该技术系在上述两专利基础上进一步改进研发形成的，是在专利产品的基础上与生产线结合，形成生产工艺和内部结构的组合方案，具体呈现在其调试实验室和组装车间陈放摆列的设备中，纸质技术方案另行保管。该技术实现的功能是将烘干蒸发与冷却称重两个工序独立隔离，蒸发皿自动传输来回于两个腔内进行不同的工序，实现高效快速精准地检测出残渣量，整个检测过程全是自动进行，无须人工参与，且结构简单，操作方便，误差小，所得数据精准，所需成本低，不存在安全隐患；该技术信息的内容是：1.蒸发残渣测定仪，包括烘干蒸发装置、尾气回收装置、冷却降温装置和残渣检测装置，烘干蒸发装置设于加热腔内，冷却降温装置和残渣检测装置设于冷却腔内，尾气回收装置设于仪器外部；2.尾气回收装置包括压缩气抽空装置、尾气液化装置；3.加热腔为独立腔体，内部设有加热循环系统，快速水浴蒸发系统、温度控制系统、气体保护系统；4.温度控制系统设有温度传感器、加热块、温度调节装置。区别于专利技术的地方在冷热双腔独立，包括冷却称重、烘干蒸发、内置水浴锅、内部充氮气保护防止爆炸起火、回收装置、负压保护，全自动操作过程包括预热空杯恒重、水浴烘干恒重加料蒸发、计算结果一体的全自动设备内置操作系统、触摸屏、无人值守自动恒重以及18个独立腔，软件系统具备权限管理和数据追踪、自动识别、自动归类实验报告、离线打印汇总统计的功能，通过水加热且加热系统处于测试腔之外能杜绝安全事故，超温、超重自动报警，测量范围能达到 0.167 毫克至 167 000 毫克，测试腔的个数由原来的 8 个增加到 18 个。BJ 公司庭审中称依据该技术可生产出新的"蒸发残渣测定仪"产品，提高市场占有率，拉大与竞争对手的差距。相关技术产品尚在研发过程中未予销售，已着手委托第三方对此申请新的发明专利，书面材料已形成，已向国家知识产权局申请，申请时间在 2016 年 11 月 2 日之后。

LG 公司认为 BJ 公司对技术秘密点的陈述与 BJ 公司原已申请专利的技术方案的技术点基本一致，因专利技术已公开，在专利技术上增加的技术特征的描述也仅是对载体、结构、部件、功能简单的直观陈述，故 BJ 公司所述不具有技术秘密特征，不构成技术秘密；且 BJ 公司当庭陈述已就该技术方案申请新的专利，根据专利的公开性，该陈述的内容也将不具有秘密性，不构成技术秘密。双方庭审中确认该技术方案中关于结构方面的陈述不能看出来。

以上事实，有 BJ 公司提交的 2014102360181.1"蒸发残渣测定仪"发明专利、Z L 20142028××××.X"蒸发残渣测定仪"实用新型专利信息查询打印件、技术秘密描述文件、调试实验室和组装车间现场照片，LG 公司提交的上述发明专利的申请文本及实用新型专利的授权文本，以及 BJ 公司、LG 公司的当庭陈述予以证实。其中调试实验室和组装车间现场照片显示"授权进入""请勿拍照""随手关门"等标识，室内设备无法辨识。

BJ 公司主张其采取了措施使得该"蒸发残渣测定仪"技术不为公众所知悉，提交了 BJ 公司保密制度、员工保密协议、外来人员管理制度、外来人员告知书、外来人员进出厂登记表、外来人员安全教育培训记录、来访登记处照片。

BJ 公司主张宋某某身为产品总监，受 LG 公司指派擅自进入 BJ 公司生产车间、实验室拍照，将所窃取的 BJ 公司的技术运用到 LG 公司销售的产品中，实施了侵害技术秘密的行为，提交了 2016 年 8 月 2 日至 11 月 9 日的外来人员进出厂登记表、2016 年 11 月 2 日抓获宋某某现场视频及该视频内容文字摘要、与济南 LG 总机话务员电话录音文字记录、LG 公司蒸发残渣检测仪／测试仪／测定仪系列产品目录网页宣传列表打印件。庭审中，标记公司确认从目录中无法体现系使用涉案技术信息生产出的相关产品。

应 BJ 公司的申请，法院向广州市公安局黄埔区分局夏港派出所调取了受理报警登记表、报警回执存根（回执号 4401002016110209034790871）、询问笔录，以上证实：2016 年 11 月 2 日 9 时 55 分，周某惠向 110 报警，称其公司发现 1 名外来人员闯入，现可疑人员被扣在办公室，需民警到场。夏港派出所接警后至 BJ 公司将该人员带至派出所进行询问至 17 时 47 分。笔录载明：被询问人宋某某，自认为 LG 公司的产品总监，其到 BJ 公司进行参观，经保安点头允许进入公司，在公司通道观看了 BJ 公司的生产车间，并用手机对通道拍了照片，后上述照片被 BJ 公司员工删除；参观是想了解一下 BJ 公司的生产情况，但什么都没有了解到就被带到会议室，后被带至派出所。

LG 公司认为 BJ 公司的内部规章制度并不代表 BJ 公司对所涉技术采取了适当的保密措施，且技术内容并不能从外观中得知，至于宋某某系到广州参加展览并非受指派到 BJ 公司处，宋某某于 2016 年 11 月 11 日已离职，为此提交了 LG 公司内部 OA 请示截图、离职申请、解除（终止）劳动关系证明。

BJ 公司为证明其经济损失及维权产生的合理开支，提交了经济损失证明、民事委托代理合同、律师费发票各一份。其中经济损失证明系 BJ 公司自行出具，称 2016 年 11 月 2 日 LG 公司产品总监宋某某擅自进入 BJ 公司实验室进行拍照，严重扰乱了 BJ 公司的生产秩序，为制止宋某某的行为，BJ 公司共 70 人当天停工一天，共造成经济损失 26 000 元；民事委托代理合同及律师费发票载明 BJ 公司委托律师代理本案，发生律师费 5000

元。LG公司认为经济损失证明与本案无关联，LG公司未实施侵害技术秘密的行为，不应当承担本案的律师费。

BJ公司为证明其系研发企业，具有高新技术，与LG公司存在竞争关系，还提交了2015年获得的高新技术企业证书、中国轻工业联合会科学技术进步奖证书、中国合格评定国家认可委员会实验室认可证书。LG公司认为，与BJ公司仅在部分产品上存在竞争关系，LG公司也是拥有自主知识产权的高科技企业，蒸发残渣检测方面的技术在市场上领先，具有绝对的竞争优势，为此提交了自2007年以来获得的高新技术企业证书三份、塑料包装行业科技创新先进企业证书、包装材料的新型检测技术研究及应用国家质量监督检验检疫总局科技兴检二等奖证书、实验室认可证书、蒸发残渣恒重测试仪的获奖证书多份、实用新型及外观设计专利证书多份。其中专利证书载明：LG公司是名称分别为"一种蒸发残渣烘干及自动称量结构""一种多层蒸发残渣及自动称重装置""一种多腔体称重法透湿测试系统""蒸发残渣检测设备""一种带有阻隔结构的称重法设备""一种快速蒸发残渣系统"的实用新型／外观设计专利权人，以上专利的申请日在2012年10月至2016年6月之间。BJ公司认为以上无法证明LG公司在蒸发残渣测定技术领域领先。

LG公司为证明烘干蒸发与冷却称重是国家检测标准中最基本的检测试验方法，不属BJ公司主张的自行研发的"蒸发残渣测定仪"技术秘密，提交了GB31604.8-2016食品安全国家标准食品接触材料及制品总迁移量的测定，GB/T5009.60-2003食品包装用聚乙烯、聚苯乙烯、聚丙烯成型品卫生标准的分析方法两份国家标准。BJ公司认为国家检测标准并未涉及涉案技术所采用的具体工艺，涉案技术在其相关发明专利申请前，仍属于技术秘密，未对外披露，作为一般技术人员简单路过实验室无法看出，但宋某某系产品总监，通过对拍照的内容进行研究可以推定获知。

法院判决：

驳回广州BJ包装设备有限公司全部诉讼请求。

案例思考：

上述案件中，且不论本案中原被告双方孰是孰非，从本案案情中可以看出，广州BJ包装设备有限公司认为，其研发的"蒸发残渣测定仪"技术在行业内处于领先地位，能够帮助BJ公司在同行竞争中处于优势地位，并在将来的相关产品投标中胜出。根据BJ公司的描述，其用于研发"蒸发残渣测定仪"技术的实验室理应作为其重要涉密场所进行保护，但是，从控辩双方的陈述看，BJ公司的保密措施从防范角度讲，做得并不完善。假如该公司事先能够将其实验室划为重要涉密场所，并采取相关保密措施进行重点防范，想必也不会出现之后被外来人员擅闯的事件。

当然上述案例属于典型，一般情况下，"擅闯"事件并不会时有发生。但是，无论泄密威胁来自外界还是内部，都应当有所防范。企业的核心或重要级别的商业秘密信息一旦泄露，将会给企业带来严重的损失，这种损失，往往是企业难以承受的。因此，企业对此类商业秘密信息的保护，应当区别于普通商业秘密信息。企业重要涉密场所的设立，能够有效提升企业商业秘密保护的效率和效力，使企业在同等资源投入下，取得更好的保护效果，对形成一定规模的企业而言，显得尤为重要。

（二）企业重要涉密场所保密措施的部署

实务中，企业重要涉密场所保密措施部署是企业重要涉密场所布建的一大难题。有些企业花费了大量的资源，布建了重要涉密场所，却频频发生泄密侵权事件，究其原因，还是其选择和部署的保密措施并没有实现"攻防对位"，使得重要涉密场所对泄密威胁的防范效果大打折扣。

1. 识别保护对象的秘密形态

识别保护对象的秘密形态是部署重要涉密场所保密措施的基本要求。企业商业秘密信息的秘密形态即该信息的存在形式，主要分为四大类，包括：实物载体类、无线信号类、外观图像类和声音类。

实物载体类是指商业秘密信息被包含于具体实物内，如：存储商业秘密的U盘、移动硬盘、计算机设备，含有商业秘密的产品样品和科研成品，记载商业秘密的文书资料，等等。

无线信号类是指商业秘密信息以各类无线电波或光波等信号为存在形式，如无线电信号、WIFI信号、计算机电磁辐射信号、光波信号等。

外观图像类是指商业秘密信息以具体载体的外观为表现形式，如涉及商业秘密的产品外包装款式、服装样式、机械工具的形态、实验仪器的种类、食品制作的工序流程等。

声音类是指商业秘密信息以语音等音频信息为表现形式，如：涉及商业秘密谈话、会议等场合的语音信息，涉及商业秘密的乐曲音频信息，等等。

2. 识别具体秘密形态对应的泄密渠道

企业弄清自身重要涉密场所内具体所需保护对象的秘密形态后，需要根据相应秘密形态来查找识别其泄密渠道。只有全面、准确地认清商业秘密在具体秘密形态下的各种泄密威胁和渠道，才能有针对性地部署保密措施。企业识别秘密形态对应的泄密渠道，可以在开展泄密风险评估的基础上实施。各类商业秘密形态对应的主要泄密渠道，如表20-1所示。

表20-1 商业秘密形态与主要泄密渠道对应表

商业秘密形态		主要泄密渠道
实物载体类	U盘、移动硬盘、计算机及网络设备等	接触拷贝
		违规外联互联网后被复制
		偷盗
		违规携带外出后丢失
	打印机、复印机、扫描仪等自动化办公设备	接触复制
		内部安装微型无线摄像头进行拍摄并外传
	文书、文档等书面资料	偷盗
		违规拍摄外泄
		违规携带外出后丢失
	产品样品、科研成果物品	偷盗
		违规携带外出后丢失

续表

商业秘密形态		主要泄密渠道
无线信号类	无线电信号	被无线接收还原
	WIFI信号	被通过WIFI信号截取设备破解并侵入
	计算机电磁辐射信号	被通过有线、无线方式接收还原
	光波信号	被有关光谱接收设备解调还原
外观图像类	实物形态、数量、结构、布局等	被拍照、摄像
		被人观察
声音类	语音、乐曲等	被各类录音设备录音
		被人偷听

3. 选择应对保密措施

根据表20-1中列举的具体商业秘密形态对应泄密渠道，结合企业业务实际情况，选择相应保密措施。如：某企业的生产车间被企业划分为重要涉密场所，该车间中的核心商业秘密为技术信息——某机械加工产品样品的尺寸参数，该技术信息对应的秘密形态为产品样品的外观形态。那么针对这种商业秘密形态对应的泄密渠道，可以选择相关保密措施进行重点防范保护：

（1）对生产车间进行物理空间隔离，加装门禁系统，只有相应涉密人员才能进入。

（2）生产车间与外界相隔的所有透明玻璃窗全部加贴半透明膜，遮挡外界视线。

（3）制订保密制度，有权限进入生产车间的涉密人员禁止携带具有拍照、摄像功能的电子设备进入生产车间，必要时可增设电子设备检测报警设备。

（4）安装视频监控设备，必要时可在监控设备中增设拍摄行为自动监测报警功能（该技术目前在市场上已有成熟产品）。

（5）加强生产车间内涉密人员的保密意识培养和防泄密知识培训。

上述保密措施仅为不完全列举，具体保密措施的选用，也应根据每个企业具体情况而定。比如用于遮挡视线的措施，除针对玻璃窗的贴膜措施外，还可以根据产品样品的特点，对样品从成形到封装这一过程采取相关视线遮挡措施。

4. 企业常见重要涉密场所

实务中，企业内常常被划分为重要涉密场所的区域有：

（1）项目研发实验室。

企业研发新产品、新技术的专用场所，特别是对于高新技术企业而言，项目研发的相关信息是其核心商业秘密，故集中从事研发活动的实验室常被此类企业划为重要涉密场所。

（2）生产车间。

企业生产和制造产品的专用场所，特别是对于制造类企业而言，生产车间内的专用生产设备、仪器以及产品样品的相关技术信息往往是其核心商业秘密，故生产车间常被此类企业划为重要涉密场所。

（3）计算机与网络设备机房。

企业存放计算机与网络设备机房，特别是对于从事互联网服务、软件类企业，计算机与网络设备中存储的信息数据往往是其核心商业秘密，故计算机与网络设备机房常被此类企业划为重要涉密场所。

（4）文档室。

无论哪个行业的企业，都有自身集中存放合同、文件等各类书面资料的场所，有条件的企业，常常将此类场所作为文档室，独立划分为重要涉密场所。

（5）涉密会议室。

涉密会议室的保密概念比较特殊，一般而言，由于其使用性质的特别，企业常常将其作为临时性重要涉密场所划分，即当会议室被用于召开涉及商业秘密的会议时，相关会议室将作为临时重要涉密场所。

5. 重要涉密场所划分与管理过程中的注意事项

（1）并非每个企业都必须划分重要涉密场所。

重要涉密场所一般适用于形成一定规模的企业，这些企业往往具有比较完整的组织架构和独立的经营场地。企业亦不必为"划分"而划分重要涉密场所。并不是说划分有重要涉密场所的企业，其商业秘密保护能力一定比没有划分重要涉密场所的企业强。企业是否要划分重要涉密场所，需要根据自身经营规模、业务特点、保密投入的承受力等实际情况来综合考虑决定。

（2）理解"相对重要"而非"绝对重要"的概念。

实务中，也有些企业认为自身重要商业秘密信息很多，都想重点保护，因此难以划分重要涉密场所。此类现象常常出现在一些高新技术制造类企业，从研发到生产，再到营销，只要是与企业新技术有关联的场地，都被划为重要涉密场所。其实，大可不必如此。这些企业还是需要了解"重要涉密场所"的概念并非绝对的，而是相对的。对商业秘密信息的保护，归根结底是企业的自发行为，保护程度也取决于企业自身。企业重要涉密场所划分的目的，是为了突出保护重点，提升企业保护效率和效力。如果一个企业内部的绝大部分场所都成为重要涉密场所，那么这个企业的商业秘密保护就不能突出重点，也就违背了划分重要涉密场所的初衷。

（3）重要涉密场所应实现动态管理。

企业重要涉密场所划定后并非能够一劳永逸。这一点很容易理解。由于企业商业秘密信息是动态变化的，随之而来的是其对应秘密形态和载体的变化。这些变化亦可能引起相关空间的变化。因此，企业对重要涉密场所的管理也应当与企业的定密分级工作一样，实现动态化管理，定期调整更新。只有这样，才能使企业的重要涉密场所管理机制持续发挥效能。

第二十一章 企业几种典型的商业秘密信息该如何保护

本章节中,将详细介绍几种企业中常见的典型的商业秘密信息保护方法。

一、企业客户信息的保护

客户信息,在商业秘密领域中一般是指能构成商业秘密信息的、与客户相关联的各类信息。这一点,与狭义上的"客户名单"所指的"由客户名字、电话等信息构成的清单"有着明显的区别。为避免读者混淆,在此,我们以"客户信息"来表述商业秘密范畴的"客户名单",以"客户名单"来表述狭义上的"由客户名字等信息构成的清单"。

客户信息侵权,是近年来企业发生商业秘密泄密侵权案件中最为频繁的商业秘密种类。据统计,2016—2018年全国法院审结的涉及商业秘密侵权纠纷案件中,70%以上涉及客户信息方面的泄密侵权行为。之所以"客户信息"侵权发生的比例如此之高,是因为无论一家企业属于什么行业或领域,无论其规模大小,只要它是一家企业,就会发生经营行为,会产生交易。企业只有通过交易、经营,才能获取盈利,才能生存。企业交易的对象,我们通常称之为"客户",一家企业想要生存、发展,可以没有核心技术,可以没有核心竞争力,但是必须得有交易,得有盈利;而客户,正是交易的前提。因此,不论哪个行业,不论哪个领域,企业之间竞争博弈的最终目的,都是为了占有更大的市场,吸引更多的客户,实现更多的交易。

如何有效保护客户信息确实是个困扰广大企业的瓶颈式问题，也是目前众多从事商业秘密保护的专业人士纷纷探求而未得正解的难题。反过来看，假如这个问题有个完美的答案，那么客户信息泄密侵权也不会在全国众多泄密侵权案件中排名第一了。但是，随着近年来社会的发展和科技的进步，在探索针对客户信息的保护方面，也涌现出一些新的思路和做法，值得推广、借鉴。

客户信息类商业秘密的侵权情况一般有两类：一是在职人员利用职务之便，使用企业客户信息谋取私利，这种行为通常被称为"飞单"；二是离职人员在离开原企业后，将原企业的客户信息带到新的用人单位使用，或者自己成立新的公司并使用营利。从近年来发生的客户信息类商业秘密侵权案例情况看，离职人员商业秘密泄密侵权的案发率明显高于在职人员"飞单"的案发率。究其原因，主要还是企业对在职人员与离职人员具有的约束力、影响力等方面的落差造成的。因此，对于企业而言，不仅需要针对在职涉密员工采取保密措施，更应未雨绸缪，提前部署防范保护措施，以有效约束或消除离职涉密员工的泄密侵权行为。

（一）通过提升"客户名单"的信息深度使客户信息得到保护

前文中已经介绍了客户名单构成商业秘密的"客户信息"所需的一些条件。我国《最高人民法院关于审理不正当竞争民事案件应用法律若干问题的解释》第十三条明确指出：商业秘密中的客户名单，一般是指客户的名称、地址、联系方式以及交易的习惯、意向、内容等构成的区别于相关公知信息的特殊客户信息，包括汇集众多客户的客户名册，以及保持长期稳定交易关系的特定客户。近年来，在全国法院审结的众多涉及"客户信息"之争的民事诉讼类案件中，受害方因其主张的客户信息不能构成法定意义上的客户信息"非公知性"标准，而最终败诉的案例数不胜数。由此，我们不妨深入思考，是否能够在此问题上进行反推，即假如企业能够在日常经营活动中，对自己的客户名单中所包含的信息进行深度加工，使其由原本简单的"名字+联系电话+地址"清单，深化为包含客户交易需求、意向、习惯、价格承受能力预测等深度信息的客户信息清单，是否就能够满足客户信息的"非公知性"标准呢？关于这一点，虽有待于司法实践的验证，但是笔者在与多名司法领域权威专家沟通后，都得到了积极、肯定的答案。因此，企业在开展客户信息保护时，不妨尝试着将自身的客户信息进行细化梳理和加工，并且根据企业经营活动特点，为业务一线人员在采集客户信息的过程中制订并规范信息采集标准，严格监督执行，从而使原本处于公知领域的客户信息转化为非公知领域的商业秘密信息。

（二）客户信息的阅知权限应当严格管控

有些企业对客户信息的管控往往有内外之分，即只针对企业的外部竞争对手严防死守，对内却是"大锅饭"形式。当前社会互联网云存储服务越来越普及，一些企业把客户信息数据放入网盘、云盘，并且不分权限，只要是业务销售部门的人员，对整个部门的客户信息情况可谓是予取予求。这种现象对客户信息保护而言，是一个致命的缺陷。企业应当将业务人员能够阅知客户信息的权限进行严格细分，以知密人员范围最小化为原则，不应被无关人员知悉的客户信息应当严格限制。

（三）实现涉密员工接触"客户信息"的信息留痕

客户信息一旦被员工泄露或非法使用，企业在维权诉讼的过程中，需要提供证据来证明员工在职期间曾经接触过相关客户，亦有些企业由于无法提供有效证据而败诉。当前，越来越多的企业注意到这个问题，故在日常业务的开展过程中，常常采取信息留痕的方式，将业务人员在职期间接触客户的相关邮件、资料、交接客户确认书等证据进行留存，此做法不失为一副良方。有条件的企业，可根据自身不同的业务体系组织架构，要求业务人员定期向上级进行业务工作汇报，并且将工作汇报以电子邮件形式向上级主管定期发送，上级主管应将接收到的业务人员工作汇报进行数据库备份存储，以备后查。

（四）通过强化教育培训建设涉密员工的心理防线和底线

掌握企业客户信息的业务人员常常被一些企业划入核心涉密员工范畴，既然作为企业核心涉密员工管理，相关保密意识和能力的培训教育必不可少。从近年来发生的诸多涉客户信息侵权案例看，几乎所有受害企业都存在着一个共同点，就是这些企业鲜有对掌握其客户信息的业务人员开展过商业秘密保护方面的教育培训，甚至很多企业的业务人员连对商业秘密最基本的概念都缺乏认知，故无知者无畏也。企业应当通过定期组织开展商业秘密保护教育培训，使业务销售人员认知商业秘密，认识到自己应当对企业客户信息负有什么样的法律责任和保密义务，了解一旦自己侵犯了企业的商业秘密权利，将面临怎样的后果。只有如此，才能使业务销售人员产生敬畏之心，从源头上有效降低客户信息的泄密风险。

（五）针对员工涉密岗位状态的关键节点采取保密管理措施以降低泄密风险

企业员工的涉密岗位状态包括员工从事涉密岗位的岗前、在岗、离岗三类，这是每一名涉密员工必然经历的过程，掌握有企业客户信息的涉密岗位也是如此。企业可针对涉密员工的岗位状态变化，分别在上岗前、上岗交接接收客户信息、在岗使用客户信息、离岗前移交客户信息、离岗后这五个节点，采取相应保密措施。

1. 上岗前

涉密员工在就职接触掌握客户信息的业务销售等岗位前，应作为第一个关键节点采取保密措施。一是企业应当与涉密员工签订保密协议或竞业限制协议，约定涉密员工的保密义务。二是企业保密管理组织或人员应当与涉密员工进行岗前谈话，签订保密责任书。三是以岗前培训方式使其明确知晓企业商业秘密范围（如企业编制有《涉密员工手册》，可要求其现场阅知并签字确认）。

2. 上岗交接接收客户信息

涉密员工就职涉密岗位，需要接收企业有关客户信息时，企业方应当将相关客户信息以书面清单方式移交涉密员工并要求其签字接收。

3. 在岗期间

涉密员工在岗时的相关保密措施,可参照前文所述相关内容,包括工作信息留痕管理、定期开展保密教育培训等。

4. 离岗前

涉密员工因岗位调动、离职等原因需要离开相关岗位时,是企业采取保密措施的又一关键节点。一是企业可通过"脱密期"的应用来对涉密员工进行降密、脱密。涉密员工的脱密期最长不得超过六个月,具体时长可视其接触客户信息的重要性程度、范围等因素综合考量决定。脱密期内,可将涉密员工调整到非涉及客户信息的岗位工作,以终止涉密员工对原客户信息的接触和联系,逐步消除其对原客户的影响力。二是企业应做好离岗涉密员工的客户信息移交工作,比较妥善的方法是,由离岗员工协助继任员工,一起通过适当联系方式告知相应客户,原任员工已离岗,以及接替员工的联系方式。三是企业保密管理部门或人员应当在涉密员工正式离岗前,组织对其进行一次保密提醒式谈话,强调涉密员工离岗、离职后仍然负有的保密义务,亦可视情与其签订保密承诺书。四是针对涉及企业重要客户信息的离职涉密员工,如在该员工就职涉密岗位前未与其签订竞业限制协议的,可视情与其签订竞业限制协议。但需要注意的是,针对同一名涉密员工,竞业限制协议与"脱密期"两种措施只能二选一,不得同时使用。企业应根据自身商业秘密信息特点和业务实际情况综合考虑后做出选择。

5. 离岗后

涉密员工离岗后,企业往往忽略了相关保密工作措施,特别是对离职员工,有些企业认为对其不再有任何约束力,感到"无计可施",其实不然。企业如已与涉密员工签订竞业限制协议,此时即可发挥作用。当然,竞业限制协议的具体条款设定是否完善,对涉密员工离职后企业给予的约束力有着很大的影响。实务中,有些企业与涉密员工约定的竞业限制条款值得借鉴。如在竞业条款中约定：涉密员工离职后给予竞业补偿的前提条件为，涉密员工须在离职后每月定期向原企业书面汇报其就业现状，包括其现从事工作单位的名称、地址、业务范围、岗位、职责等。如涉密员工未按时向原企业汇报就业情况的，视为该涉密员工违约，原企业有权暂停支付其补偿费直至其提供真实就业情况，并且在此期间该涉密员工仍应承担竞业禁止义务，如因此发生泄密侵权事件导致原企业造成损失的，该涉密员工还应当承担赔偿责任。

二、企业招投标信息的保护

招投标活动是企业比较常见的经营性活动之一，招投标标书与底价信息往往关系到企业招投标的成败，对企业的经济利益有着直接且重要的影响。因此，许多企业将招投标信息列为自身核心商业秘密信息之一。近年来，由于招投标信息泄密造成的商业秘密侵权案件亦屡见不鲜。那么，针对企业招投标信息的保护，有哪些有效的方法呢？企业涉及的行业、领域不同，招投标活动的流程、做法也不同，牵涉的企业部门也是千差万别。因此，企业想要做好招投标信息的保护，应当根据自身招投标业务活动的实际情况，深入研究本企业招投标标书和底价信息形成的全过程，识别参与招投标活动的各关联部门、标书内容相关信息传递的各个环节、接触的人员、涉及的载体等，从而识别此过程中可能存在的泄密风险。据此，再从业务流程、业务机制、技术措施、管理措施等方面对企业招投标活动进行规范化设计、调整，甚至进行流程再造，在尽量不影响工作效率的基础上，实现保密管理的目的。

下面，通过一家中型企业实施的针对招投标信息保护工作的例子，加以详细介绍。

（一）ZA 公司背景情况

ZA 公司是一家从事安防设备安装、集成服务的企业，该企业的业务来源主要渠道为各类政府、企事业单位的安防设备工程招投标项目。

（二）ZA 公司招投标项目流程

ZA 公司参与招投标项目的部门职能与招投标流程，如图 21-1 所示。

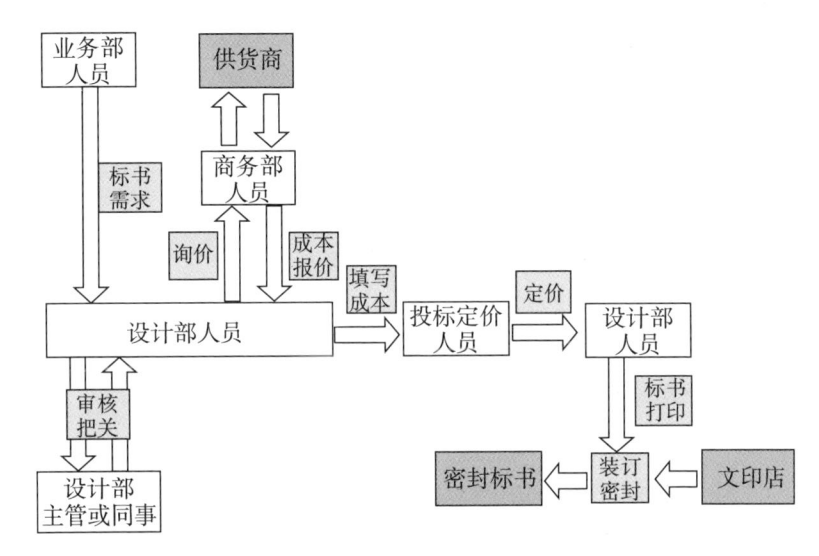

图 21-1　ZA 公司参与招投标项目的部门职能与招投标流程

如图所示，ZA 公司参与招投标项目的部门和人员包括：业务部、设计部、商务部、标书定价人员。其中，业务部负责投标项目的承揽、跟进与递交标书；设计部负责标书整体制作与打印、封装；商务部负责向设备供应商询价；标书定价人员为该公司总经理或业务部人员，负责具体项目标书报价的定价。

具体业务流程如下：

（1）业务人员在前期对接完招投标项目信息后，会向设计部主管提出设计要求，由设计部主管指定设计人员跟进投标项目标书制作。

（2）设计人员在标书设计过程中，会将项目信息告知商务部人员，由商务部人员向设备供应商进行询价并反馈给设计人员。

（3）设计人员完成标书设计方案初稿，并将询价结果填入标书后，交由设计部主管或其他设计人员进行审核修改。

（4）如遇到重大项目或疑难项目的方案设计，还会由公司总经理召集设计部主管、设计人员、业务人员等进行会商，研究设计方案，并进行修改。

（5）设计方案修改完成后，由总经理或业务人员进行标书底价的确定，并通知设计人员。

（6）设计人员将项目底价填写入标书后，进行标书打印。

（7）设计人员或业务人员将标书带到文印店进行装订后，再行密封，并交给业务人员。

（8）由业务人员到甲方单位进行投标活动。

（三）ZA 公司标书制作流程中存在的泄密风险

经调研，ZA 公司梳理了自身标书制作流程中的泄密风险点，主要有以下几项：

（1）业务部人员在告知设计人员有关项目信息时，有时会在公司群内交流，导致知悉招投标项目信息人员范围扩大。

（2）设计部人员在通过商务部人员询价时，有时为了节约时间，会将其制作的项目设备选型清单连同设计方案一起发给商务部人员，导致设计方案信息知悉范围扩大。

（3）设计部人员完成标书设计初稿后，会提交给设计部主管或其他设计人员进行审核，导致招投标项目信息在设计部内的知悉范围扩大。

（4）遇到重大项目或疑难项目时，ZA 公司将由总经理召集相关人员召开专题研讨会，会议场所为公司召开普通会议的场所，没有任何保密措施，该会议内容存在泄密风险。

（5）设计人员打印标书使用的是设计部公用的网络打印机，该打印机可被设计部所有人员接触使用，存在泄密风险。

（6）设计人员打印完成的标书并非专人送至文印店，且在文印店标书装订期间，经办人员中间可能短暂离开，待文印店装订完成后，再取回密封。经办人员暂离期间，标书中的商业秘密信息处于失控状态。

（7）设计人员进行标书稿件审核传递时，均使用个人 U 盘或移动硬盘，且没有任何加密措施，存在涉密资料外泄风险。

（8）ZA公司从未开展过任何形式的商业秘密定密分级和涉密人员分级，且未与员工约定过任何保密条款。

（四）ZA公司招投标业务活动改进方案

1. ZA公司招投标业务活动相关信息的定密分级

ZA公司经过定密分级工作，确定的涉密信息如下：

（1）项目信息（秘密级）。

指招投标项目的各类基本信息，包括客户信息、招标需求信息等。

（2）标书设计方案制作过程稿信息（秘密级）。

指招投标项目设计方案在制作成初稿前的各类过程资料信息。

（3）载有设备成本价的标书信息（机密级）。

指标书制作初稿完成后填写有设备成本价的标书内容信息。

（4）载有项目底价的标书信息（绝密级）。

指标书修改完成，并填写入项目底价后的标书内容信息。

（5）密封标书信息（绝密级）。

指标书经装订、密封后的内容信息。

2. ZA公司的招投标标书制作流程改进

针对ZA公司招投标标书制作流程中存在的泄密风险，公司通过工作机制、制度及软硬件方面的调整，做出改进。

（1）工作机制改进。

为了控制招投标项目在标书制作全流程中的知悉人员范围，ZA公司启用"项目组"工作制，每个招投标项目由1名业务人员、1~2名设计人员和1名商务部人员组成项目组，在项目组内由设计人员担任标书制作全流程负责人（以下简称标书负责人）。业务部接到招投标项目后告知设计部主管，由设计部主管指定标书负责人。标书负责人承担标书设计方案的审核把关、协调商务部人员询价、标书定稿后的底价填写、标书打印和装订、标书密封等工作。将招投标项目中的机密级以上标书信息均归口至标书负责人1人进行集中处理，直至标书密封后移交至业务人员进行投标。同时，引入保密监督管理机制，公司成立保密工作组，负责对ZA公司招投标活动等涉及商业秘密信息的保密管理工作。

（2）涉密信息流转方式改进。

为保障招投标项目标书制作环节相关商业秘密信息传递过程的安全，ZA公司提出两点改进措施：一是业务人员与设计人员沟通项目基本信息时要求"点对点"方式联系，不得在网络群之类的部门通信平台上进行交流。二是在设计人员之间的标书方案审核把关、设计人员与商务部人员之间的设备询价过程中，所有涉及标书信息的传递，必须使用加密U盘，并且做到传递涉密信息的最小化。

（3）划分重要涉密场所。

根据ZA公司招投标流程的实际情况，为消除ZA公司"载有项目底价的标书信息（绝密级）暴露于设计部公用的网络打印机"的高度泄密风险，ZA公司专门划分了重要涉密场所——标书打印室。该房间内配备独立的计算机与打印机，专门用于确定并填写投标底价后的标书打印。同时，在对重要涉密场所采取相关保密措施的基础上，对标书打印计算机、打印机采取技术保密措施，包括物理隔离、USB等外接端口管控、打印机管控等。

（4）加强涉密人员管理。

ZA公司根据招投标项目相关商业秘密信息的定密分级情况，对涉及招投标人员进行涉密人员划分。一是确定了设计部主管、标书负责人、业务经办人员为核心级涉密人员，其余相关人员为普通级涉密人员。二是与所有涉密人员签订独立、规范的保密协议。三是对所有涉密人员开展商业秘密保护教育培训。四是制作并向涉密人员发放《涉密员工手册》。五是向涉密人员发放保密费。

（5）建立招投标项目管理制度。

ZA公司根据自身招投标项目流程特点以及保密要求，在上述措施的基础上，制订了《ZA公司招投标项目保密管理制度》等配套保密制度，对招投标项目的全流程实施规范化、制度化管控。

ZA 公司技术部标书制作信息流转改进后的流程示意图，如图 21-2 所示。

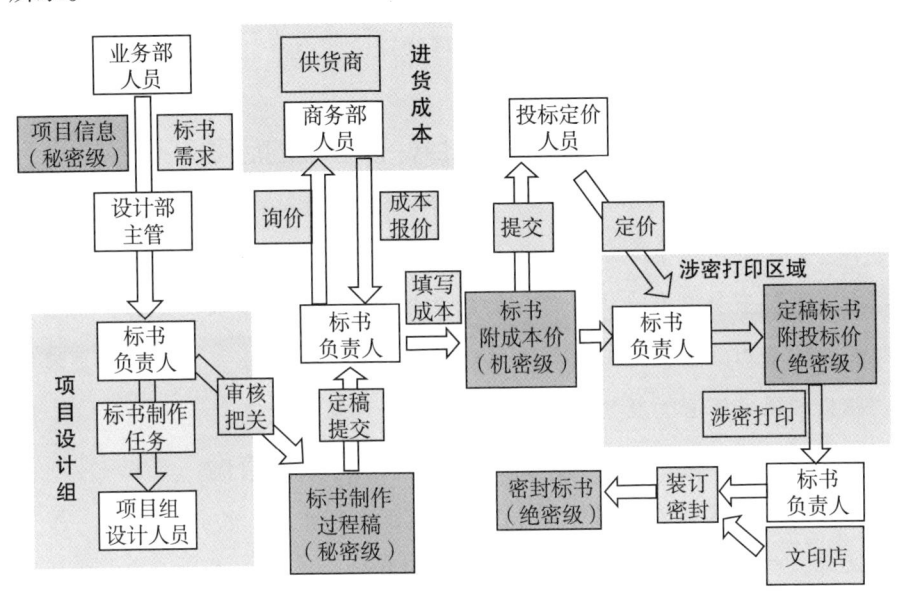

图 21-2 ZA 公司技术部标书制作涉密信息流程图

ZA 公司建立的招投标项目配套保密管理制度如下。

ZA 公司招投标项目保密管理制度

第一章 总则

第一条 为了加强本公司招投标业务活动的保密管理，确保公司核心商业秘密的安全，特制定本管理制度。

第二条 招投标项目中涉及下列信息的书面、录音、录像、照片、磁（光）盘、数据信息（包括电传、电报、传真、电子邮件、电子文档）等内容，均纳入保密管理范围，且一律不得向无关人员透露：

1. 项目信息，包括项目名称、甲方单位情况、项目基本情况、项目招标需求等；

2. 项目技术设计方案的过程稿内容；

3. 定稿后的技术设计方案及其成本价格；

4. 确定投标价格后的投标标书和投标价格等内容；

5. "招投标项目保密管理登记表"内容。

第二章　招投标项目保密管理的启动

第三条　公司招投标活动以项目组形式开展，每个项目组确定 1 名组长、1 名标书制作负责人（以下简称标书负责人），项目组组长由总经理指定，标书负责人由设计部主管负责指定。项目组组长确定后，由项目组组长向公司保密工作组管理人员进行申报登记。保密工作组管理员填写"招投标项目保密管理登记表"，将项目纳入保密管理。

第三章　标书制作过程中的保密管理

第四条　设计人员在设计技术方案过程中所产生的技术文档、图纸等纸质、电子文档资料均属于秘密级涉密载体，须参照公司《涉密载体管理制度》进行密级标注（电子版涉密资料参照纸质载体标注方法进行密级标注）。

第五条　设计人员设计的技术方案资料需要传递给相关人员时，原则上应当以线下传递为主，包括：书面传递或加密 U 盘传递；因工作紧急，需要使用互联网传输时，须对相关资料进行文档加密后传输。

第六条　设计人员在设计技术方案过程中需要进行重要设计方案论证的，相关方案论证会议须纳入涉密会议进行管理，相关管理规定参见本制度第四章内容。

第七条　项目技术方案定稿后的设备询价工作须由标书负责人本人询价和填写。

第八条　定稿后的技术设计方案及其成本价格的相关纸质、电子文档资料属于机密级涉密载体，须依照本公司《涉密载体管理制度》进行密级标注（电子版涉密资料参照纸质载体标注方法进行密级标注）。

第九条　定稿后的技术设计方案及其成本价格资料需要传递给相关人员时，参照本章第六条规定执行。

第十条　项目投标价格的确定和填写、项目标书的打印、封装工作必须由标书负责人本人完成。

第十一条　标书负责人获悉投标价格后，不得将具体投标价格直接记录、保存在相关设计方案中，应按以下程序进行标书的打印和封装：

1. 标书负责人将标书电子版内容以加密U盘拷贝至"标书制作中间机"，通过中间机将标书电子版内容刻录至光盘。

2. 将光盘放入"标书打印计算机"后，在标书中填写相应投标价格，再进行集中打印。如需要留存投标价格的，须以书面形式进行打印和留存，留存资料作为绝密级涉密载体管理，须依照本公司《涉密载体管理制度》进行密级标注，放入专用保密柜保管（专用保密柜为保密室内每个项目负责人专用的保密柜）。打印完成后，有关光盘应及时做粉碎处理。

3. 打印后的标书，由标书负责人进行装订和封装；如需要由文印店进行装订的，由标书负责人本人携带标书至文印店装订，且在文印店装订标书期间，项目负责人须全程在场监督，防止泄密。

第四章　重要设计方案论证会议的保密管理

第十二条　招投标设计方案论证会议由总经理组织召开，并由项目负责人落实相关保密管理工作，具体应采取以下措施：

1. 开会场地应尽量选择ZA公司内部的小会议室，其次选择大会议室。如必须使用大会议室，在开会前，应将大会议室的监控摄像头进行遮挡，以免会议PPT资料外泄。

2. 会议正式开始前，应对会议人员进行保密提醒，宣布保密要求。

3. 涉密会议的会场内应对参会人员携带移动智能通信设备和录音设备提出管控要求，原则上不得携带手机进入会议室。

4. 会议过程中尽量不使用无线话筒，扩音器音量应调至会议室外无法听到的程度。

5. 涉密会议中，如有实体涉密资料、载体，则须注明密级，依照涉密物品管理，并由专人负责保管、分发，会议结束后须清点回收。

第五章　其他保密管理事项

第十三条　相关人员在制作标书过程中形成的书面草稿、废稿、废页、征求意见稿须及时粉碎销毁；相应电子文档材料应及时清理。

第十四条　公司内部人员在进行涉及招投标活动的联系沟通过程中，应尽量采取当面交流方式；无法当面交流的，应优先使用电话方式进行交流，其次使用网络方式交流，并注意对关键涉密信息的保密。

第十五条　使用网络方式传递涉密资料或信息的，应尽可能采取技术加密方式，紧急情况下无法进行技术加密传输的，应使用暗语、关键信息留空或替代等人工加密方式对涉密内容降密处理后传输。

第六章　保密职责

第十六条　重大招投标项目的项目组负责人对其负责的具体项目负有保密管理责任。

第十七条　公司保密工作组对所有重大招投标项目保密管理工作进行指导、协调和监督，并负责相关泄密情况的调查、处置和追责工作。

第七章　附则

第十八条　本制度由公司保密工作组负责解释。

第十九条　本制度自颁布之日起施行。

ZA 公司

××年××月××日

三、企业技术研发信息的保护

技术研发活动是企业通过创造性运用科学技术或知识，开展的技术、产品、材料、服务等方面的持续性创新、改进活动。研发活动在为企业带来利益的同时，更推动了科技的进步、社会的变革，无论对企业还是对国家，甚至对全人类而言，都具有十分重要的意义。本节所探讨的技术研发活动，主要指各行业领域企业所开展的技术、产品等创新改进活动。

技术研发信息作为典型的商业秘密技术类信息，在近年的商业秘密侵权泄密案件中占据着较大的比重。尤其是一些初创期企业，技术研发项目往往是其生存和发展的核心动力，一旦泄露，将给其带来特别严重的影响，甚至毁灭性的打击。因此，企业保护好自己的技术研发信息，往往就是保护了自己的核心竞争力。下面将结合技术研发活动的三个阶段，即准备阶段、研发阶段以及技术成果保护阶段，重点介绍如何开展商业秘密保护。

（一）技术研发项目准备阶段的商业秘密信息保护

很多企业对技术研发项目的保护始于研发、重于成果，而在准备阶段的商业秘密保护却往往被企业所忽视。其实，在准备阶段，虽然很多技术信息只是雏形，但商业秘密保护措施却应当加以实施。这样做的意义在于，从技术研发项目的源头划清研发成果的权属，并对具有商业秘密雏形的技术研发信息开展保护。

1.技术研发成果权属关系

企业开展技术研发一般有三种方式：一是自研，即研发项目完全由内部员工独立开展或组成项目组开展。二是委托研发，即委托社会技术力量开展研发。三是合作研发，即企业与社会技术力量共同合作，完成技术研发。无论是哪种研发方式，都应当与研发人员先行划清技术研发成果归属权。

一般而言，技术研发成果的归属有以下几种情形：

（1）企业自研项目。自研项目由企业组织内部员工实施，属于员工的职务行为，除有协议明确约定成果权属之外，最终研发成果应当归企业所有。

（2）企业委托研发项目。委托社会力量研发的项目除企业与开发方有明确协议约定成果权属外，研发成果的所有权应当归开发方所有，但企业应享有使用权。

（3）企业与社会力量合作研发项目。合作研发项目除合作双方有明确协议约定成果权属外，研发成果的所有权和使用权由合作双方共同享有。

2. 签订保密协议与技术开发协议

技术研发项目正式启动前，须与研发人员约定保密义务。

企业内部员工如在入职时已签订有保密协议的，则核对原保密协议的保密范围及具体条款是否涉及技术研发信息。如原保密协议未包含技术研发信息方面的内容，则须补充签订技术研发项目保密协议。

企业委托社会力量研发或与社会力量合作研发项目的，应与研发方签订《技术开发委托协议》或《技术开发合作协议》；重要技术研发项目，可视情与开发方单独签订保密协议，或与参与研发人员独立签订保密协议。《技术开发委托协议》或《技术开发合作协议》中应当明确事项包括：涉及技术研发成果的权属，对技术成果后续改进的权属，涉及申请专利的权利，保密内容、地域、期限，涉密人员范围及其他保密要求等条款。

3. 对研发项目基本信息进行管控

研发项目基本信息包括研发项目的项目名称、主体思路、参与人员、项目研发实施方案等资料信息。这些信息虽然可能还没有涉及具体研发技术，但是一旦泄露给竞争对手知悉，可能会使企业竞争对手掌握企业发展和关注的方向，对企业今后业务开展及研发活动造成一定影响，形成被动。因此，需要采取相关保密措施对上述信息进行保护。

（二）研发阶段保护

研发过程的保护主要是指自研项目与合作研发项目，委托研发项目的研发过程保护主体应当为开发方，企业可在相关保密协议约定中提出合理的保密要求。自研项目与合作研发项目在研发阶段需要注意以下几点：一是对技术研发项目主体信息的重点保护。技术研发项目主体信息，即技术研发项目相关的技术方案、图纸、参数等，一般情况下，此类信息可作为企业核心商业秘密信息加以保护。二是技术研发过程性资料的信息保护。很多企业的科研人员在从事科研工作中，比较重视对主体研发信息的保密管理，忽略了如技术方案过程稿、实验数据、试验记录等研发过程性资料的保密管理。这些资料所蕴含的信息虽然没有主体研发信息那样重要，但是一旦外泄，可能对技术研发项目造成影响。因此，此类信息同样应当做好保护和管控。三是研发辅助用品的信息保护。与技术研发过程性资料一样，技术研发项目中所使用的研发设备、实验器具、工具、材料等辅助类用品信息一旦外泄，虽然不直接对企业造成损失，但是竞争对手通过利用该类信息推理，亦可能得到一些有价值信息，从而提升同类技术研发进度或降低研发成本。四是对参与研发人员的保密管理。企业可根据技术研发项目的商业秘密定密分级情况，对参与研发人员进行涉密等级划分，并依照涉密等级对涉密人员采取相应保密措施。

（三）技术研发成果保护

研发项目获得成果后，一般有两种保护形式，即以商业秘密形式保护，或以专利形式保护。这两种保护方式的选择，已在前文中详细介绍。当然，即使选择以专利方式保护，在专利公开前，仍然可以商业秘密形式进行保护。企业可根据技术研发项目情况，对相关技术成果进行商业秘密定密分级，并参照相应级别商业秘密信息的管控要求实施保密管理。

特别篇

特别篇

关于《中华人民共和国反不正当竞争法》的最新修订

本书即将收尾之时，适逢全国人民代表大会召开。2019年4月23日，第十三届全国人民代表大会常务委员会第十次会议讨论通过了对《中华人民共和国反不正当竞争法》（以下简称《反不正当竞争法》）的修改决定。

此次人大会议关于《反不正当竞争法》的修改内容，全部为商业秘密相关条款。此次修改后，将对我国今后商业秘密保护的司法实践形成诸多重大影响。从宏观层面看，此次修改深刻体现了国家对知识产权，特别是商业秘密保护的关注和改革导向，将有利于我国商业秘密保护司法体系的进一步成熟和完善，对作为商业秘密权利人的广大企业而言的确是个"重大利好"。从微观层面看，此次修改后将产生的变化包括：一是法律认定侵犯商业秘密的主体范围扩大；二是对侵犯商业秘密行为的认定范围扩大；三是侵权赔偿限额上调；四是对侵权行为的行政处罚力度加大，处罚限额上调；五是在民事诉讼中，权利人与侵权人的相关举证责任倒置。

以下将《反不正当竞争法》修订前后的相关条款进行罗列对比。

《中华人民共和国反不正当竞争法》修订前后对比
（划线标注部分为修改内容）

修改前	修改后
第九条　经营者不得实施下列侵犯商业秘密的行为： （一）以盗窃、贿赂、欺诈、胁迫或者其他不正当手段获取权利人的商业秘密； （二）披露、使用或者允许他人使用以前项手段获取的权利人的商业秘密； （三）违反约定或者违反权利人有关保守商业秘密的要求，披露、使用或者允许他人使用其所掌握的商业秘密； 第三人明知或者应知商业秘密权利人的员工、前员工或者其他单位、个人实施前款所列违法行为，仍获取、披露、使用或者允许他人使用该商业秘密的，视为侵犯商业秘密。 本法所称的商业秘密，是指不为公众所知悉、具有商业价值并经权利人采取相应保密措施的技术信息和经营信息。	第九条　经营者不得实施下列侵犯商业秘密的行为： （一）以盗窃、贿赂、欺诈、胁迫、<u>电子侵入</u>或者其他不正当手段获取权利人的商业秘密； （二）披露、使用或者允许他人使用以前项手段获取的权利人的商业秘密； （三）<u>违反保密义务</u>或者违反权利人有关保守商业秘密的要求，披露、使用或者允许他人使用其所掌握的商业秘密； <u>（四）教唆、引诱、帮助他人违反保密义务或者违反权利人有关保守商业秘密的要求，获取、披露、使用或者允许他人使用权利人的商业秘密。</u> <u>经营者以外的其他自然人、法人和非法人组织实施前款所列违法行为的，视为侵犯商业秘密。</u> 第三人明知或者应知商业秘密权利人的员工、前员工或者其他单位、个人实施本条<u>第一款</u>所列违法行为，仍获取、披露、使用或者允许他人使用该商业秘密的，视为侵犯商业秘密。 本法所称的商业秘密，是指不为公众所知悉、具有商业价值并经权利人采取相应保密措施的技术信息、经营信息<u>等商业信息</u>。
第十七条　经营者违反本法规定，给他人造成损害的，应当依法承担民事责任。 经营者的合法权益受到不正当竞争行为损害的，可以向人民法院提起诉讼。 因不正当竞争行为受到损害的经营者的赔偿数额，按照其因被侵权所受到的实际损失确定；实际损失难以计算的，按照侵权人因侵权所获得的利益确定。赔偿数额还应当包括经营者为制止侵权行为所支付的合理开支。 经营者违反本法第六条、第九条规定，权利人因被侵权所受到的实际损失、侵权人因侵权所获得的利益难以确定的，由人民法院根据侵权行为的情节判决给予权利人三百万元以下的赔偿。	第十七条　经营者违反本法规定，给他人造成损害的，应当依法承担民事责任。 经营者的合法权益受到不正当竞争行为损害的，可以向人民法院提起诉讼。 因不正当竞争行为受到损害的经营者的赔偿数额，按照其因被侵权所受到的实际损失确定；实际损失难以计算的，按照侵权人因侵权所获得的利益确定。<u>经营者恶意实施侵犯商业秘密行为，情节严重的，可以在按照上述方法确定数额的一倍以上五倍以下确定赔偿数额。</u>赔偿数额还应当包括经营者为制止侵权行为所支付的合理开支。 经营者违反本法第六条、第九条规定，权利人因被侵权所受到的实际损失、侵权人因侵权所获得的利益难以确定的，由人民法院根据侵权行为的情节判决给予权利人<u>五百万元</u>以下的赔偿。

续表

修改前	修改后
第二十一条　经营者违反本法第九条规定侵犯商业秘密的，由监督检查部门责令停止违法行为，处十万元以上五十万元以下的罚款；情节严重的，处五十万元以上三百万元以下的罚款。	第二十一条　经营者以及其他自然人、法人和非法人组织违反本法第九条规定侵犯商业秘密的，由监督检查部门责令停止违法行为，没收违法所得，处十万元以上一百万元以下的罚款；情节严重的，处五十万元以上五百万元以下的罚款。
	第三十二条（新增）　在侵犯商业秘密的民事审判程序中，商业秘密权利人提供初步证据，证明其已经对所主张的商业秘密采取保密措施，且合理表明商业秘密被侵犯，涉嫌侵权人应当证明权利人所主张的商业秘密不属于本法规定的商业秘密。 　　商业秘密权利人提供初步证据合理表明商业秘密被侵犯，且提供以下证据之一的，涉嫌侵权人应当证明其不存在侵犯商业秘密的行为： 　　（一）有证据表明涉嫌侵权人有渠道或者机会获取商业秘密，且其使用的信息与该商业秘密实质上相同； 　　（二）有证据表明商业秘密已经被涉嫌侵权人披露、使用或者有被披露、使用的风险； 　　（三）有其他证据表明商业秘密被涉嫌侵权人侵犯。

目前，虽然修订后的新版《反不正当竞争法》已正式公布实施，但是由于相关修订后的条款在司法实践中如何合理运用尚存在一些问题与争议，为此我们拭目以待。相信在不久的将来，随着我国相关商业秘密诉讼案例的判例增多，可形成更为成熟、完善的实践经验。

后　记

　　写作此书用时近一年，创作期间得到了多位商业秘密保护工作的友人的帮助，在此表示诚挚的感谢！特别是浙江励恒律师事务所的黄悦波律师，为本书提供了诸多商业秘密案例素材及法律层面的专业建议；杭州商盾企业管理咨询有限公司的许振涛先生，亦为本书的创作提供了大量有关企业商业秘密保护实践的有益经验与思路。

　　本书中尚有很多不够完善的地方，抑或是本人写作水平有限，表达得不够清晰。读者如对本书内容有疑问，或有宝贵的建议和意见，可通过电子邮件方式（shangdun2018@sina.com）与本人联系交流，在此先行致谢！

赵以文

2019年6月16日